KB235214

침묵을 넘어서

침묵을 넘어서

불교시대사

침묵하라

침묵하라. 또 침묵하라. 세존은 제자들에게 침묵을 거듭 강조하고 있다. 침묵은 힘이 있기 때문이다. 침묵 없는 외침은 소음에 가깝고 설득력도 훨씬 떨어지기 마련이다.

역대 조사들도 침묵을 수행의 덕목으로 삼기도 하였다. 침묵의 극치라 할 수 있는 묵언을 하며 정진한 경우도 있다. 이들은 도반과 어울려 말추렴 한다는 것이 어찌 보면 부질없는 일이라 생각했기 때문에 일상에서 말에 비중을 두지 않았던 것이다. 그렇다면 말과 침묵은 별개의 것이라고 생각하지 않는다. 말은 여과 장치가 성근 것이라면 침묵은 촘촘한 코가 있어 허튼 생각이 깃들 여유가 없는 것과 같다. 침묵은 말이 있기에 위대한 것이고, 말은 침묵이 있기에 힘이 있는 것이다. 연속적인 말은 설득력을 상실하기 쉽고 침묵의 연속은 고요만을 가져온다. 말은 소통을 낳고 침묵은 진리를 잉태한다.

세존은 6년간의 침묵을 넘어서 설법을 했다. 유명한 녹야원에서의 다섯 비구를 상대로 한 초전법륜이 그것이다. 조사들의 경우도 긴 침묵이 있었다. 이 침묵에서 깨어났을 때 제일 먼저 일성을 하게 된다. 세존의 경우 대상을 보고 깨달았으나, 다수의 조사들은 소리를 듣고 깨닫게 된다. 그 소리는 대나무 소리, 닭 울음소리, 계곡의 물 흐르는 소리, 책 읽는 소리 등 이루 다 헤아리기 쉽지 않다.

어느 시기에 조사들은 형상 없는 침묵의 벽을 무너뜨리고 위대한 일성을 외쳤다. "나는 이렇게 일상에서 마음을 대상에 빼앗기지 않고 마음을 챙겼다고." 침묵을 넘어 선 사람을 조사라고 한다. 만약 이들의 일생이 침묵 속에 함몰되고 말았다면 그들의 발자취는 후세에 찾아보기 어려웠을 것이다. 여기에 수록된 조사들이 침묵을 넘어 인류에게 구원의 손길을 내밀 수 있었던 것은 침묵 속의 생동하는 생명의 소리를 들었기 때문이다.

연전에 BBS에 '테마가 있는 법문' 프로그램이 있었다. 섭외가 들어와 흔쾌히 응답하고 법문을 진행했다. 방송은 일회성이란 시간의 제약 때문에 청취의 기회를 놓치기 일쑤이다. 이러한 염려를 극복하고자 틈틈이 방송 원고를 모아《날마다 좋은 날》로 시공사에서 출간하였으며 이어서《한국을 빛낸 선사들》로 동국대학교 출판부에서 출판한 바 있다. 기 출간된《날마다 좋은 날》의 내용이《벽암록》과《무문관》의 화두를 선별하였듯이 이번 출판 내용도 앞의 책의 연장선상에 있음을 밝힌다.

바쁜 가운데 신심과 원력으로 출판에 심혈을 기울인 이규만 사장님 의 노고에 불보살님의 가호가 항상 같이 하길 바란다. 그리고 꼼꼼하게 편 집·교정을 본 임동민 편집팀장에게도 고마움을 느낀다. 평소 원고 정리를 정성스럽게 해 온 오태섭 조교의 노고를 치하하며 날로 튼실한 학문적 결 실이 있길 염원한다.

2011. 12.

인왕산 마니사에서

현 각 합장

道는 가까이 있다

　나의 시선이 일순간에 수천 수만 광년 밖에 있는 별에 갈 수 있듯이 나의 생각을 모으면 도가 아주 가까이 있다는 것을 직감하게 됩니다.

　도가 어디에 있을까? 옛사람이나 현대인이나 궁금해하기는 매한가지인 듯합니다. 도(道)에 대하여 무척 궁금해 했던 동곽자(東郭子)라는 사람이 "소위 도라는 것이 어디에 있습니까?"라고 물으니 장자(莊子)가 "도라고 하는 것은 없는 곳이 없다. 땅강아지에도 개미에도 벼에 섞여 있는 피에도 기왓장에도 벽돌에도 대소변에도 있느니라."고 말했다.

—《장자》지북유(知北遊) 제22편

東郭子問 所謂道 惡乎在

莊子曰 無所不在 螻蟻 稊稗 瓦甓 屎溺

신라 때 원효 스님이 도를 구하려고 중국으로 가던 도중 노숙을 하게 되었는데 밤중에 하도 목이 말라서 물을 마시려고 이리저리 뒤척이다가 바가지에 담긴 물을 마셨습니다. 아침에 보니 바가지가 아니었고 이를 확인한 순간 깨달았다는 것입니다.

여러분은 혹시 어린 시절에 이런 경험을 해보셨습니까? 허허벌판에 뜬 무지개를 잡기 위해 마구 달려가 일곱색 무지개를 잡으려고 하면 할수록 내 손에서는 멀리 멀리 달아나 버리고 만다는 사실을 말입니다.

도(道) 또한 마찬가지로 구하려고 하면 할수록 멀리 달아나 버리고 맙니다. 도는 가까이 있는데도 멀리서만 구하려고 하니 도와는 전혀 인연 없이 평생을 지니게 됩니다. 허공을 나는 새나 잠자리를 잡아보라고 하면 두 손으로 움켜잡는 시늉을 할 것입니다. 또 연필을 놓고 살펴 보라고 하면 이리 굴리고 저리 굴려 볼 것입니다. 새는 덫을 놓아야 잡을 수 있고, 연필은 굴리는 것이 아니라 연필로 글씨를 쓰고 그림을 그리면 연필의 생명은 탄생되는 것입니다.

선은 자연스러워야 합니다. 부자연스러우면 선이 아닙니다. 자연스럽다는 말은 물체와 자기가 하나가 되는 것입니다. 사람의 천품(天稟)을 3가지로 나누어 말하기도 합니다.

① 생지(生知) : 나면서부터 아는 사람

② 학지(學知) : 배워서 아는 사람

③ 고지(苦知) : 배우되 어렵게 아는 사람

　세상 사람들은 나면서부터 아는 사람을 부러워하고 으뜸으로 치고 있습니다. 배우되 어렵게 아는 사람은 3등 인생쯤으로 치부해 버리기 일쑤입니다. 그러나 선에서는 일등 인생으로 칩니다. 칠전팔기(七顚八起)의 인생. 정말 우리 인생의 한 이정표가 되기도 합니다.

　저는 선(禪)이야 말로 '기다림의 철학'이라고 말합니다. 인내, 인고의 세월이 없이는 깨달음이란 없습니다.

　《신심명》에 '호리유차 천지현격(毫釐有差 天地懸隔)'이라고 했습니다. 이 말은 조금이라도 틈이 생기면 하늘 땅만큼이나 차이가 벌어진다는 말입니다.

　별의 유성의 흐름과 같이 선에서는 여유를 두지 않습니다. 전기의 양전기와 음전기가 만나면 '번쩍' 할 때에 지체하는 시간의 여유가 없습니다. 동요 가운데 "따르릉 따르릉 비켜나세요 자전거가 나갑니다…… 우물쭈물 하다가는 큰일 납니다"라는 내용과 같이 선에서는 우물거림을 허용하지 않습니다.

　오계(五戒) 가운데 '불망어(不妄語 : 거짓말하지 말라)'가 있습니다. 거짓말은 아무리 사소한 것이라도 우리의 영혼에 때(垢)를 입힙니다. 그래서 '거짓말하지 말라'고 강조합니다. 약물의 중독은 한 개인에게 그치지만 거짓말의 중독은 온 사회에 불신을 초래합니다. 오늘날 불신의 원인은 배운 자, 똑똑한 자, 가진 자들의 거짓말 때문이 아닐까요.

반대의 경우는 아마 없으리라 봅니다. 자신이 거짓말을 한 것이며 거짓말의 중독자임을 자각하는 순간 거짓말의 병은 치료되기 시작할 것입니다. 영국에서는 거짓말을 하얀거짓말, 검은거짓말, 무지개색거짓말 이렇게 세 가지로 분류해서 얘기하고 있습니다. 하얀거짓말(white lie)은 남에게 해를 끼치지 않는 건전한 거짓말을 말하며, 검은거짓말(black lie)은 죄 있는 거짓말로 배운 사람, 똑똑한 사람, 가진 자들이 숨쉬듯이 잘 쓰고 있는 말입니다. 그리고 무지개색 거짓말(rainbow lie)은 이야기를 재미있게 하기 위하여 하는 거짓말로 할머니나 할아버지들이 손자손녀들에게 들려주는 삶의 재치 등을 말합니다.

깨친 후에는 우리는 아주 허심탄회하게 됩니다. 허심탄회하다는 것은 빈항아리와 같다는 것으로 물이 가득 찬 항아리에 물을 부으면 넘치기만하지 들어가지 않습니다. 그러나 빈항아리에 물을 부으면 잘 들어가는 것과 마찬가지로 깨치면 머릿속이 언제든지 비어있기 때문에 가득 차 있다가도 이내 비어지는 특색이 있는 것입니다. 깨치면 집착을 하지 않습니다. 부처님께서는 여러 말씀을 하셨으나 집착하지 말라고 대단히 강조하셨습니다. 그러므로 집착하지 않으면 부처님의 상수제자 일등제자가 되는 것입니다. 깨쳐도 눈은 가로 놓여 있고, 코는 내리 놓여 있고, 산은 높고, 물을 낮은 곳으로 흐르는 것처럼 도는 먼 곳에 있지 않습니다. 선사님들은 작은 행동에서 짤막한 언구에서 도의 현주소를 찾아내었습니다. 그 언구는 오늘날 화두라는 이름으로 옷을 갈아 입고 우리가 정진하는데 실천 덕목이 된 것입니다. 1,700가지로 분류해서 말하고 있으니 우리가 쉽게 접할 수 있습니다.

불자여러분! 속눈썹은 우리의 눈에서 가장 가까운 곳에 있지만 그 것이 우리 눈에는 보이지 않습니다. 너무 가깝기 때문에 도리어 보이지 않듯이 도는 가까운 곳에 있는데도 '등하불명(燈下不明)'이라 등잔 밑이 어둡다고 우리는 그것을 볼 줄 모르고, 활용할 줄 모르고, 인식할 줄 모르고 살고 있습니다.

우리는 집착을 하지 말라는 부처님 말씀을 잘 알고 있으나 정말 실천하기는 만만치가 않습니다. 집착을 놓지 않는 경우를 우리는 '헐 떡거린다'라는 표현을 씁니다. 골동품 수집가는 이 생을 마칠 때 청자 찻잔하나 가지고 가지 못합니다. 또 부잣집 마님이라해도 진주 반지 하나 끼고 가지 못합니다. 우리는 내가 소유하고자 하는 그 집착에서 벗어 날 때 정말 대자유인이 되는 것입니다. 그래서 집착에 대한 그 사슬에서 벗어나지 못하는 우리의 모습을 서양의 철학자 칸트는 "이 세상은 거대한 정신병동이다"라고 얘기 했습니다.

생각해보면 우리는 길거리에서 다리가 불편한 행인의 모습을 보면 '다리가 정상이 아니라서 참 안됐다'라는 생각을 하고, 또는 스틱을 짚고 지나가는 시각 장애인을 보면 '안 보여서 참 안 됐다'라고 하며 혀를 차기도 합니다. 그러나 안 됐다라고 하며 혀를 차고 있는 다리가 성성하고 두 눈이 밝은 그 사람은 비록 육신은 멀쩡하다 하더라도 마음은 다리가 불편하고 앞이 안 보이는 시각 장애인일 수도 있습니다. 육신의 불편은 노력에 의해 불편이 아닐 수도 있지만, 마음의 궁색함과 쪼들림은 소위 마음의 장애자라 할 수 있는 것입니다. 이 세상을 살아가는데 있어 우리는 육신의 겉모습을 보며 자연스럽다, 부자연스럽다고들은 하지만, 마음이 너그럽고 융통성이 없는 사람에게 마음이 부자연스럽다고 붙이지는 않습니다. 그것을 보면 사람들은 형상만을 얘기하고 마음의 세계는 별반 신경 쓰지 않고 사는 데서 기인한 것이라 봅니다.

이 세상에는 생물이 약 400만 종이 있다고 합니다. 그 가운데 인간이라 하는 고등동물이 여타의 생물을 지배하고 있습니다. 이렇게 지배하기 위해서는 인간의 생각이 불합리하지 않고 맑고 밝은가에 대하여 스스로 점검할 수 있어야 합니다. 우리는 인간에 대한 풍요로움을 느끼고 살 뿐더러, 자연파괴에 있어서도 인간이 저지르는 부분이 훨씬 많기 때문에 항상 이 부분에 대해서도 경계해야 합니다.

자 생각해 봅시다. 봄의 길목에서 모든 시름을 벗어 던지고 우주가 굴러가는 소리를 들어보고, 꽃망울 터지는 소리를 감지하도록 슬기로운 삶을 살도록 우리는 정진을 거듭해야 되지 않을까 합니다. 저는 이 아침에 시 한 구절이 생각납니다.

그대는 보지 못 했는가
황하의 물이 천상에서 흘러와서
분주히 바다에 이르러 다시 돌아오지 못하는 것을
또 보지 못 했는가

고대왕실과 같은 집에서 거울을 보니 백발을 서러워하노라

아침에는 검은머리였는데, 저녁에는 눈과 같이 백발이되었구나

君不見

黃河之水天上來

奔流到海不復回

又不見

高堂明鏡悲白髮

朝如靑絲暮成雪

이백의 〈장진주(將進酒)〉의 싯구입니다. 그래서 소위 이백은 '이 짧은 인생 한잔 마시자' 했는데, 저는 이백의 이 글귀에서 덧없이 흘러가는 일촌의 짧은 시간들을 나그네의 삶에 비유해봅니다. '우리는 과연 어떤 모습으로 유용하게 써야 하는가'에 대하여 절실히 느끼며 용맹정진하는 불자들이 되어야겠습니다.

'도가 먼 곳에 있지 않고 가까이 있다'가 오늘의 주제입니다. 여러분들은 이 시간을 통해 도가 가까이 있다는 것을 잘 아셨을 것입니다. 그러나 알지만 말고 실천이 따라야 합니다. 얼음이 물인지는 알지만 햇볕을 쪼여야만 녹아 물이되고 배고픈 사람에게 밥 이야기 하면 더 배고픔을 느낄 뿐 입니다. 앓아누운 사람이 약 이름만 알고 있다면 아무 쓸데가 없습니다. 실제로 배고픈 자가 밥을 먹어야 되고 목마른자는 물을 마셔야 하며 아픈 사람은 약을 먹어야 됩니다. 그와 마

찬가지로 이 도처에 있는 도를 내 것으로 만들어 열심히 실참실수(實參實修)하고 수행정진해야 된다는 웅변이기도 합니다. 그래서 우리는 또 한 번 생각해봐야 하는 것이, 2.0이라고 하는 시력으로 보이는 것만이 이 세상에 다 존재하는 것이 아닙니다. 보이지 않는 것도 얼마든지 세상에는 존재합니다. 과학자 뉴턴이 살던 시대에도 과학이라는 것은 보이는 것만이 존재하는 것으로 이야기했습니다. 그래서 보이지 않는 것은 생각 안했습니다. 그러나 원자다 분자다하는 것은 2.0시력으로 안 보입니다. 그러다보니 여러 가지 기가막힌 학설을 만들게 되고 그 후 현미경이 발명되어 그러한 학설들을 다 해결하게 됩니다. 원자력이라고 하는 동양적 표현이 있습니다. 보일 것 같지만 보이지 않는 것입니다. 바랄 희(希)는 들릴 것 같으면서도 들리지 않는 것이며, 미세할 미(微)는 만져질 것 같으면서도 만져지지 않는 것을 말합니다. 이것이 2.0시력이 무력해지는 경우입니다. 보이는 세계와 보이지 않는 세계에 대하여 여러분들은 잘 알고 있습니다. 이 생이 고단하다 할지라도 다음 생이 있기에 극복해낼 수 있다는 슬기로움을 지니고 살고 있습니다. 오늘 이 법문을 통하여 보이지 않는 세계의 것들을 규명해보고, 먼 곳에 있지 않고 가까운 곳에 있는 도의 모습들을 얼마든지 취사선택하여 또한 더욱 풍요롭게 살아갈 수 있습니다. 훨씬 더 슬기로운 삶의 모습으로, 유능한 직장인, 유능한 아버지·어머니의 모습으로 탈바꿈 할 수 있는 멋진 사람들이 될 것을 확신합니다.

照顧脚下
: 발밑을 살펴라

절에 가면 흔히 볼 수 있는 글자가 '조고각하'입니다. 덥석 덥석 툇마루에 걸터 앉은 관광객은 '조고각하'를 아는지 모르는지 아랑곳하지 않고 담소에 분주합니다.

임제종 대혜 스님 계통에 대천보제(大川普濟, 1179~1253) 스님은 속성이 장(張)씨이고 호가 대천입니다. 절강성 사명(四明) 봉화(奉化)에서 태어났습니다. 19세에 향림원 문헌(文憲) 스님에게 출가하였습니다.

남송시대 스님으로《오등회원(五燈會元)》20권의 편자로 유명합니다. 이 책은《전등록》을 비롯하여《광등록》,《연등록》,《속등록》,《보등록》의 내용을 추려서 한 권으로 만든 것입니다. 그 내용은 과거 7불에서부터 서천 28조와 동토 6조로부터 남악의 17대 덕산연(德山涓)까지의 선승전(禪僧傳)입니다.

수십 년 전 우리 신도님들은 물론이요 비불교도에 이르기까지 유행가 구절처럼 귀에 익숙한 말이 '산은 산이요, 물은 물이다(山是山 水是水)'라는 말은 성철 스님의 법어 속에 들어 있는 내용입니다. '산은 산이요 물은 물이다'라는 말의 시초는《오등회원》청원유신장에서 청원유신 스님이 하신 말씀입니다.

《오등회원》은 대천보제 선사의 제자 혜명(慧明) 스님의 찬술이라고 하는 설도 있고 중국에서 간행된 선종전서 45권의 대천보제 선사 어록에도 실려 있습니다. '조고각하'라는 말이 원오극근 선사의 말씀이라고 합니다만 조고는 나오지만 각하는 찾아 볼 수 없습니다. 그러니 역시 조고각하는 대천 스님의 말로 받아 드리는 것이 합당하지 않을까 합니다.

수행자에게 자기반성의 뜻으로 수행자가 마음을 챙기고 정진하라는 가르침입니다. 수행자가 나를 저버리고 상대를 향하여 추구하려는 어리석음을 경계하라는 말인 것입니다.

물욕에 물들고, 사랑에 빠지고, 이권에 눈이 가려 허우적거리고 있는 군상들에게 던진 선각자의 화두였던 것입니다. 삼국통일의 대업을 이룬 김유신의 이야기를 소개하고자 합니다. 신라 진평왕 때 유명한 기생 하나가 살고 있었습니다. 그녀의 이름은 천관녀라고 하였습니다. 그녀는 소년시절 화랑이였던 김유신과 서로 좋아하고 있었습니다. 우연히 천관녀의 집에 유숙한 뒤로 하루도 그녀를 보지 못하면 견딜 수 없을 정도로 김유신은 사랑에 빠졌습니다. 이를 알게 된 김유신의 어머니 만명부인은 아들 김유신을 불러 앉히고 울면서 훈계하였습니다.

"네가 성장하여 공명을 세워 임금과 어버이를 영화롭게 하기를 밤낮으로 바랬었는데 술집에서 놀아나고 있단 말이냐."

이때 김유신은 어머니 앞에서 다시는 그 집을 가지 않겠다고 맹세하였습니다. 어느 날 술에 취해 말을 타고 집으로 돌아오다가 깜빡 말 위에서 잠이 들었는데 말은 이전에 다니던 옛길을 따라 기녀 천관녀의 집으로 찾아간 것입니다. 천관녀는 원망하던 김유신이 찾아오자 맨발로 달려 나와 그를 반갑게 맞이하였습니다. 말위에서 잠을 깬 김유신은 놀라 술이 깨었으며 그 순간 김유신은 칼을 빼어 말의 목을 베어버리고 안장을 버린 채 그대로 집으로 돌아가 버린 것이었습니다.

훗날 천관녀는 김유신을 그리다가 병 들어 죽었습니다. 그녀의 영혼을 달래기 위해서 천관녀의 집자리에 절을 지었는데 그 절 이름을 천관사라고 불렀던 것입니다. 아마 자기가 아끼던 애마의 목을 베어버리는 결단이 없었다면 삼국통일의 대업은 이룩 될 수 없었을 것입니다.

부처님은 애욕에 관해 다음과 같이 말씀하셨습니다. "왕이 거동하면 신하도 따라가듯 애욕이 가는 곳에는 항상 미혹이 따른다. 습한 땅에 잡초가 무성하듯 애욕의 습지에는 번뇌의 잡초가 무성하다. 또한 애욕은 나찰(羅刹, rākṣana)의 딸과 같아 아이를 낳는대로 잡아먹는다. 마침내 자기의 남편까지도 잡아먹는다. 중생들이 선업의 아이를 낳으면 낳는대로 잡아먹고 중생까지도 잡아 먹는다. 애욕은 또한 꽃밭에 숨은 독사와 같다. 사람들이 꽃을 탐해 꽃을 꺾다가 독사에 물려 죽는다. 중생들은 오욕(五欲)의 꽃을 탐하다가 애욕이 뿜는 독사의 독을 받고 마침내 악도에 떨어진다." 이어서 "애욕은 착한 법을 태워 버리는 불꽃과 같아서 모든 공덕을 없애 버린다. 애욕은 얽어 묶은 밧줄과 같고 시퍼런 칼날을 밟는 것과 같다. 애욕은 험한 가시덤불에 뛰어드는 것과 같고 성난 독사를 건드리는 것과 같다고 하셨습니다."

주변을 보면 자기가 쓰는 방이나 사무실의 집기를 정리정돈하고 사는 사람이 있는가하면 집기가 잡동사니와 뒤죽박죽이 되어 종잡을 수 없이 사는 사람들을 보게도 됩니다. 오히려 행동이 정리가 안 되고 생각이 얽혀 사는 사람이 더 큰 문제입니다. 그러므로 부처님은 행과 생각을 잘 정리 정돈하여 살아야만이 후환이 없고 남에게 피해를 주지 않고 편안한 삶을 살 수 있다고 강조하고 계십니다.

순조 임금 때 박종경이라는 대감이 있었습니다. 아버지 박준원의 상을 마치고 사랑채에 모인 문상객들에게 고맙다는 인사를 나누고 수수께끼 문제를 내었습니다.

박대감이 좌중에서 이렇게 말했습니다.

"하루에 숭례문으로 몇 사람이 출입하는지 그것을 모르겠소. 어떤 병사는 하루에 대략 3천명이 온다고 하고 어떤 병사는 7천명이 온다고 하오. 그 숫자가 아주 달라 종잡을 수가 없소. 그러니 그 숫자를 내일까지 정확히 아는 사람이 있으면 그 수를 알려주시오."

이튿날 여러 사람이 모였으나 좌중에 누구도 입을 떼지 못하고 있었습니다. 그런데 한 사람이 입을 떼었습니다.

"두 사람뿐입니다."

박대감은 말했습니다.

"그렇다면 자네는 그 두 사람의 성씨를 알 수 있겠는가?"

"알 수 있습니다. 한 사람의 성씨는 이가이고 나머지 한 사람의 성씨는 해가로 알고 있습니다.

한 사람은 이로울 이(利)자 이가이고, 나머지 해씨는 해로울 해(害)자 성씨라는 뜻입니다."

박대감은 무릎을 탁 치며 말했습니다.

"맞았네. 내 수수께끼를 이렇게 쉽게 맞히는 사람이 있을 줄은 정말로 몰랐네. 하루에 숭례문을 드나드는 사람은 단 두 사람뿐이네. 내 집 대문을 드나드는 사람도 하루에 단 두 사람뿐이네. 내게 이로운 사람과 해로운 사람 단 두 사람뿐이지."

《논어》〈계씨(季氏)편〉에는 익자삼우와 손자삼우를 열거하고 있습니다. ① 정직하고, ② 성실하며, ③ 박학다문한 벗이 이로운 벗이라고 하고, ① 아첨하여 정직하지 못한 자와 ② 신용 없이 간사한 자와 ③ 진실한 견문 없이 말을 잘 둘러대는 자는 해로운 벗이라고 이르고 있습니다.

인간관계를 주고 받는 관계로만 유지시키려고 하면 삭막하기 그지 없는 세상입니다. 예나 지금이나 분명한 사실이 있습니다. 권문세가의 집에 사람이 꼬인다는 것입니다. 모두 이익을 추구한 나머지 그렇게 되는 것입니다. 그가 그 자리를 떠나면 씻은 듯이 발길이 끊기고 마는 것이 인간세상의 면면입니다. 미국에서 정치인에게 피부에 닿는 민감한 일이 있는데 국회의원에 떨어지고 나면 제일 먼저 일어나는 현상이 전화부터 오지 않는다는 것입니다. 어찌 미국만의 일이겠습니까. 군자는 의를 따르지만 소인은 이(利)를 따른다는 말은 동서고금의 불변의 진리인 듯 합니다. 이익은 자신의 입장에서 생각하기 마련이므로 불의와 원한이 생기기 마련입니다. 방문객이 끊기고 한산한 상태를 가리키는 말이 있습니다. 문전작라(門前雀羅)라고 합니다. '발길이 뜸하니 문 앞에는 참새 떼가 놀고 새잡는 그물이 쳐졌다'는 뜻입니다.

풍도라는 사람을 기억하십니까? 풍도(馮道, 882~954)는 가문의 지위가 낮았습니다. 그러나 박학다재하고 원만한 인품이 호평을 받아 927년에 45세의 나이로 후당(後唐, 923~936)의 재상에 발탁되었습니다. 그가 봉직하고 있던 후당이 멸망하고 후진(後晉, 936~946)이 세워지자 계속해서 신왕조에 봉직하게 되었습니다. 군자는 두 임금을 섬기지 않는다는 것이 상식이던 유교세계에서는 보기 드문 처신이었습니다. 혼란시대에는 군인정권이나 유목민 정권으로서 민중을 잘 조정해 줄 통치 기술이 뛰어난 관료가 무엇보다도 필요했으며, 충이나 의는 그다지 기대하지 않았을 것입니다. 그렇기 때문에 풍도는 평생 동안 11명의 군주 밑에서 고관으로 30년, 재상으로 20여 년을 봉직할 수 있었습니다. 그가 69세 때 쓴 자서전에서 일관되게 '나라에 충성했다'고 술회하고 있습니다. 자신은 군주를 위해 봉직한 게 아니라 나라, 즉 민중을 위해 최선을 다했다는 것입니다. 그는 분명히 생전에는 마음이 너그럽고 온후하여 관후장자(寬厚長者)라는 평가를 받았습니다.

충과 효, 그리고 의를 삶의 가치기준으로 삼고 살았던 당시의 충·의를 뒷전으로 두고 살았다는 것은 당시 사람들에게 눈살을 찌뿌리게 했을 것입니다. 후세 사람들에게 무절제한 사람으로 평가 받는 것을 보게 됩니다. 나의 일거수 일투족은 당시에 국한되는 것이 아니고 그 때에 한한 것이 아닙니다. 우주 법계에 여실히 사진이 찍혀 지워지지 않게 됩니다. 후손들로부터 평가 받게 된다는 사실 앞에 우리는 옷깃을 바로하게 됩니다. 내일을 망각하고 미래를 그려보지 않는 삶의 방식은 보람을 찾을 수가 없습니다. 어느 경우에 빵에 결탁하지 않는 삶이 어리석어 보입니다. 권세를 쫓지 않는 삶도 아둔해 보입니다. 그러한 판단은 한시적인 것으로 역사는 단절되지 않는다는 사실만 염두에 두면 어리석어 보이고 아둔해 보인다해도 문제가 되지 않습니다. 밤이 밤만으로 지속되지 않고 낮이 되었다하여 낮만으로 지속될 수는 없습니다. 역사의 순환법칙을 이해하고 있지만 나의 삶의 순환법칙은 더디다고 초조해하기도 합니다.

추사 선생의 최대의 걸작이라고 하는 세한도(歲寒圖)를 음미해 보면 1844(헌종10)년 추사 선생이 말년에 제주도에 유배당하여 어렵게 지내고 있을 때 주변을 두려워하지 않고 찾아 온 제자 이상적(李商迪)이 있었습니다. 유배온 사람을 평소에 알았다 해도 쉬쉬하며 그와 일면식도 없다고 시치미를 떼던 상황이었습니다. 그러나 역관인 이상적은 사제간의 의리를 잊지 않고 두 번 씩이나 연경으로부터 귀한 책을 구해다 준 제자의 인품을 스승 추사는 높이 샀습니다. 이상적의 인품을 날씨가 추워진 뒤에 제일 늦게 낙엽 지는 소나무와 잣나무의 지조에 비유하여 답례로 그려준 것이며 후일에 세한도란 걸작품은 국보

180호로 지정되었습니다. 스승도 저버리고 선배도 백안시하는 지금 같은 세태에서 보기 드문 일이고 가히 전설적이라 하겠습니다. 스스로 자기 행실을 살펴보는 계기가 되었으면 합니다.

부처님께서는 《육방예경(六方禮經)》에서 다음의 몇 가지를 경계하라고 가르치고 계십니다.

① 술에 취하는 일, ② 도박을 하는 일, ③ 방탕하여 여색에 빠지는 일, ④ 풍류에 빠져 악행을 저지르는 일, ⑤ 나쁜 벗과 어울리는 일, ⑥ 게으름에 빠지는 일 등입니다.

1. 술에 취하는 일

술에 취하면 정신이 흐려지고 판단력이 저하되기 때문에 경계하신 것입니다. 술에 취하면 흥분이 되어 이성을 잃기가 쉽고 섭씨 45°인 인도에서 술이란 마약과 같은 것입니다. 오늘날에도 인도의 중고등학교 학생은 물론이고 대학생도 술을 마시는 것을 허용하지 않으며 술 마시다 발각되면 퇴학을 받게 됩니다. 《대지도론》 12권에서 술을 마시므로 35가지 과실이 있다고 하였으니 경계해야 할 일입니다.

2. 도박을 하는 일

도박은 탐심을 일으키고 허영에 빠질 뿐만 아니라 불로소득을 유발하게 된다는 것입니다. 사행심을 갖게 되고 인생에 요행이 없나하고 노력하고자 하는 마음이 없어집니다.

3. 방탕하여 여색에 빠지는 일

비단《육방예경》에서 뿐만 아니라 경전 곳곳에서 부처님은 여색을 경계하고 있습니다.《법화경》〈오백제자수기품(五百弟子受記品)〉에서도 사욕(四欲 : 정욕(情欲), 색욕(色欲), 식욕(食欲), 음욕(淫欲))을 경계하라고 가르치고 있습니다.

4. 풍류에 빠져 악행을 저지르는 일

풍류에 빠지면 무위도식하기가 쉽습니다. 신선노름에 도끼자루 썩는 줄 모른다는 말은 풍류에 빠진 상황을 비유한 말입니다. 동서고금 역대 제왕들은 풍류에 빠지면 정사를 등한시하고 악행을 저지르고 백성들은 도탄에 빠졌던 사례를 쉽게 알 수 있습니다. 결국 왕조가 무너지는 것은 명약관화(明若觀火) 한 일입니다.

5. 나쁜 벗과 어울리는 일

근묵자묵(近墨者墨), 먹을 가까이하면 검어진다는 뜻입니다. 나쁜 사람과 사귀면 물들기 쉽다는 말입니다. 그 물듦은 생각도 행동도 닮아가기 마련입니다. 중국의 손문(孫文) 선생은 어린시절 친구들과 어울려 놀기보다 항상 산에 가서 새소리 듣고 놀았다는 기록은 시사하는 바가 크다 하겠습니다.

6. 게으름에 빠지는 일

게으름은 방일이라고 합니다. 부처님께서는 항상 '방일(放逸)하지 말라'고 간절히 가르치고 있습니다. 여러분은 사람에게 제일의 적이 무엇이라고 생각하십니까? 추위나 더위도 아닙니다. 나를 시기, 질투하는 상대편도 아닙니다. 그들은 나에게 있어 일순간의 장애물이고 걸림돌일 뿐입니다. 내가 경계해야 할 영원한 적은 나태함입니다. 주변상황이 힘들게 하는 것은 별문제가 아닙니다. 나태함은 그림자 같이 항상 따라 다닙니다. 수행에 있어 제일 큰 문제는 나태함, 방일뿐입니다.

성인은 말했습니다. 나는 매일 세 번 자신을 반성한다. 남과 일을 도모함에 있어서 진정이 결여됨은 없었는가. 친구들과 사귐에 있어서 신의를 저버리지는 않았는가. 스승에게 배운 것을 충분히 익히지 않은 채 남에게 가르치지는 않았는가 입니다.

자기반성이 없는 삶은 발전이 없고 미래를 기약할 수도 없습니다. 자기를 살피는 성찰이 수반된 생활은 윤택하기 마련이고 남에게 편안함을 줄 것입니다. 조고각하는 나와 남이 동시에 안락하게 되는 명약인 것입니다.

香林坐久成勞

: 너무 오래 앉아 있었더니 그만 지쳤다

어느 날 한 스님이 향림 스님을 찾아와 물었습니다. "저 달마는 인도에서 일부러 중국까지 와서 설법도 안 하고 소림산에 들어박혀 9년 동안이나 벽과 마주 앉아 있었다는데 도대체 그는 뭣 하러 중국에 왔습니까?" 그러자 향림 스님은 "너무 오래 앉아 있었더니 그만 지쳤다네." 라고 대답했습니다.

—《벽암록》제17칙

향림 스님은 운문 스님의 법제자이며 익주 청성(青城), 지금의 사천성 성도(四川省 成都)의 향림사 주지였던 증원(澄遠, 908~987) 선사를 말합니다. 스님은 본래 근기가 둔한 사람이었으나 매우 신심이 견고했던 것 같습니다. 평창(評唱)에도 운문의 회하에 이르러 시자생활을 18년이나 하였다고 합니다. 스승인 운문 스님이 어떻게든 깨우쳐 주려고 매일같이 '원시자(遠侍者)!'라고 부르고 '예'하고 대답하면 곧 '그게 무어냐?'하고 다그쳤는데 그 '예'라고 대답하는 무위(無位)의 진인(眞人)

을 끝내 깨우치지 못했습니다. 18년 동안이나 그렇게 되풀이 했다니 그 스승에 그 제자라 할 수 밖에 없습니다. 향림 스님은 언제나 종이옷을 입고 다니며 스승 운문의 한마디 한마디를 남김없이 그 종이옷에 적어 두었다고 합니다. 그것이 훗날《운문록(雲門錄)》이 되었습니다. 이윽고 법을 성취한 뒤 사천성으로 돌아가 향림사에 살기를 40년 그 후 80세로 열반에 들었습니다. 열반 당시 나의 40년은 곧 타성일편(打成一片)이었다고 했습니다. 타성일편에서 두드릴 타(打) 자는 '만들다'라는 뜻이기도 하고 뜻을 강하게 하는 조사이기도 합니다. 즉 타성일편은 모든 염려를 잊고 좌선에 전념하는 것이고 혹은 좌선에 들어 자타의 대립이 전혀 없는 경지에 이르는 것이며 차별대접을 여읜 경지를 말합니다. 40년간 정념(正念)을 상속해가며 조금도 한 눈을 팔지 않았다니 성실하기 이를 데 없는 위대한 선사입니다.

우리는 시절인연이라는 말을 곧 잘 쓰고 있습니다. 시절이 도래하고 인연이 합쳐지는 기회를 말합니다. 꽃을 봅시다. 꽃에는 엄밀한 시간표가 있습니다. 꽃이 아름답다는 것은 부드러움 때문일 것이고 그보다 더 아름답게 느끼는 이유는 꽃이 곧 시든다는 사실 때문일 것입니다. 플라스틱이나 천조각으로 만들어 놓은 조화는 향기가 없고 부드러움이 없고 뻣뻣하기만 하며 그들은 이별을 모릅니다. 그렇다해도 저는 그 조화에 눈길을 주는 것은 만든 사람의 정성이 깃들어 있기 때문입니다. 꽃을 억지로 피게 해 보십시오. 봉오리를 억지로 벌려 보십시오. 그러면 꽃의 아름다움은 파괴되고 말 것입니다. 꽃은 폭력을 견디지 못합니다. 봉오리는 스스로의 힘으로 스스로 열려야 합니다. 그제야 꽃잎이 생기를 띠고 빛을 발할 것입니다.

　주변을 보면 어떠한 일을 도모함에 곧 이루어지지 않음을 애달파하는 경우가 허다합니다. 애달파한다고 해서 애달파한 것에 비례하여 쉽게 이루어지는 것도 아닙니다. 꼭 어느 시점이 되어야 이루어지는 것입니다. 아니면 달을 넘기고 해를 넘기어 이루어지는 것입니다. 그것도 아니라면 다음 생을 기약할 수밖에 없는 먼 후일담이 아닌 미래사가 되기도 하는 것입니다. 미래를 예측하기엔 모두 불확실하지만, 그러나 확실한 답이 하나 있습니다. 생명이 있는 모든 것들은 소멸된다는 사실만은 분명합니다. 조선의 선비들은 구구소한도(九九消寒圖)란 그림을 그려 벽에 붙여 놓고 봄을 기다렸다고 합니다. 동지로부터 날짜를 세기 시작하여 81일간이 되는 날입니다. 흰 매화꽃 81개를 그려놓고 매일 한 봉오리씩 붉은 색을 칠해서 81일 째가 되면 흰 매화가 모두 홍매화로 변하는 그림으로 이때가 아마 3월 12일 무렵이 됩니다. 북송시대 때 임포(林逋)라는 자가 있었습니다. 임포는 서호(西湖) 고산(孤山)에 은거하면서 20년간 산에서 내려오지 않았고, 일생을 독신으로 지냈으며, 학을 사육하고 매화를 살피며 살았습니다. 매화를 아내로 삼고 학을 자식 같이 길렀으므로 매처학자(梅妻鶴子)라고 불렀다고 합니다. 그리하여 후세 사람들은 매처학자라는 말로 풍유생활을 비유하였습니다.

　달마 스님이 중국에 입국하여 9년 동안이나 달마 굴에서 면벽했다는 것은 다름 아닌 시절인연이 성숙되기를 기다리고 있었던 것입니다. 어떤 일이 더디어 지는 경우 지루하게 느껴지는 것은 누구나 느끼는 공통된 부분입니다. 불교에 영겁이라는 말이 있지요. 숫자로 말하면 43억 2천만 년이나 되는 시간입니다. 그 긴 시간을 생각해보면 우리의 한 생 한 생이 그지없이 짧기만 합니다. 그러니 조급증이 나기 마련입니다. 영겁의 시간을 누가 다 쓸 것입니까? 그 시간을 여러분이 쓸 수 있는 권리가 부여되어 있는 것입니다. 맑은 마음, 밝은 생각, 바른 행동은 여러분의 삶에 여백을 남겨 놓을 것입니다. 그 여백을 활용할 때 마음에 여유가 생길 것입니다.

너무 오래 앉아 있었더니 그만 지쳤다고 대답을 한 향림 스님의 말에서 음미해야 될 부분은 '있다'는 말은 '없다'는 것을 전제하고 하는 말이고 '없다'는 말은 '있다'는 말을 전제하고 하는 말이니 그렇다면 너무 오래 앉아 있었더니 그만 '지쳤다'는 말은 역설적으로 '생기가 솟는다'는 말이 될 것입니다. 그러기에 그 샘솟는 저력으로 달마 스님은 중국불교의 선종을 크게 펴나가는 횃불이 되었던 것입니다. 앉아있음은 의미없음이 아니라 시절인연을 기다리고 있었던 것입니다. 그 시절 인연이란 막연한 얘기 같지만 누구나 열심히 준비하고 발원하는 자의 몫으로 남게 되는 것입니다.

공자천주(孔子穿珠)라는 말이 있습니다. 공자가 구슬을 꿰었다는 말입니다. 구슬은 공자님에게 부적과 같은 소중한 물건으로 아홉 구비나 구부러진 구멍이 있는 진귀한 구슬이었습니다. 자로라는 제자가 묻자 스승은 "이 구슬에는 아홉 개의 구멍이 있다. 나는 이 구멍에 실을 꿰려 한다.”고 말했습니다. 실제로 실을 세워 요리조리 돌려서 구불구불한 구멍 속으로 밀어 넣었지만 도저히 실이 꿰어지지 않았습니다. 제자들은 한결같이 쓸데없는 일에 몰두하고 있다고 생각했습니다. 어느 날 근처에서 누에를 치기 위하여 뽕을 따는 아낙네를 만나게 되었습니다. 그 길쌈을 하는 아낙네라면 실을 꿰는 방법을 알고 있을 것 같아 직접 나서서 그 비결을 물었습니다. 그러자 아낙네는 이렇게 대답했습니다.

“조용히 생각하십시오. 생각을 조용히 하십시오.(密爾思之 思之密爾)”

아낙네의 이 말은 공자에게는 벽력과도 같은 것이었습니다.

혼자서 조용히 생각하고 있는데 그때 마침 공자의 눈앞으로 개미 떼의 모습이 보였습니다. 먹이를 운반하는 개미들의 모습을 조용히 생각하고 또 생각을 조용히 하며 지켜보던 순간 한 가지 방법을 깨달았습니다. 개미를 잡아다가 개미허리에 실을 매었습니다. 그리고 개미를 한쪽 구멍에 밀어 넣고 다른 출구 쪽 입구에 꿀을 발라 유인했습니다. 그러자 실을 매고 있던 개미가 꿀을 찾아 출구를 나옴으로써 실이 꿰어진 것이었습니다. 아낙네가 ‘조용히 생각하십시오’라는 말 중 조용한 밀(密)에서 꿀 밀(蜜)을 떠올렸던 것입니다.

어떤 상황에서 ‘왜 그렇게 가만히 있어!’라는 말을 흔히 합니다. 상대방은 깊은 상념에 빠져 있는데도 바삐 돌아가는 사람들의 경우 상대를 답답하게 여기기도 하고 넋이 나간 사람같이 보이기도 합니다.

어떤 사람이 부처님에게 와서 갑자기 부처님 뺨을 때리는 것이었습니다. 그 사람은 단단히 화가 나 있었습니다. 자기 신분이 인도 카스

트제도에서 가장 높은 사제자 계급인 브라흐마나인데 제일 계급을 말하는 부처님에게 화가 나 있었던 것입니다.

부처님이 자신의 뺨을 어루만지고는 그에게 물었습니다.

"내게 말할 게 있소?"

이번에는 옆에서 이를 지켜보고 있던 아난제자가 화가 났습니다.

"부처님 잠깐만 이 자의 버릇을 고쳐주어야 하겠습니다. 이건 해도 해도 너무 합니다. 절대로 그냥 넘길 일이 아닙니다."

부처님은 아난을 조용히 타이르셨습니다.

"하지만 그가 너의 뺨을 때린 게 아니다. 그건 나의 뺨이다. 그리고 이 사람을 보아라. 얼마나 가련한가! 그를 불쌍히 여겨라. 그는 나에게 뭔가를 말하고자 했으나 표현이 적당하지 않았을 뿐이다. 이것은 나의 문제이기도 하다. 내 일생동안의 문제이다. 나는 이 사람이 얼마나 힘든 상황에 있는지 안다. 내가 깨달은 바를 그대에게 말해주고 싶으나 말로써는 표현할 길이 없다. 이 사람 역시 나와 같은 처지에 있는 것이다."

부처님을 때린 남자는 자신의 귀를 의심하지 않을 수 없었습니다. 큰 충격을 받았습니다. 부처님이 그를 받아쳤다면, 아난이 달려들었다면 놀라지 않았을 것입니다. 늘상 일어나는 일이 일어났다면 놀라지 않았을 것입니다. 그 남자는 부처님의 반응에 대해 사색하고 명상했습니다. 그리고 자신이 한 일을 깨우치기 시작했습니다.

다음 날 아침, 남자는 부처님에게 달려가 발 아래 엎드렸습니다.

부처님은 아난에게 말했습니다.

"보라, 역시 같은 문제이다! 그는 크나큰 감사를 느끼고 있는데 이를 어떤 말로도 표현하지 못하고 있다. 그저 나의 발 아래 엎드려 있을 뿐이다. 인간의 언어는 이렇듯 무력하다. 가슴이 북 받쳐 오르는 것을 우리는 표현할 수도 없고, 전달할 수도 없고, 말할 수도 없는 것이다. 이를 상징적으로 나타내기 위해 그저 몸짓을 해볼 수 있을 뿐이다."

남자는 울면서 말했습니다.

"용서하십시오. 선생님과 같은 분의 뺨을 때린 건 정말 어리석은 일이었습니다."

부처님은 의연히 말씀하셨습니다.

"그 일에 대해서는 잊어버리시오. 당신이 때린 사람도 없고 나를 때린 사람도 없소. 당신도 새로운 사람이고 나도 새로운 사람이오. 보시오. 저기 떠오르는 태양도 새롭지 않소? 모든 것은 순간순간 새롭게 태어나오. 어제는 더 이상 존재하지 않소. 그러니 잊어버리시오! 당신이 나를 때린 일이 없거늘, 내가 어떻게 당신을 용서한단 말이오? 당신은 이미 과거에 없어진 사람을 때린 것이오."

망각 속에는 모든 것이 용해되어 버립니다. 망각이란 참 편한 말입니다. 망각하지 못하고 집착하고 있다면 얼마나 불편합니까. 그런데 인간은 불편하게 살아가고 있습니다. 그러나 나무는 망각하고 삽니다. 나무가 어제 빨아 올린 수분에 대해서 생각하지도 걱정하지도 않습니다. 그렇지만 꼭 그 자리에 거기에 있습니다. 걱정을 하던 하지 않던 물은 거기 있습니다. 또한 나무는 어제 받은 햇빛이나 바람에 대해서도 생각하지 않습니다. 나무는 어리석지 않기 때문입니다. 인간만큼 어리석지 않습니다.

왜 어제 받은 햇빛에 대해서 신경을 쓴단 말입니까? 그 빛을 다채로운 색으로 변형시켰습니다. 나무의 잎에도, 꽃에도, 가지에도, 뿌리에도 어제가 들어 있습니다. 내일 꽃으로 피어날 새싹이 거기에 있습니다. 내일 무성한 잎으로 성장할 어린잎이 거기에 있습니다.

부처님은 인간의 세속적인 가치기준을 뛰어넘었습니다. 그러기에 왕자의 부귀영화도 저버렸습니다. 당시 사람들은 한탄하였을 것입니다. 왜, 왕자라는 좋은 자리를 놓고 설산으로 간단 말인가! 이는 보편적 가치기준에서 보면 당연한 의문이 될 것입니다. 더 넓고 큰 세계가 펼쳐져 있다는 것을 알았던 부처님의 입장에서 출가는 당연한 일이었습니다. 잠깐 눈을 감으면 모든 사물이 보이지 않게 됩니다. 그렇다고 해서 그 사물들이 달아난 것이 아닙니다. 그냥 그 자리에 그렇게 놓여있습니다. 감았던 눈을 뜨면 확인이 되는 것입니다. 보이는 시계와 보이지 않는 세계는 지금 당장 눈을 한 번 뜨고 감는데서 실험 가능한 일입니다. 우리가 잊고 놓아버리기만 한다면 성자의 길을 가는 것입니다.

영어단어에 '비어 있다'는 말이 'empty'가 있습니다. 비어 있다는 것은 '매어 있지 않다'는 것으로 자유로움을 뜻합니다. 어느 곳에 매어 있지 않은 사람은 텅 비어 있는 사람입니다. 비어 있다는 말은 여유롭습니다. 긴장도 없습니다. 이리저리 흔들 점이 없는 것입니다. 빈 마음은 순수 자체입니다. 순수 속에는 가능하지 않은 것이 없습니다.

텅 빈 방에 혼자 있게 된 경험이 있으실 것입니다. 또 광대한 산 속에서 혼자 남게 된 경우도 있었을 것입니다. 순간 무서움, 두려움이 생길 수 있습니다. 텅 빈 방에서 마음의 여유로움을 느끼셨다면 자유인이 된 것입니다. 산에서 자라는 나무가 되고, 숲이 되고, 꽃이 되었다면 위대한 자연이 된 것이고 꾸밈을 모르는 소박한 자연이 된 것입니다.

달마 스님이 9년 동안이나 면벽 수행을 하며 시절인연을 기다렸습니다. 그보다 우선했던 것은 면벽을 통해서 마음 비우기 작업을 철저하게 한 것입니다. 부처님께서도 6년 고행을 통하여 마음 비우기를 하셨습니다. 그래서 어떤 역경이 닥쳐도 나의 입장을 내세우기보다 상대의 편에서 이해하고자 애쓰셨습니다. 뺨을 때린 사람에게 눈을 부라리고 멱살을 잡기는 커녕, 저 사람이 표현이 적절치 않아 그랬을 뿐이라고 일축하고 말았습니다.

부처님의 6년 고행의 의미도 이해하기 어렵습니다. 달마 스님의 9년 면벽도 또한 이해하기에 난해한 문제입니다. 이해했다면 머리로 사변으로 이해한 것입니다. 생각만으로는 앉은 자리에서 날개 없이도 하늘을 날 수 있습니다. 그러나 내면의 세계가 지혜와 실천으로 가득가득 채워지기란 여간 어려운 일이 아닙니다.

우리가 땅을 밟고 일생을 살지만 땅 속에서 무슨 일이 일어나는지 잘 알지 못합니다. 토양 진드기를 조사하기 위해 표본으로 채취된 면적이 1m^2 정도였는데, 이 작은 땅이 172가지나 되는 생물종들이 발견되었습니다. 상상하기 어려운 생명체가 살고 있다는 것을 알게 되면 무심코 내딛는 발걸음도 조심해야 할 것입니다. 땅의 세계를 알고 이해하기 보다 더 어려운 세계가 있습니다. 순간순간 쉼 없이 마음의 작용이 일어나고 있는 마음자리입니다.

기다림이란 지루함이 아닙니다. 기다림이란 아름다움의 극치를 이루는 원소입니다. 기다림은 세월을 연소시키는 것이 아닙니다. 기다림은 완결을 의미합니다. 그러기에 선 수행을 기다림의 미학이라고 말할 수 있는 것입니다. 뜰에 나가 긴긴 겨울의 터널을 지난 나뭇가지를 보십시오. 베란다의 화초 잎을 보십시오. 거기에 새 생명이 잉태하고 있음을 볼 수 있습니다. 저는 이른 봄 채비를 하고 있는 영산홍의 봉오리를 보았습니다.

巖喚主人
: 서암언 스님의 "주인공아!"

서암언 스님이 매일 스스로 "주인공아!"라고 부르시고 나면 다시 스스로 "예!" 하고 대답했습니다. 이내 말하기를 "눈이 뜨이고 오도에 이르렀는가?" 물으면 "예"라고 대답했습니다.

"다른 사람에게 속임을 당해서도 안 되네." 하고는 "예, 예"라고 자문자답 하였습니다.

—《무문관》제12칙

서암언(瑞巖彦, 850~910) 스님은 덕산선감 스님의 법손이며 암두전할 스님의 법사로서 서암사언 선사를 말합니다. 스님은 천성이 그지없었다고 합니다. 너무 아둔하여 저런 사람은 도저히 오도에 이르기 어려운 사람이라고 지탄을 받았습니다. 스승인 암두(岩頭) 스님도, 이 사람은 출가 수행할 불연이 없다고 간주하고 그다지 관심을 기울이지 않았습니다.

어느 날 신도님 댁에 수좌들이 초대를 받았습니다. 집 주인이 유리,

호박, 진주 등으로 만든 염주 알을 수좌들 앞에 내놓으면서 골라 가지라고 했습니다. 이때 여러 수좌들은 다투어가며 자기 마음에 맞는 알을 골라 주머니에 넣었습니다. 서암언 스님은 뒤에서 구경만 하고 있다가 남이 다 주어가고 남은 찌꺼기 알을 하나 집었습니다. 집 주인이, "스님은 왜 남이 다 주어가고 남은 찌꺼기를 갖느냐."고 물었습니다. 그러자 "저는 이 알이 그 그릇 가운데 있는 알 중에 제일 좋은 알로 압니다."라고 하였습니다.

사람은 빨리빨리 보다 둔한 것이 더욱 값이 있습니다. 배우고도 몸에 배이게 익히지 못하니까 낯설기만 합니다. 우리는 어린시절에 배운 '토끼와 거북이'의 내용을 알고 있습니다. 둘이서 경주를 했는데 빠른 토끼는 느린 거북이와는 경쟁 상대가 되지 못합니다. 그러나 결과는 느린 거북이가 승리했습니다. 느림이 빠름보다 값지다는 것을 보여주는 좋은 사례입니다. 수행을 함에 있어서도 그렇습니다. 수행은 오늘 내일에 해결되는 문제가 아닌 듯 합니다. 더딘듯해도 쉼 없이 꾸준히 닦아 가는 것입니다.

선에서는 소를 표본으로 삼습니다. 소는 천천히 걸어도 천리를 간다고 합니다. 송나라 때 곽암사원(廓庵師遠) 스님은 소를 등장시켜 선 수행의 단계적 경계를 그림으로 묘사하기도 하였습니다. 왜 소가 선 수행과 관계가 있을까? 이는 소가 인도나 중국에서 태곳적부터 중요한 삶의 한 영역을 담당했으며 농경사회에서 필수적인 동물인 까닭입니다.

어느 조사스님이나 가풍이 있기 마련입니다. 그 가풍은 조사의 선천적 성품일수도 있겠고 공부 지어가는 습관이 될 수도 있습니다. 여기 오늘 말씀드리고자 하는 서암언 스님의 경우 '주인공아!'라는 공안으로 일평생을 일관했습니다. 무자(無字)화두로 통하는 사람이 있는가 하면 마삼근(麻三斤)으로 통하는 사람도 있고 지도무난(至道無難)으로 통하는 사람도 있습니다. 10인 10색이라는 말이 공부 지어 가는데도 통하는 말입니다. 그런데 어느 것 가지고 통하든 최종점은 하나일 것입니다.

주인공(主人公)이라고 말할 경우 공(公)이 갖는 뜻은 남자 삼인칭의 존댓말로 쓰는 경우가 많습니다. 충무공이라고 하는 경우에도 공이 들어갑니다. 신라에 의상 스님이 중국 종남산에 가셨을 때 그곳 스님이 의상공이라고 불렀던 것을 보면 당나라 때 화상을 공으로도 불렀음을 삼국유사를 통해서 엿볼 수 있습니다. 이렇게 소중한 공이란 자가 오늘날에는 개에게까지 붙여 견공이라고 하니 아찔한 면이 없지 않습니다.

서암언 스님은 자기를 대표하는 것이 주인공이란 말이 됩니다. 그래서 매일 앉거나 서거나 주인공이라고 불렀습니다. 대답할 사람이 없으니 자기 스스로 '예!'하고 대답했습니다. 얼른 듣기에 정신 나간 사람 같기도 하지만 서암언 스님의 자문자답은 자기의 본성자리를 놓칠세라 염염히 되새기던 일상사였던 것입니다. 어린아이의 무의미한 옹알이가 아닌 것입니다. 깨쳤다고 해서 본성을 챙기지 않으면 녹슬고 먼지가 끼기 마련입니다. 그래서 오후 수행이 필요한 것입니다. '주인공아!'하고 부를 때 주인공과 자기는 일체가 되어 주인공이란 것도 없고, 자기라는 것도 없을 때 소위 전무(全無)에 이르렀을 때를 말합니다. '주인공'과 대답인 '예'를 구별하여 주인공이 주이고 예가 객이 되는 것으로 알아서는 안 됩니다. 일상생활에서 누구를 부르고 대답하는 모두가 선지가 될 것입니다. 그렇다고 선이 그렇게 싸구려가 아닙니다. 다만 선지를 체득했느냐 못했느냐 하는 차이가 있을 수 있습니다.

어느 날 한 스님이 현사사비 스님을 찾아왔습니다.

"스님 문하에서 공부하려고 합니다."

"그대는 어디서 왔는고?"

"저는 서암언 스님 회상에서 공부했습니다."

"그렇다면 거기서 공부할 것이지 여기는 왜 왔는고?"

" 서암언 스님은 돌아가셨습니다."

"그래, 그러면 서암언 스님은 평소 뭐라고 가르치던가."

"앉으나 서나 매일 '주인공아!'하고 스스로 '예!'라고 대답하였습니다."

"그렇다면 그 스님이 돌아가셨다하니 불러도 대답할 사람이 없겠구나! 지금 그 '주인공아!'라고 부르면 누가 대답할 것인가?" 스님은 이 말에 말문이 막히고 말았습니다.

주인공이란 언구에 걸렸기 때문에 대답을 못했던 것입니다. 선은 이렇게 언구에 걸려서는 안 되는 것입니다. 선에서는 말합니다.

"화가가 되고 싶다면 12년 동안 그림 그리는 법을 배우고, 다음 12

년 동안 그림을 피해 완전히 잊으라." 12년 동안은 물을 긷고 나무를 패고 명상을 하라는 것입니다. 어떤 일을 해도 좋으나 그림을 그리지 말라고 가르치고 있습니다. 그렇게 하면 어느 날 제대로 된 그림을 그릴 수 있을 것이라고 합니다. 선에서는 24년을 배우는 것이지요. 처음 12년은 테크닉을 배우는 시간이고, 다음 12년은 배운 테크닉을 잊는 시간이지요. 그런 다음에야 그림을 그릴 수 있다는 것입니다. 마침내 테크닉에 사로잡히지 않고 테크닉을 부릴 수 있다는 것입니다. 물고기에 관한 우화를 소개하고자 합니다.

어느 철학적인 물고기가 다른 물고기에게 물었습니다.

"나는 바다에 대해 들은 바가 많소. 바다는 대체 어디 있소?"

이렇게 질문한 물고기는 바로 바다 속에 있었습니다. 그 물고기는 바다 속에서 태어났고 바다 속에서 자랐으며 바다를 벗어난 적이 없었습니다. 그래서 그 물고기는 자신과 떨어져있는 별개의 바다를 본 적이 없었던 것입니다. 그때 나이든 물고기가 바다를 찾는 물고기에게 말했습니다.

"우리는 지금 그대가 찾는 바다 속에 있다!"

젊은 물고기가 대들었습니다.

"농담 하시는 겁니까? 이건 물이에요. 어떻게 물을 바다라고 할 수 있습니까? 좀 더 지혜로운 사람을 찾아봐야겠습니다."

물고기는 어부에 붙잡혀 바다 밖으로 나올 때라야 비로소 바다의 존재를 자각하게 되었습니다. 그 때에 비로소 자신이 평생 바다 속에 있었음을 알고 바다가 자신의 삶의 터전이었음을 터득하고 바다 밖에서는 살 수 없음을 깨닫게 되었습니다.

인간은 물고기의 경우와 판이하게 다르게 온 세상에 퍼져 있습니다. 비상하는 새 속에 내가 있고, 움트는 나무 가지에도 내가 있으며, 창공에 반짝이는 별들 속에 내가 있으니 나는 이렇게 자유롭습니다.

하나 됨을 깨닫는 것이 주인공을 찾아가는 공부입니다. 선은 내가 있고 대상이 있는 것이 아닙니다. '대상'속에 내가 있고 '나'속에 대상이 용해되어 있는 것입니다.

오늘 날 과학은 인류의 삶에 엄청난 공헌을 하였습니다. 과학의 위대한 업적은 모두 직관에서 나온 것이며, 인류 과학사의 위대한 발견과 발명은 모두 직관의 세계에서 나온 것입니다. 지능지수에 비례하지 않습니다.

인도가 낳은 위대한 지식인 로히아(Lohia)박사가 아인슈타인을 만난 일이 있습니다. 약속시간에 맞추어 갔지만 아인슈타인은 나타나지 않았습니다.

아인슈타인의 아내는 "기다리셔야겠어요. 그분은 지금 욕조에 있는데 언제 나올지 모르거든요."라고 말했습니다.

한 시간이 훌쩍 지나자 로히아 박사는 다시 물었습니다.

"얼마나 더 걸리겠습니까?"

"아무도 몰라요."

"그 안에서 뭘 하는 데요?"

“비누 거품과 놀지요.”

“뭐라고요?”

“답이 떠오르지 않는 문제를 푸는 시간이 바로 그때예요. 문제에 대한 통찰을 얻는 곳은 항상 욕조에서지요.”

왜 욕조에서 일까요? 욕조에 들어가면 누구나 이완하기 때문입니다. 이완이 명상의 기본이 되며 과학의 위대한 발견은 명상상태에서 나옵니다.

인간 세포의 구조를 밝혀 노벨상을 수상한 사람은 실은 꿈속에서 세포 구조를 보았다고 합니다. 그는 인간 세포의 구조와 그 전모를 꿈속에서 생생하게 목격하고 다음날 아침에 본 것을 그렸습니다. 그러나 그는 세포구조가 왜 그래야 하는지 이해할 수 없었으며 이후 여러 해에 걸쳐 연구를 계속했습니다. 지속적인 연구결과, 그의 꿈이 정확했음이 밝혀졌습니다.

이런 과정에서 얻을 수 있는 것은 먼저 지적인 노력을 완전히 소모해야 해결의 빛이 밝아 옵니다. 머리의 기능을 완전히 소진해야 합니다. 과학자들은 한결같이 위대한 발견이 모두 직관에서 나온 것이지 지적인 노력의 산물이 아니라고 말합니다.

어느 날 동물들이 숲 속에 모여 회의를 했고 그 결과, 학교를 열기로 했습니다.

숲 속에는 토끼, 새, 다람쥐, 물고기, 두더지 등등이 살고 있었습니다. 이들이 이사회를 구성하기로 했습니다. 새들은 ‘날기’ 과목이 있어야 한다고 주장했습니다. 물고기는 '수영', 다람쥐는 '나무타기', 두더지는 '땅파기'가 필수 과목으로 들어가야 한다고 주장했습니다. 그래서 동물들은 주장하는 모든 것을 교과과정에 넣기로 합의 했습니다. 결국 모든 동물은 모든 과목을 배워야 했습니다. 그리하여 토끼는 달리기에서 '수'를 받았지만 나무타기에서는 고전을 면치 못했습니다. 나무타기에서 자꾸만 미끄러졌기 때문입니다. 어느 날 토끼는 나무타기를 하다가 미끄러져 머리를 다친 뒤, 달리기조차 제대로 할 수 없게 되었습니다. 그래서 달리기에서는 '미'를, 나무타기에서는 '가'를 받았습니다. 새는 날기 과목에서는 뛰어난 소질을 보였지만 땅파기 과목에서는 기를 펴지 못했습니다. 새는 땅파기 과목에서 부리와 날개 여기 저기를 다쳤습니다. 그러다 이내 새는 날기 과목에서 '미'를, 땅파기에서 '가'를 받았을 뿐 아니라 나무타기 과목은 정말 괴로운 시간이 되었습니다. 그리하여 학교 졸업을 할 때 모든 과목에서 중간을 겨우 유지한 두더지가 수석을 차지했습니다. 모든 학생이 모든 수업을 이수하자 선생님들이 모두 기뻐했습니다.

이것이 오늘 날 우리 교육계가 안고 있는 평준화 교육입니다.

세상의 교육이란 모든 사람을 평준화 시키려고 합니다. 그 결과 많은 사람들의 가능성과 잠재력을 파괴시키는 것입니다. 걸으려면 자신의 다리가 있어야 하고 맥박이 고동치기 위해서는 자신의 튼튼한 심장이 있어야 합니다. 시인의 자질을 타고난 학생이 수학으로 인해 그 자질을 망친다거나, 수학 분야에 천재성을 가진 아이가 역사를 외우느라 자신의 참소질을 잃어버릴 수도 있습니다. 세상 교육은 인간의 본성을 거스르기 때문입니다.

세상 교육은 개인을 존중하지 않고 일정한 틀에 집어넣고 찍어내려고 합니다. 공산품을 보십시오. 기계의 틀에서 똑같은 공산품이 나옵니다. 인간은 다량생산하고 다량판매하는 공산품이 아닙니다.

이 세상에 어리석게 태어난 사람은 없습니다. 우리는 세상에 나올 때 피안의 향기와 맛을 가지고 세상에 왔습니다. 그 향기를 더욱 그윽하게 하는 것은 본인의 몫이요, 맛을 더하는 것도 본인의 몫입니다. 우리는 외경에 나를 빼앗기면 안 됩니다. 그렇게 되면 본래 지녔던 향기와 맛은 사라지게 될 것입니다.

문법에는 이것과 저것을 비교하는 비교급이 있습니다. 삶에서 다른 사람과 자신을 비교하면 불행해집니다. 나는 나이고 너는 너일 뿐입니다. 나는 어느 누구와도 비슷하지 않기에 비교는 가능하지 않습니다. 비교하는 사람은 결코 자신을 존중할 수 없습니다. 모든 문제의 발단은 비교로부터 시작됩니다.

우리가 안경을 쓰면 사물을 명료하게 볼 수 있습니다. 보이지 않던 세계가 전개됩니다. 안경을 쓰기 전의 세계는 희미하고 있는 듯 없는 듯 사물이 희뿌옇습니다. 마음도 그렇습니다. 무엇을 해야지 하면서도 나태한 마음으로 살다보면 별반 바쁘거나 꼭 해야 할 일이 선뜻 손에 들어오지 않습니다. 그러나 마음을 다 잡아 '이 일을 오늘 꼭 해야지' 아니면 '이번 주에 기필코 하고 말거야' 다짐하면 몸도 마음도 팽팽한

긴장감이 생깁니다.

　마음 찾는 공부는 더욱 그렇습니다. 지동설을 주장하기 전에도 지구는 돌고 있었습니다. 300년 전 중력의 법칙을 발견하기 전에도 사과나무에서 사과는 떨어졌습니다.

　마음공부 또한 그렇습니다. 마음 공부하지 않아도 숨 쉴 수 있고 끼니 때 되면 밥 먹고 살았습니다. 그러나 마음을 닦으면 숨길 속에 위대한 생명이 잉태하고 생명이 유지되는 것을 느끼는 것입니다. 공양 한 그릇에 수많은 생명체의 도움과 노력이 깃들어 있음을 인식하게 되는 것입니다. 무엇하나 소중하지 않은 것이 없다는 것입니다.

　사람마다 감내하기 힘든 마음에 행동에 아킬레스건이 있습니다. 이 아킬레스건은 방치하면 그 힘이 배가 됩니다. 그러나 꾸준히 다스려 가노라면 치유가능하게 되는 것입니다. 그릇은 특정한 용도를 지니고 그 이름 붙여진 기능만 할 뿐 사람은 그러한 한 직능밖에 없는 기계가 되어서야 되겠습니까? 아킬레스건은 무시이래로 익힌 숙업입니다. 숙업이란 떨치기 어렵습니다.

　서암언 스님의 주인공 찾는 이야기는 쉼 없이 자성을 밝히라는 경책의 말씀으로 귓가에 맴돕니다.

維摩不二法門
: 유마 거사의 불이법문

유마 거사가 문수 보살에게 "보살의 불이법문으로 들어간다는 것은 어떤 것입니까?"하고 물었습니다. 문수 보살이 대답하기를 "제 생각에는 모든 존재란 설명할 수가 없고 나타날 수도 알 수도 없으며 묻고 대답할 수도 없는 것입니다. 이러한 것을 불이의 법문에 든다고 합니다."라고 했습니다.

그리고 나서 이번에는 문수 보살이 유마 거사에게 "우리 모두가 각기 자기 소감을 말했습니다. 이번엔 당신께서 보살의 불이의 법문에 들어감이 어떤 것인지 설명해 주십시오." 하고 물었습니다. 설두 스님이 이 공안을 읽고는 "유마가 뭐라고 말할까?" 하고 다시 "그까짓 것 듣지 않아도 유마의 속셈이 뭔지 다 알지!"하고 말했습니다.

—《벽암록》제84칙

불이법문이란 흔히 들어보았던 말입니다. 구마라집이 번역한《유마경》제 9 〈입불이법문품(入不二法門品)〉에 나오는 내용입니다. 어느 날 비야리성의 유마 거사가 석가모니 부처님의 법문을 들으러 나오지 않았으므로 "어찌된 일이냐?"고 걱정이 되어서 물었습니다. 그러자 한 제자가 "유마 거사는 병이 나 집에서 앓고 있습니다."고 했습니다. 그러자 부처님은 우선 사리불 존자에게 "네가 문안을 가거라."하자 그는 핑계를 대고 사양했습니다. 제자들에게 차례로 가 보라 일러보았으나 모두 유마 거사의 말솜씨가 두려워 가려고 하지 않았습니다. 끝으로 문수 보살이 부처님 대신 병문안을 가게 되자, 그 때는 사양하던 사람들도 뒤따라 나섰습니다. 9천의 보살과 5백의 성문, 백 천의 천인을 이끌고 문수 보살은 유마 거사의 집으로 찾아갔습니다. 유마 거사는 그 많은 사람들은 사방 열자의 방인 장실(丈室)에 들어오게 했으나 조금도 좁지 않았다고 합니다. 한동안 이야기를 나누다가 이윽고 유마 거사가 여러 보살들을 향해 "여러분! 어떻게 하면 불이의 법문에 들어갈 수 있겠습니까?"하고 물었습니다. 많은 보살들은 각기 자기 의견을 말한 뒤, 문수 보살을 향해 일제히 "불이의 법문에 들어감이란 어떤 것입니까?"하고 물었습니다.

　불이법문을 이해하기 위해서 몇 가지 개념정리를 해야 할 것 같습니다. 불이(不二)란 무엇인가? 하는 것입니다. 불이란 이것과 저것이 본질에 있어서는 다르지 않은 것을 말합니다. 둘 사이에 대립이 없는 것을 말합니다. 그러니 모두 평등하다는 말입니다. 교리공부를 하다보면 범아일여(梵我一如)라는 말을 들어 보셨을 것입니다. 범은 브라흐만(Brahman)을 말하며 우주의 본질을 가리킵니다. 아란 아트만(ātman)

으로서 개인의 주체적 본질을 가리키는 것입니다. 이 두 원리가 별개의 것이 아니고 실은 동일한 것이라고 합니다.

유마 거사는 부처님의 속가 제자입니다. 인도 비야리국 장자로서 세속에 있으면서 보살행업을 닦았는데, 그 수행이 대단하여 출가제자들도 미치지 못했다고 합니다. 비야리국은 사리불의 고향이기도 하고, 교단에서 처음으로 비구니가 탄생한 곳이기도 합니다.

《유마경》은《반야경》에서 말하는 공사상에 기초한 윤회와 열반, 번뇌와 보리, 예토와 정토 등의 구별을 떠나, 일상생활 속에서 해탈의 경지를 터득해야 한다는 것을 유마 거사라는 주인공을 내세워 설화식으로 설한 책입니다. 유마 거사가 병중에 있을 때 문수 보살이 여러 성문과 보살들을 데리고 왔습니다. 그때 유마 거사는 여러 가지 신통을 보여 불가사의한 해탈상을 나타내고 서로 문답하였습니다. 불가사의한 해탈이란 3해탈문입니다. 이 해탈문은 깨달음의 경지에 이르기 위한 세 가지 해탈문입니다. 첫째, 공해탈문(空解脫門)은 존재의 공을 관하는 것입니다. 둘째, 무상해탈문(無相解脫門)은 공이므로 차별의 모습이 없다는 것을 관하는 것입니다. 셋째, 무원해탈문(無願解脫門)은 무상이므로 원하고 구해야 할 것이 없다는 것을 관하는 것입니다.

절에는 삼문(三門)이 있는데 법당 정면의 대문을 말합니다. 3문은 산문(山門)이라고도 합니다. 예를 들어 속리산 법주사의 문이므로 산문이라고 하고 그 산문에는 좌우 두 개의 소문(小門)과 한가운데의 대문이 있어 3해탈문(공문(空門) 무상문(無相門) 무작문(無作門))의 표상이라 하므로

3문이라고도 하는 것입니다. 마지막으로 유마 거사는 입을 다물고 잠자코 있어, 말없는 것으로써 불가언불가설(不可言不可說)의 뜻을 표현하여 문수 보살을 감탄케 하였습니다.

부처님의 십대제자 가운데 그 유명한 지혜제일인 사리불 존자, 신통제일 목련 존자, 두타제일 마하가섭 존자가 있습니다. 처음에 이 제자들은 몇 천명의 제자들을 거느린 명성이 높은 철학자들이었습니다. 그들은 당당하게 부처님에게 도전하기 위해 찾아왔습니다.

그때 부처님은 조용하게 말했습니다. "그대가 진리를 안다면 좋은 일이다. 그대가 이겼다고 해도 좋다. 하지만 그대는 진리를 아는가? 나는 안다. 나는 누구에게 도전해야 할 필요성을 느끼지 못한다. 세상에는 아는 자와 모르는 자, 두 종류의 인간이 존재한다. 모르는 자, 내가 어떻게 이 불쌍한 사람에게 도전할 수 있겠느냐? 그건 도저히 생각할 수 없는 일이다. 아는 자, 내가 어떻게 이 풍요로운 사람에게 도전할 수 있겠느냐? 이것 또한 생각할 수 없는 일이다."

부처님은 사리불에게 말했습니다. "그대가 안다면 나는 좋다. 진리를 아는가? 나는 지금 도전하는 것이 아니라 묻고 있다. 그대는 누구인가? 그대 자신을 모른다면 나에게 도전하겠다는 생각을 버려라. 나와 함께 있으라. 도전이나 토론, 표현이 아니다. 진리는 어느 날, 어느 순간 갑자기 찾아 올 것이다."

사리불이 절을 하고 말했습니다.

"감히 도전하겠다고 생각한 저를 용서하십시오. 저는 모릅니다. 저는 수많은 철학자들을 물리친 뛰어난 변사이지만 선생님은 철학자가 아니시군요. 선생님의 제자가 되어 새로운 시작으로 삶을 바라보아야 할 때가 찾아온 것 같습니다. 어떻게 하면 좋겠습니까?”

부처님은 “2년 동안 침묵하라.”고 했습니다.

그 후 부처님을 찾아오는 도전자마다 이런 과정을 거쳐야 했습니다.

“먼저 2년 동안 침묵하라. 그렇게 하면 2년 뒤에 무슨 질문을 해도 다 대답해주겠다.”

2년이 지나자 도전하러 왔던 사람들은 모든 것을 잊었습니다. 심지어 자신의 이름도, 도전과 승리도 다 잊었습니다. 그들은 부처님의 향기를 맡고, 진리도 맛보았던 것입니다.

이 세상에 소중한 것은 눈으로는 보이지 않는다고 합니다. 그 소중한 것이 무엇이겠습니까? 시간입니다. 진리입니다. 시간은 눈으로 볼 수 없습니다. 그런데 시간은 흘러 나이도 들게 되고 백발이 늘어 가기도 합니다. 청정법신의 작용도 우리 육안으로는 보이지 않습니다. 육안으로 볼 수 없는 법신의 작용을 어떻게 볼 수 있겠습니까? 오직 정제된 마음으로 볼 수 있는 것입니다. 그래서 가슴으로 이야기 하는 사람에게는 굳이 언어가 필요하지 않습니다.

머리로 사는 삶은 기계적인 삶입니다. 일은 잘 할 수 있을지 모르지만 로봇과 같이 메마른 삶입니다. 일의 능률면에서 보면 로봇이 사람보다 엄청나게 일을 합니다. 그런데 로봇에게는 감정도, 감동도 없습니다. 인간에게는 고귀한 눈물이 있습니다. 머리로는 돈을 많이 벌어 떵

떵거리고 살지 모르지만 그러한 사람의 삶에는 향기가 별로 나지 않습니다. 요즘같이 봄꽃이 만개한 산야에 꽃향기가 가득가득 묻어나는 것은 자연이 주는 무언의 교훈이기도 합니다. 자연은 인간들이 보면 아둔한 듯하지만 인간의 시각일 뿐, 자연은 본연의 본분사를 그 무엇 하나 소홀히 지나치지 않고 묵묵히 일을 해내고 있습니다. 자연은 머리로 헤아려 살지 않고 온 몸으로 그리고 가슴으로 성장합니다. 우리 주변에 아름다운 것, 소중한 것, 의미 있는 것은 모두 가슴에서 나옵니다. 자연과 같이 가슴으로 사는 것이 지혜로운 삶이고 자연과 같이 가슴이 주인이 되고 머리는 하인이 되어 살아 봅시다. 세상에 머리가 좋은 사람일수록 감정이 메말랐다고 합니다. 그 좋은 머리를 가지고 하인으로 살라니 천부당만부당한 제안이라고 고개를 저을수도 있을 것입니다. 우리가 일상생활에서 머리로 산 하루의 삶이 고단한가 아니면 가슴으로 산 하루가 고단한가를 스스로 판단하고 선택할 수 있는 지혜가 있을 터이니 그 선택과 해답은 자신들의 몫으로 남겨 놓겠습니다.

오늘의 삶이 힘겹기도 하고 오늘의 삶이 답답하기도 하지만 이렇게 해결되지 않는 일상에서 벗어날 수 있는 힘은 어디에 있을까요? 아마 미지의 세계가 있다는 것이 묘약이 될 것입니다. 만약에 미지의 세계가 없으면 가슴에 경이가 있을 수 없습니다. 가슴이 뛰는 경이가 없으면 그런 가슴은 생명을 상실합니다. 삶에 경외심이 없는 사람은 참으로 소중한 것을 잃고 맙니다. 그런 사람은 눈에 먼지가 내려앉아 밝은 눈을 상실하게 됩니다. 그런 사람은 이른 아침 새가 노래를 해도 아무런 감동도 받지 않는 것입니다. 가슴이 굳어진 것이기 때문이지요. 그런 사람은 푸른 나무를 보고도 개나리, 진달래꽃의 향연을 보고도 노래가 나오지 않습니다. 엽록소나 광합성의 지식으로 나무에 대해 다 안다고 생각하기 때문일 것입니다. 사물의 대상에 대한 지식으로 가득 한 사람에게는 시가 사라집니다. 지식이란 생활을 위해 편리하지만 궁 극의 문제는 해결하지 못합니다.

　찬란한 미지의 세계를 신뢰하지 못하는 사람이 어떻게 눈앞의 장 미의 아름다움을 알아볼 수 있겠습니까? 아름다움은 어디에 있습니 까? 물질에 있을까요, 아니면 장미라는 물질 너머에 있을까요? 궁금한 나머지 장미를 분석한다고 그 속에서 아름다움이 나오기라도 한단 말 입니까? 여러분은 '아니오'라고는 대답할 수 있으나 이내 어디에 있다 고 대답하기는 어려울 것입니다. 모든 곳에 있기 때문입니다.

　지난 해에 나의 곁을 떠났던 새가 봄이 되어 반가이 맞아 주지만 우 리는 그들의 인사에 답을 못합니다. 산행을 하다 보면 꽃이 봉오리를 터뜨리며 우리에게 인사를 건네지만 화답하지 못하고 무덤덤하게 발 길을 옮겨 놓는 경우도 있습니다. 인간이 상실한 것은 무엇입니까? 부 도, 명예도 잃을 수 있습니다. 소중한 건강도 잃을 수 있습니다. 그러나 꼭 잃어서는 안되는 것을 잃고 있습니다. 그것은 감동입니다. 감동이 없는 사람은 그 무엇에도 의미부여를 하지 않습니다. 감동이 없는 사람 을 가슴을 잃었기 때문입니다. 뜨거운 가슴은 우리 삶에 윤활유가 됩니 다. 척박한 사막에서도 오아시스가 있다는 꿈을 믿습니다. 힘겨운 삶에서도 장밋빛 내일을 설계할 수 있는 여유를 갖습니다. 아무리 밤이 깊고 어둡다 하더라도 찬란한 아침이 다가온다는 확신을 갖게 됩니다. 상대편은 나를 외면한다 하더라도 그들을 나의 품에 안을 수 있습니다.

며칠 전 남천 정연교 선생의 매수산방실에서 문인화를 열심히 그리고 있는 모습을 물끄러미 바라보고 있었습니다. 도연명이 좋아했다는 국화를 치는 과정을 보니 줄기부터 그리는 것이 아니고 꽃과 꽃잎을 완성하고 다음에 줄기를 그리는 것입니다. 주돈이가 사랑했다는 연꽃의 경우에도 줄기보다 연꽃을 그리고 넉넉한 잎을 완성한 다음 일필휘지(一筆揮之)하여 줄기를 긋는 것을 보았습니다. 어린아이들에게 집을 그리라고 하면 지붕부터 그리기 시작합니다. 이 경우 어른들도 마찬가지 입니다. 한 생명력은 땅에서부터 솟아나므로 국화나 연꽃도 뿌리나 줄기부터 그리고서 다음에 꽃을 그리는 것이 순서인 듯 합니다. 집을 지을 때 당연히 기초를 다지고 주춧돌부터 단단히 놓아 갑니다. 그리고 벽도 쌓아 갑니다. 마지막으로 지붕을 완성합니다. 집을 짓는 절차를 무시하고 무심히 지붕부터 그리는데 무감각한 자신을 반성해 봅시다.

나의 생각을 한번만 걸러보면 새로운 삶의 본질을 느끼게 됩니다. 저는 교단에서 강의를 합니다. 강의를 듣는 학생들은 앞을 보고 강의를 듣습니다. 강의 하는 사람의 입장에서 보면 칠판은 본인 뒤에 있지만 학생들의 입장에서 보면 학생들 앞에 있습니다. 자기가 있는 곳을 어떻게 설정하느냐에 따라 앞 뒤가 달라지는 것입니다.

　유마 거사의 불이법문은 이러한 차별과 대립을 여의는 것입니다. 선악이나 미추가 낱낱의 것이 아니고 본질적인 입장에서 보면 나누어 볼만한 것이 아니라는 것입니다. 사람의 판단에는 주관적인 견해가 물씬 묻어납니다. 각자의 입장에서 무엇이 좋고 무엇이 나쁘다고 하는 것입니다. 부처님의 견해로 보면 좋고 나쁠 것이 없고 편가르기 할 일도 아니라는 것입니다. 인간의 아집과 자기주장만을 내세우다 보면 주변 상황을 경색되게 만들기도 합니다. 아마 고집은 배운 사람일수록 더 강한 듯 합니다. 학즉불고(學則不固)라는 말이 있습니다. 많이 배우면 배울수록 고집부리지 않고 여유가 있다는 말입니다. 그런데 주변을 살펴보면 그렇지 못한 것이 아쉬움으로 남습니다.

　유마 거사의 불이법문은 벽을 허무는 작업입니다. 너와 나 사이에 있는 갈등의 벽을 허물어 버리는 것입니다. 집단과 집단간에 추구하고자 하는 높이를 낮추어 봅시다. 국가와 국가간에 지키고자하는 이념의 높은 장벽도 상대를 헤아려 보는 폭이 증폭되면 국제적인 분쟁은 사라질 것입니다. 흔히 윈윈작전을 말합니다. 윈윈이란 나만 이기고 상대편은 지는 것이 아닙니다. 동반우승인 것입니다. 불교에서는 3종세간을 말합니다. 그 하나는 기세간(器世間)입니다. 기세간은 산천초목, 산하대지를 말합니다. 둘째는 중생세간입니다. 소위 인간들이 살고있는 세상을 말합니다. 셋째는 지정각세간(智正覺世間)을 말합니다. 깨달으신 부처님의 세계를 말합니다. 우리 인간은 기세간 보다 나은 세상에 살지만 기세간에서 배워야 할 점이 참 많습니다. 동반우승이란 것도 인간

세상에서는 생소하게 들리지만 기세간에서는 신기할 것 없는 만연된 일입니다. 움트는 새순을 보십시오. 어느 가지의 새순이 내가 더 햇빛을 받아야겠으니 너는 금년에 조금만 햇빛을 받으라고 강요하거나 박탈하지 않습니다. 공평하게 자랍니다. 그들은 경쟁하며 자라지만 상대를 존중하여 선의의 경쟁만 합니다. 그리하여 큰 숲을 만들어 인간 세상에 꿈을 심어 줍니다. 중생의 몸을 받았지만 벽을 허물면 지정각세간인 부처님 세계의 일미를 맛볼 수 있습니다. 번뇌의 벽, 증오의 벽, 삼독의 벽을 허물어 버립시다. 모든 벽을 허문 자리에 새 삶의 싹이 솟아납니다.

예부터 강산을 푸르게 만들고자 하는 인간의 노력이 끊임없이 이어져왔습니다. 인간이 나무를 심어 강산을 얼마나 푸르게 할 수 있을까 생각해 보십시오. 극히 제한적일 뿐입니다. 아마존의 밀림을 생각해 보십시오. 사람이 조림하여 밀림이 된 것이 아니고 자연은 서로를 존중하며 윈윈작전이 몸에 베이게 실천한 결과물입니다. 이 식목일 아침에 나무 심을 땅이 없다고 아쉬워 하지 마십시오. 제가 터전을 마련해 드리겠습니다. 메마른 마음에 나무를 심읍시다. 수종은 많습니다. 자비의 나무도 있고, 참회의 나무도 있습니다. 그리고 인욕의 나무, 보시의 나무, 선정의 나무, 지혜의 나무를 심어 무럭무럭 자라게 가꾸어 봅시다. 이러한 불자라야 유마 거사의 불이법문을 실천하는 대보살입니다. 이러한 불자라야 유마 거사가 앓고 있는 병석에서 가뿐이 병을 털고 일어날 수 있는 묘약을 건넬 수 있을 것입니다.

平常心是道
: 평상심이 도인 것을

조주 스님이 스승인 남전 스님에게 물었습니다. "어떤 것이 도입
니까?" 남전 스님이 대답하기를 "평상심이 도"라고 했습니다. 조주
스님이 "어떻게 이해해야 되겠습니까?"라고 묻자 남전 스님이 대
답하기를 "알려고 하면 곧 어긋난다."고 했습니다.

다시 조주 스님이 말하기를 "알려고 하지 않으면 어떻게 도임을
알까요?"라고 묻자 남전 스님이 말했습니다. "도는 지(知)에도 속
하지 않고 부지(不知)에도 속하지 않는다. 지하면 망각이요, 부지하
면 무기(無記)이니라. 만약 의심없는 도에 달하면 빈 허공과 같고
탁 트였으니 무엇 때문에 굳이 시비할 것인가!" 조주가 이 말에 돈
오했다.

—《무문관》제19칙

조주 스님은 조주 땅 관음원의 주지였던 종심(從諗) 선사를 말합니
다. 선종에서는 그 지방의 지명이나 산 이름 또는 강 이름을 따서 부르

는 풍습이 있었습니다. 조주 스님의 경우도 조주땅의 이름을 따서 붙인 것입니다. 남전 스님은 6조 혜능 스님의 법손으로 지주남전보원 선사(池州南泉普願禪師)를 말합니다.

《무문관》에서 남전 스님과 제자 조주 스님과의 대화 '평상심이 도'라는 말은 마조선의 핵심이라 할 수 있는 평상심시도(平常心是道)라는 사상에서 비롯된 것입니다. 말하자면 수행이다, 도다, 부처다, 이러니 저러니 따지고 가릴 필요가 없이 평소의 마음과 일상사가 바로 도이며 부처라는 것입니다. 마조 스님은 일찍이 법상에 올라 말했습니다.

"도를 닦아 익힐 필요가 없다. 오직 더러움에 물들지 않으면 된다. 더러움에 물든다는 것은 무슨 말인가. 나고 죽는다는 생각을 염두에 두고 일부러 별난 짓을 벌이는 것을 바로 더러움에 물든다고 하는 것이다. 단번에 도를 이루고 싶은 생각이 있는가. 평소의 마음이 바로 도이다. 평소의 마음이란 어떤 마음일까. 그것은 일부러 짐짓 꾸미지 않고 이러니저러니 가치판단을 하지 않는 것이다. 마음에 드는 것만을 좋아하지도 않고 성스럽다느니 하는 생각과 멀리 떨어져 있는 그런 마음을 가리킨다."

마조 스님의 제자 가운데 대매산 법상(法相, 752-835) 선사가 있습니다. 대매 스님은 마조 스님을 친견하고 나서 다음과 같이 물었습니다.

"무엇이 부처입니까(如何是佛)?"

"자네의 마음이 바로 부처이다."

"그것은 어떻게 얻을 수 있습니까?"

"빈틈없이 지켜 나가야 한다."

"법이란 무엇입니까?"

"자네의 마음이 바로 그것이다."

"달마가 동쪽으로 온 이유는 무엇입니까?"

"자네의 마음이 바로 그것이다."

"그럼 달마에게는 아무런 의도도 없었단 말입니까?"

"부족함이 아무 것도 없는 그 마음을 간파하여라."

마조의 이 말에 대매는 마침내 심오한 뜻을 깨달았습니다.

이러한 대답, 즉 "평상심이 도"라는 말은 선사의 깊은 수행과 성찰에서 나온 말입니다. 얼핏하면 무사안일을 일삼게 할 수도 있는 위험한 말이기도 합니다. 왜냐하면 일상생활이 모두 도라고 했으니까요. 잠자리에서 일어나고, 먹고, 일하는 것이 도라면 애써 공부할 것도 없는 일입니다. 이른 아침에 일어나 법문을 들을 필요도 없는 일이라고 생각할지 모릅니다. 그렇게 쉬운 것이 선이라면 선은 수천 년 동안 지속되어 오늘에 이르지 못했을 것입니다. 삼척동자도 아는 일이지만 이를 실천하려면 100세 노인도 어렵다는 말입니다.

하루는 장한가(長恨歌)로 유명한 백거이(白居易)가 조과(鳥窠) 스님에게 물었습니다.

"어떻게 수행해야 온전히 행했다고 할 수 있는지요." 그러자 조과 스님은 망설임 없이 간단하게 대답했습니다. "못 된 짓을 하지 않고 일체를 선에 어긋나지 않게 행하는 것이오." 그러자 어려운 대답을 기대했던 백거이가 껄껄 웃으면서 대답했습니다. "그건 세 살 먹은 아이도 아는 말이 아닙니까." 그러자 조과 스님은 지체없이 말했습니다. "세 살 아이도 아는 말이나 백 살 노인도 행하기는 어려운 말입니다."

조과(741~824) 스님은 속성이 반(潘)씨이고 자는 도림(道林)입니다. 항주 부양 사람으로 9세에 출가하여 21세에 형주 과원사에서 구족계를 받았습니다. 장안 사명사의 복례(復禮) 스님에게 《화엄경》과 《기신론》을 배우며 선 수행을 하고, 경산의 도흠(道欽) 스님을 찾아 심요를 깨닫게 되었습니다. 남쪽으로 돌아가 진방산에 나뭇가지가 무성하여 일산(日傘)과 같이 된 큰 소나무가 있음을 보고 항상 그 위에 올라가 있었으므로 세 '조'와 보금자리 '과' 자를 써서 조과 선사라고 했습니다.

한 신도가 선사의 명성을 듣고 불원천리하고 찾아 왔습니다. 신도는 선사가 누구인지 모르고 물을 긷고 있던 선사에게 물었습니다.

"이 절에 선사가 계신다고 들었는데, 어디 계시는지 아십니까?"

신도는 선사가 허드렛일이나 하는 스님이라고 생각할 수 없었습니다. 물 긷는 선사나, 청소하는 선사를 생각할 수 없었던 것입니다.

선사는 웃으면서 말했습니다.

"나요."

신도는 그 말을 믿을 수 없었습니다.

"선사님의 명성을 들었습니다. 하지만 물 긷는 선사님은 잘 생각되지 않습니다."

선사가 말했습니다.

"깨닫기 전에 이런 일을 했소. 물을 긷고 장작을 패고, 그것이 내가 하던 일이었으니 깨닫고 난 후에도 그 일을 계속 하는 거요. 나는 물 긷고 장작 패는 일을 아주 능숙하게 하지요. 갑시다! 내 장작 패는 일을 보여주리다."

"깨닫기 전에 이런 일을 하고 깨달은 후에도 똑같은 일을 하고, 둘 사이에는 어떤 차이가 있습니까?"

선사가 웃었습니다.

"차이는 내면에 있지요. 나는 전에 모든 일을 잠든 상태에서 했소. 이제는 깨어 있는 상태에서 하오. 그게 차이요. 생활은 비록 같지만 나에게는 전혀 다르오. 세상은 여전히 변함없는 세상이나 나에게는 전적으로 다른 세상이오. 그래서 내게는 세상이 더 이상 같은 세상이 아니라오."

《잡아함경》을 보면 다음과 같은 내용이 나옵니다.

부처님이 왕사성에서 탁발하시고 최초의 사원인 죽림정사로 돌아가던 길이었습니다. 부처님이 나무 그늘에 앉아 쉬려고 하였습니다. 그러자 가섭은 입고 있던 대가사를 벗어서 네 겹으로 곱게 접어 부처님 앉을 자리를 마련했습니다. 부처님은 옷이 참 부드럽다고 말했습니다. 이에 가섭은 자신의 가사를 부처님께 바치려고 했습니다.

"세존이시여, 부디 저의 가사를 받아 주십시오."

부처님이 허락하자 가섭은 부처님이 입고 있던 낡고 남루한 분소의(糞掃衣)로 바꿔 입었습니다. 이후 가섭은 부처님이 벗어 준 분소의를 언제나 입고 다녔습니다. 이것이 바로 제자가 부처님의 가사를 물려받은 최초의 사건이었습니다. 자나 깨나 분소의만을 입고 다니는 가섭을 비웃는 수행자도 있었습니다. 부처님이 기원정사에 계실 때였습니다. 설법하고 계시는 부처님 옆에서 흙탕물에 얼룩진 분소의를 입은 가섭을 보자마자 설법을 들으러 온 수행자들이 수군거렸습니다.

"저 자는 도대체 누구인가. 부처님 옆에서 누더기를 걸치고 있다니. 전혀 위의를 갖추고 있지 않군."

부처님은 수군거리는 소리를 듣고는 설법을 중단했습니다. 그런 후 가섭을 더 가까이 오게 했습니다.

"가섭아, 내 자리를 반으로 나눠 줄 터이니 여기에 앉거라."

순간, 수행자들은 두려워 온 몸의 털이 거꾸로 솟구쳤다고 합니다. 남루한 분소의를 입은 가섭이야말로 당신의 수많은 제자 중에서도 진정한 제자라고 확신이 섰기 때문입니다. 그래도 일부 수행자들이 수군거리자 부처님께서는 가섭이야말로 나와 같은 경지에 오른 성인이라고 설하며 그들을 이해시켰다고 전해지고 있습니다. 사문의 복덕 가운데 가장 큰 복덕이란 바로 의심의 먹구름을 떨쳐버린 반야의 깨달음이 아닐까 새삼 느끼게 합니다.

변화는 내면에서 일어납니다. 이런 변화야 말로 참된 출가가 됩니다. 검버섯이 늘어가는 얼굴을 보고 한탄하는 사람도 있습니다. 반면에 녹슬고 무디어진 내면세계의 정화가 더디게 됨을 염려하는 사람은 드문 듯합니다. 진리는 우리 존재 안에 있습니다.

이른 아침, 동냥 그릇을 든 거지 한 사람이 왕의 정원으로 들어왔습니다. 왕은 이른 아침이면 곧잘 정원에서 산책을 했던 것입니다. 호위병 없이 왕 혼자서 조용히 자연을 즐기는 시간을 택한 것입니다. 왕은 자연이 뿌려주는 생동감과 아름다움을 양껏 마실 수 있는 시간을 보내고 있었습니다. 동냥 그릇을 든 거지가 다가오는 것을 본 왕은 깜짝 놀랐습니다. 거지가 왕을 친견하고자 하였습니다.

왕은 "지금은 내가 사람을 만나는 시간이 아니다."라고 말했습니다. 그러자 거지가 말했습니다. "대왕님이시여! 저는 거지인데 호위병들이 너무나 완강해서 저 같은 거지가 왕을 만난다는 것은 불가능한 일입니다. 그러니, 저에게 자비를 베푸소서."

왕은 그 상황에서 빨리 벗어나고 싶은 나머지 거지에게 물었습니다.

"나에게 무엇을 원하느냐? 네가 원하는 것은 무엇이든 얻도록 해줄테니 나의 고요한 아침을 방해하지 말고 가거라. 쓸데없이 나의 평화와 침묵을 깨뜨리지 말고 어서 말하거라."

그러자 거지가 갑자기 웃음을 터뜨렸습니다.

"깨뜨릴 수 있는 평화는 진짜 평화가 아닙니다. 깨뜨릴 수 있는 침묵은 진짜 침묵이 아닙니다. 단지 눈 뜨면 사라지는 꿈일 뿐입니다. 진짜가 아닙니다."

거지의 말을 들은 왕은 가슴이 놀라움으로 가득 찼습니다.

왕은 속으로 생각했습니다.

'이 자는 아무래도 보통 거지가 아닌 것 같다. 분명 보통의 거지는

아니야.'

거지가 말했습니다.

"왕이시여, 무엇으로든 저의 동냥 그릇을 가득 채워 주십시오. 그러면 지체없이 눈앞에서 사라지겠습니다. 하지만 동냥 그릇을 가득 채워 주지 못하시면 저는 이 자리를 떠나지 않을 것입니다."

거지의 요구를 들은 왕은 웃음을 터뜨렸습니다.

"너는 미친 거지로구나. 내가 그 따위 동냥 그릇을 못 채울 것 같으냐?"

왕은 신하를 불러 "이 거지의 동냥 그릇을 다이아몬드와 값진 보물로 가득 채워 주어라."하고 말했습니다. 그러자 거지가 신하를 향해 말했습니다.

"이 동냥 그릇이 가득 채워지지 않으면 나는 이 자리를 떠나지 않을 것이오."

다이아몬드를 거지의 동냥 그릇에 쏟아 붓자마자 순식간에 다이아몬드가 사라져 버리는 것입니다. 왕은 이 광경을 보고 당황하지 않을 수 없었습니다. 결국 보물창고가 텅 비게 되었습니다.

왕은 거지에게 동냥 그릇의 비밀을 알려달라고 간청했습니다. 이때 거지가 웃음을 터뜨리며 말했습니다.

"이것은 보통의 동냥 그릇이 아닙니다. 이것은 인간의 해골입니다. 나는 해골을 동냥 그릇으로 쓰고 있습니다. 이 해골은 과거의 습관을 버리지 못했습니다. 동냥 그릇은 오직 한가지 낱말 밖에는 알지 못합니다. 더 많이, 더 많이. 그런 까닭에 동냥 그릇은 항상 비어있을 수 밖에 없습니다."

정토가 어딘가에 있을 것이라고 꿈꾸면 당신이 살고있는 세상 전체가 지옥으로 변합니다. 이런 사람에게는 세상 자체가 지옥인 것입니다. 잡상미모비시타물(眨上尾毛非是他物)이라는 말이 있습니다. 잡(眨) 자는 눈 깜빡일 '잡' 혹은 눈을 크게 뜰 '잡' 자입니다. 그러니까 큰 안목으로 보면 모두 진리의 당체라는 말입니다. 범부의 눈으로 보면 모두가 차별로서 각양각색으로 보이는 것입니다. 그러나 일단 깨친 눈으로 보면 어느 하나 '진리가 아닌 것이 없다'는 말입니다.

선사의 명성을 듣고 찾아 온 신도 앞에서 선사는 그냥 물을 긷고 허드렛일을 하는 것입니다. 남루한 옷을 입고 있는 가섭에게 멸시의 눈길을 보냈으나 부처님은 본인의 자리 가까이 오도록 했습니다. 위엄있는 왕과 초라한 거지의 대화에서 신분의 높고 낮음이 정신세계의 높낮이를 가늠할 수 있는 것이 아니라는 것을 알 수 있습니다. 도가 심산유곡에만 있다고 안다거나 높은 빌딩 위에 있다고 생각한다면 잘못된 견해입니다. 도는 우리 생활주변에 만연해 있습니다. 하얀 목련꽃잎에도 시들어 버린 낙화에도 도는 있습니다. 산하대지는 끝없는 메시지를 전달하건만 우리가 지닌 빈약한 체널의 한계 때문에 무의미하게 흘려보내고 맙니다.

1970년도 한국미술대상 공모전에 대상을 받은 김환기 선생의 "어디서 무엇이 되어 다시 만나랴"라는 작품이 있습니다. 그렇습니다. 우리는 어디서 무엇이 되어 다시 만날 것을 기약하지 못하고 그냥 헤어지고 마는 것입니다. 이러한 아쉬움과 미련을 최소화하는 것은 이웃과 살아있는 것들을 사랑하는 것이 아닐까요? 이러한 실천자는 가히 평상심이 도라고 말씀하신 마조 스님과 그의 제자 남전 스님의 가르침을 몸으로 체득한 사람일 것입니다.

外道問佛
: 외도의 깨달음

어느 날 한 외도가 부처님에게 물었습니다. "있는 것도 아니고 없는 것도 아닌 바를 말씀해 주십시요." 그러나 부처님은 말없이 그를 지켜보기만 했습니다. 그러자 외도는 부처님의 태도에 크게 탄복하며 "부처님의 크신 자비로 저의 미망의 구름은 걷치고 깨우침을 얻게 되었습니다."라고 했습니다. 외도가 떠나간 뒤 아난이 부처님에게 물었습니다. "그 외도가 도대체 무엇을 보고 깨우쳤다고 한 것입니까?" 부처님은 "세상의 준마가 얼핏 채찍 그림자만 보고도 달리는 것과 같지."라고 대답했습니다.

—《벽암록》제65칙

이 칙에서 이례적으로 부처님과 외도, 아난이 등장합니다. 중국 사람은 전혀 비치지도 않습니다. 실통대지(實統大智)의 《벽암록(碧巖錄)》 〈종전초(種電鈔)〉에 출전이 보인다고 하나 분명하지 않습니다. 실은《능엄경》4권과《잡아함경》33권에서 말(馬)의 비유를 들어 혼합하여 놓은 것입니다. 말의 근기에는 4종류가 있는데 채찍의 그림자만 보고도 달리는 말이 첫째요, 채찍이 꼬리에 닿으면 달리는 말이 둘째이며, 채찍이 몸에 닿자 놀라서 달리는 말이 셋째요, 박차(拍車)가 몸을 찔러야 겨우 달리는 우둔한 말이 그 넷째 번이라는 것입니다.

외도란 범어로 Tirthika라고 하며 인도에서 불교 이외의 다른 종교의 가르침 또는 신봉자를 말하기도 합니다. 불교 이외의 수행자, 불교이외의 사상이나 종교를 신봉하는 사람들을 말하기도 합니다. 부처님 재세 시에 이미 95종류의 외도가 있었다고 합니다. 교단사를 통해서 보면 많은 외도의 수장들이 부처님께 집단으로 귀의한 것을 알 수 있습니다. 외도들이 불교의 가르침을 비방하는 것을 비방정법(誹謗正法)이라하고 오역죄(五逆罪)속에 포함되어 무간지옥에 떨어지는 가장 무거운 죄라 하였습니다.

주지하는 바와 같이 아난이란 제자는 부처님의 10대 제자 중에서도 다문제일(多聞第一)이라 하여 뛰어나게 기억력이 좋았습니다. 교단에서 어려웠던 여성 출가의 문을 열어 준 것도 아난의 노력이 있었기에 가능했던 것입니다.

앞에서 '있는 것도 아니고 없는 것도 아닌 바를 말씀해 주십시오(不問有言 不問無言)'라고 했는데 유언은 자아가 개성이 있다고 주장하는 것이며 불교에서 말하는 상견(常見)을 말하는 것입니다. 상견은 세계는 상주불멸(常住不滅)함과 동시에 내 몸은 언제까지나 상주하는 것이라 집착하는 것입니다. 그런가 하면 무언은 자아의 무를 주장하는 것이고 불교에서 말하는 단견입니다. 단견은 세간이나 자기는 없어진다고 주장하며 인과법을 인정하지 않고 사람은 한 번 죽으면 멸망하여 다시 태어나는 일이 없다고 하는 그릇된 생각입니다. 단멸론은 삶은 이 세상에 한정된 것으로 사후의 운명을 부정하여 선악과 그 인과응보를 무시하는 견해입니다. 이 상견과 단견을 사견(邪見)이라 보고 배척하여 중도론(中道論)을 주장하는 것입니다. 중도를 원시불교에서는 주로 불고불락(不苦不樂)의 중도를 의미했습니다. 고행과 쾌락의 양극단을 배척하는 것입니다.

화엄종에서는 법계를 중도라고 하는데 법계는 진여와 동의어가 됩니다. 법계는 진리 그 자체로서 법신과 같은 뜻이 됩니다.

천태종은 실상을 말합니다. 실상은 상주불변의 이법(理法)으로서 일여(一如), 실성(實性), 열반(涅槃), 무위(無爲)등도 실상의 다른 이름이 될 만큼 많은 의미를 내포하고 있습니다. 제법실상의 의미는 각 종파의 교의에 따라 다르지만 각 종파의 입장에서 최후 구경의 것으로 생각되어진 것을 이렇게 표현하는 것입니다. 이 실상의 양상은 말이나 마음으로 헤아릴 수 없는 것입니다. 선종에서는 제법실상은 부처님과 조사의 현성(現成), 즉 있는 모습 그대로의 모습으로 본래면목이라고 합니다. 정토교에서는 아미타 부처님의 명호를 실상법으로 생각하는 것입니다. 진여인 실상을 현실로 끌어들여 양자의 융합상즉을 논하고 대승불교의 현실 긍정적 태도를 이론적으로 해명한 점에서는 공통입니다.

부처님은 외도의 물음에 말없이 그저 지켜만 보았다고 합니다. 말없이 지켜보았다는 것이 양구(良久)입니다. 좋을 량(良)자, 오래 구(久)자를 씁니다. 여기서는 좋다는 말이 아니고 부사로서 '매우', '심히' 정도의 뜻입니다. 유언도 아니요 무언도 아닌 유무를 초월한 절대의 세계를 양구로 표현한 것입니다. 관음시식을 거행할 때 착어에서 또한 양구가 있습니다.

법문(法門)이라는 말이 예사롭지 않은 말입니다. 법문을 dharma pariyaya 혹은 dharma mukha라고 하는데 '깨침의 공덕으로 가는 크나큰 길'이라는 뜻입니다. 자연은 우리에게 무한한 깨침의 길로 인도하고 있습니다. 다만 인간이 쉬 받아들이지 않고 있을 뿐입니다.

부유부재(不有不宰)라는 말이 있습니다. '소유하지 않고 주재하지 않는다.'는 말입니다. 노자는 가질 수 있는데도 갖지 않는 것, 주재할 수 있는데도 주재하지 않는 것을 말했습니다. 자연의 위대함은 무궁합니다. 그 가운데 생각나는 것은 자연은 배우지 않고도 익히지 않고도 양보할 줄 알고 자연은 다투지도 않습니다. 누군가가 질서를 귀가 따갑도록 가르친 것도 아닙니다. 그렇지만 그냥 그대로 그 절기가 되면 꽃이 피고 지고 잎이 나고 무성하여 신록을 이룹니다. 이런 과정에서 앞다투는 일이 전혀 없습니다. 여름에 풍요를 배우고 가을에 결실을 알고 겨울에 인고를 배웁니다. 만약 인고의 겨울이 지루하고 춥다하여 겨울을 거부하면 우주의 질서는 파괴되고 그리하여 인간 세상에 미치는 영향은 엄청나 인류의 재앙이 왔다고까지 말 할 것입니다. 바다의 밀물과 썰물의 경우도 엄격한 질서 속에서 이루어집니다.

자연은 자기의 공을 내세우지 않습니다. 만물이 자연에 의존해서 살아가지만 자연은 그러니까 나에게 고마워하라고 공치사 하지도 않습니다. 자연은 만물에게 옷을 입혀주고 밥을 먹여 주지만 그렇다고 주인노릇을 하려고 하지도 않습니다. 늘 욕심이 없기 때문입니다. 자연이 위대하다기 보다 어느 경우에 오히려 보잘 것 없는 하찮은 것으로 보일 수도 있습니다. 만물이 모두 자신에게 귀의하는데도 주인 행세를 하지 않는다는 것을 알게 되면 자연이야말로 정말 위대하다는 사실을 인정하지 않을 수 없을 것입니다. 자연은 어느 경우에도 끝까지 스스로 위대함을 말하지 않습니다. 그러기에 자연은 더욱더 위대한 것이 아닐까요?

역대 임금들은 자신을 지칭할 때 고(孤)·과(寡)·불곡(不穀)이라고 하여 자기를 낮추는 말을 썼습니다. 귀한 것은 천한 것을 뿌리로 삼고, 높은 것은 낮은 것을 기틀로 삼으려 한 뜻에서 입니다. 고(孤)자는 외로울 고라고 합니다만 왕후의 겸칭입니다. 과(寡)자 또한 적을 과라고 하는데 임금이 자기 자신을 일컫는 겸칭입니다. 그래서 과인(寡人)이라고 합니다. 불곡은 낯선 표현인 듯합니다만 임금이나 제후가 자신을 겸손하게 이르는 말입니다. 불곡의 곡이라는 자는 곡식 곡(穀)자 입니다. 여기서 곡은 동사로 '착하다'는 뜻입니다. 선에 이르지 못했다라는 말을 부지어곡(不至於穀)이라고 논어에 표현하고 있습니다. 임금이 되었다고 하여 으시대고 백성 앞에 군림하려는 것이 아니고 백성을 섬기는 정치를 하고자 했던 것은 자연의 이법에서 터득한 군주의 덕목 가운데 하나였던 것입니다.

'알기는 쉽고 행하기는 어렵다'는 지이행난(知易行難)이 인간이 가진 두드러진 한계인 듯합니다. '행하기는 쉬우나 알기가 어렵다'는 지난행이(知難行易)라는 말도 있습니다. 전자는 도덕적인 것을 가리키고 후자는 과학적인 것을 논한 것입니다. 이 모두는 다수의 인간이 영원히 지고 가야 하는 짐이 될 것입니다.

저 연초록의 나무를 보십시오. 나무는 십계를 모릅니다. 새나 벌, 나비에게는 경전도 없습니다. 이른 아침이면 도량 연못에 내려와 목욕재계하는 산새를 봅니다. 치성 드리는 기도시간이 가까워왔나 보다 생각합니다. 인간은 스스로 불필요한 문제를 만들어 냅니다. 우리는 스스로 자아를 물들게 하고 있습니다. 외람된 얘기 같습니다만 저는 신문을 보지 않습니다. 신문을 읽지 않으니 상식 밖의 사람입니다. 그렇습니다. 그러나 제가 간직하고 싶은 맑고 청순한 영혼을 보석같이 지니고 싶기 때문입니다. 신문의 내용은 그렇고 그런 세상사는 어두운 내용이 많습니다. 저는 연초록의 새순에서 맑은 영혼을 담아냅니다. 새벽녘 창공의 무수한 별빛에서 풍성한 대화가 오고 가는 것입니다. 영혼과 영혼의 만남은 설레임이 남습니다. 예상치도 않던 미래의 청사진이 그려지기도 합니다. 세상은 인간이 아닌 로봇을 만드는데 치중하고 있습니다. 아름다운 이 지구를 거대한 감옥으로 만들었습니다. 이 세상에 살아남기 위해 당치도 않은 일과 타협도 해야만 살아 남을 수 있습니다.

우리 자녀들이 학교에서 무엇을 배우고 있습니까? 지식이 풍부한 사람이 되라고 배웁니다. 물론 그렇게 가르치고 있습니다. 순수한 사람이 되라고 배운다거나 존재의 경이로움에 눈뜬 사람이 되라고는 배우지 않습니다. 우리는 꽃과 산과 별의 이름을 배우지만 꽃과 소통하고 산과 소통하고 별과 소통하는 법을 배우지는 않습니다. 우주의 무한한 존재들과 파장 맞추는 법을 배우지 않는단 말입니다.

제가 산행하는 인왕산 어느 모퉁이에는 옹기종기 구절초가 모여 한 군락을 이루고 있습니다. 봄부터 싹을 내밀어 가을이 되면 하늘거리는 꽃이 되어 호젓한 길에서 반겨 맞곤 합니다. 그러한 반려자를 두고 보지 못하고 이 사람 저 사람의 손이 탑니다. 그러다 보니 이제 듬성듬성 보입니다. 자기 집 마당이나 베란다에 심어 놓고 보고자해서 캐 가겠지만 구절초 입장에서는 무심코 인간이 저지른 자연의 파괴가 따른 것입니다. 어느 날 마음먹고 전지 가위를 들고 산에 올랐습니다. 바위에 부대끼고 있는 소나무가지가 안쓰러워 보였기 때문입니다. 조심스레 가지를 잘라 가지가 바위에 덜 부딪치도록 하였습니다. 그 후 몇 날을 두고 관찰해보니 다른 가지는 싱싱한데 손이 간 가지는 잎이 생기를 잃기 시작하였습니다. 인간의 견해와 자연의 입장이 판이하게 다르다는 것을 느낄 수 있었고 그 후 큰 교훈으로 받아드리게 되었습니다. 질서의 경우도 자연의 질서와 인간의 질서는 판이하게 다릅니다. 자연은 편법을 모르고 반칙도 모르며 운명을 탓하지 않습니다. 그저 그 모습 그대로 꾸밈없이 사는데 반해서 인간은 동전의 양면처럼 살고 있습니다. 그 자리에서 박수를 치고도 돌아서서 반대의 목소리를 내기도 하고 손에는 무기를 지니지 않았다는 뜻으로 악수를 나누고 돌아서서 신무기 개발에 박차를 가하고 있습니다.

춘추전국시대 진(秦)나라 목공(穆公)때 손양(孫陽) 백낙(伯樂)이란 사람이 있었습니다. 그는 말이 좋고 나쁨을 잘 감별할 수 있는 안목이 있었습니다. 명마(名馬)를 한 눈에 알아볼 수 있었기에 죽은 후에는 하늘의 별이 되어 말을 주관하는 신선이 된 사람이었습니다. 백낙일고(伯樂一顧)란 고사성어가 그로 인해 생겼습니다. 이 성어(成語)의 뜻은 '명마가 백낙을 만나 명마로서의 가치를 인정받는다.'는 뜻입니다. 초야에 묻혀있는 인재도 명군(名君)이나 명상(名相)을 만나야만 인정을 받고 자기의 인격이나 학식을 알아서 남이 후히 대우한다는 것(知遇)입니다. "백낙이 죽고 나서는 천리마는 그 가치를 인정받지 못하였다.(伯樂旣歿兮驥將焉程兮)"라고 《전국책(全國策)》에서 백낙이 죽고 나자 그를 표현하였습니다. 아무리 현명한 사람이라도 명군명상을 만나지 못하면 그 재능을 인정받지 못한다는 비유입니다. 사람을 알아보지 못하는 어리석음을 비유하는 인물로는 백낙의 아들 백낙자(伯樂子)가 흔히 거론됩니다. 아버지가 돌아가시고 나자 백낙자는 아버지가 평소에 가르친 이론을 적은 책을 가지고 다니면서 명마를 가리곤 하였습니다. 그런데 너무나 이론에 치우쳐 눈이 먼 백낙자는 나중에 말(馬)도 아닌 짐승을 천리마라고 칭하였던 것입니다. 그리하여 인물을 알아보지 못하는 어리석은 임금이나 어리석은 재상으로 비유되곤 하였습니다.

외도 앞에서 말 한 마디 하지 않고 그들을 굴복시킨 부처님의 위신력은 실다운 내공에서 나온 것입니다. 내공이 다져지지 않은 사람은 언설로 사물을 표현하고 자기를 드러내려고 합니다. 그러한 모습은 진실 앞에서는 유희에 불과합니다. 말없는 침묵속에 외도의 교만을 녹이고 그리하여 크나큰 깨우침을 베풀어 주신 부처님의 자비광명이 찬란히 빛을 발하는 행복한 아침입니다.

藥山麈中麈
: 약산 스님의 방편

어느 날 한 수좌가 약산 스님에게 "이 평전사(平田寺)의 들판에는 사슴과 고라니가 무리를 이루고 있는데 그 중 사슴 중의 왕인 고라니를 쏘아 죽일 수 있겠습니까?" 하고 제법 호기 있게 물었습니다. 약산 스님이 수좌의 말이 끝나기가 무섭게 "자, 봐라 쏘아 맞혔다."라고 대답하자, 그 수좌는 그 자리에 털썩 쓰러졌습니다. 약산 스님이 여유를 두지 않고 시자에게 "저 송장을 끌어 내거라!"라고 말했습니다. 그러자 수좌는 곧 달려가 버렸습니다. 약산 스님이 도망치는 수좌를 보며 "저 엉터리 수좌 같으니라구, 저런 걸 상대하다간 끝이 없지!"라고 말했습니다. 설두 스님이 비꼬아서 "일어나 달려가긴 했다만 두고 보게나 얼마 못가서 큰 대자로 누울 테니까!"라고 덧붙였습니다.

—《벽암록》제 81 칙

약산유엄(藥山惟儼, 751~834) 스님의 속성은 한(韓)씨입니다. 17세에 조양(潮陽)땅 서산의 혜조(慧照) 율사에 의해 출가하였고 당나라 대력(大歷) 8년(773)에 희조(希操) 율사로부터 구족계를 받았습니다. 처음에는 율종에 귀의하였으나 점차 경론을 깊이 연구하여 교학승으로 명성을 크게 떨쳤습니다.

약산 스님이 처음으로 선문을 두드려 가르침을 구한 사람이 석두 희천 스님입니다. 첫 대면한 자리에서 약산 스님은 석두 스님에게 물었습니다. 청원행사 스님에게 법을 인가 받은 석두 스님은 천보(天寶)에 가서 남사(南寺)란 절을 지었습니다. 남사의 동편에 큰 석대가 하나 있었는데 석두 스님은 그 석산 위에 암자를 짓고 항상 머무르고 있었으므로 사람들은 석두라고 칭하였습니다. 석두를 돌머리로 이해해서는 안 됩니다.

"제가 3승 12분교(分敎)는 약간 알고 있습니다. 그러나 남쪽에는 사람의 마음을 곧장 가리켜 성품을 보아 부처를 이루게 하는 법(直指人心 見性成佛)이 있다는데 그 뜻이 분명치 않으니 원컨대 자비로서 가르쳐 주십시오"

질문을 받은 석두 스님은 대답했습니다.

"그것은 그렇다고 해도 얻을 수 없고, 그렇지 않다고 해도 얻을 수 없으며 그렇지도 그렇지 않다고 해도 또한 얻을 수 없으니 그대는 어찌하겠는가?"

약산이 이해하지 못하고 멍하니 앉아만 있으므로 그의 마음을 간파하고 석두 스님이 말했습니다.

"그대의 인연은 여기에 있지 않다. 강서(江西)로 가면 마조 대사가 있으니 그곳을 찾아가 물으면 자세히 설명해 주리라."

그 즉시 약산은 강서로 찾아가 마조 스님을 친견하였습니다. 마조 스님을 찾아간 약산은 석두 스님에게 물었던 질문을 똑같이 되풀이하여 물었습니다.

이에 마조 스님이 대답했습니다.

"나는 어떤 때엔 그대에게 눈썹을 드날리거나 눈을 깜박이게 하기도 하고, 어떤 때엔 눈썹을 드날리거나 눈을 깜박이지 않게 하나니 어떤 때에 눈썹을 드날리거나 눈을 깜박이게 하는 것은 옳고, 어떤 때에 눈썹을 드날리거나 눈을 깜박이지 않게 하는 것은 옳지 않느니라."

이에 크게 깨달은 약산은 마조 스님에게 무릎을 꿇어 예를 다했습니다.

마조 스님으로부터 깨달음을 얻어 큰절을 올리는 약산에게 마조 스님이 물었습니다. "그대는 어떤 도리를 보았기에 이와 같이 예를 표하는가?"

약산은 대답했습니다.

"제가 석두 스님 회상에 있을 때는 마치 모기가 무쇠소(鐵牛) 위에 기어오른 것 같았습니다."

이 말을 듣자 마조 스님은 마침내 약산이 대오하였음을 알고 다음과 같이 말하였습니다.

"그대가 이미 그러하니 잘 보호하고 유지하여라"

어느 날 약산 스님에게 낭주자사(朗州刺史) 이고(李翺)가 찾아왔습니다.

이고는 불교에 심취해 있던 관리로 선화(禪話)에 자주 등장하는 주인공 가운데 한 사람입니다.

이고는 약산 스님에게 물었습니다.

"어떤 것이 도(道) 입니까?"

그러자 약산 스님은 손으로 허공의 위와 아래를 가리키면서 말했습니다.

"알겠는가?"

그러자 이고가 대답했습니다.

"모르겠습니다."

약산 스님은 다시 말했습니다.

"구름은 하늘 위에 있고 물은 병속에 있느니라.(雲在靑天水在瓶)"

약산 스님은 주위의 수좌들에게 문자의 노예가 되어서는 안 된다는 이유로 불경을 보는 것을 엄격히 금했습니다. 그러나 자신은《법화경》,《화엄경》과 같은 경전들을 끊임없이 보고 있었습니다. 이에 한 수좌가 약산 스님에게 물었습니다.

"타인이 경을 읽는 것을 엄금하시면서 왜 스님은 불경을 보십니까?"

이에 약산이 대답했습니다.

"나는 불경을 다만 눈앞에 놓았을 뿐 한 번도 읽은 일이 없다."

"그렇다면 저희들도 스님과 같이 불경을 눈앞에 놓고만 있으면 되지 않겠습니까?"

"안 된다. 나는 불경을 눈앞에 놓았을 뿐이지만 너희들은 눈앞에 놓으면 문자가 너희들을 보는 것을 어찌 막을 수가 있겠느냐?"

경전을 깊이 연구하여 교학승으로 명성을 크게 떨쳤지만 막상 선종의 문을 두드려 깨달음을 이룬 후에는 선사로서의 세계를 철저히 지켜나갔던 것입니다. 이를 증명하는 예로서 독특한 약산 스님의 예화가 전해져 내려오고 있습니다.

약산 스님이 오랫동안 법문을 하지 않자 원주 스님이 대중의 뜻을 모아 상당(上堂)법문을 청하였습니다. 수많은 대중들이 가득 모였으나 약산 스님은 법상에 잠자코 앉아 있다가 그대로 방장실로 돌아왔던 것입니다. 원주 스님이 뒤를 따라가 물었습니다.

"스님께서는 저에게 상당법문을 허락하시고 어째서 아무런 말씀도 하지 않으시고 방장으로 돌아가셨습니까?"

이에 약산 스님은 다음과 같이 대답하였습니다.

"원주야! 경에는 경사(經師)가 있고, 논에는 논사(論師)가 있고, 율에는 율사(律師)가 있는데 날더러 어찌하라는 것이냐."

원주는 약산 스님이 보여주는 선사로서의 언어를 초월한 무언의 대 설법을 이해할 수 없었던 것입니다.

한가로이 앉아 있는 약산을 보고 스승 석두가 물었습니다.

"그대는 거기서 무엇을 하고 있는가."

이에 약산이 대답했습니다.

"아무것도 하지 않습니다.(一切不爲)"라고 했던 것입니다.

다시 석두 스님이 물었습니다.

"그렇다면 한가로이 앉아 있는 것이로구나"

이에 약산이 다시 대답했습니다.

"한가로이 앉아 있다면 하는 일이 있는 것입니다.(若閑坐則爲)"

석두 스님이 물었습니다.

"그대는 하지 않는다 하는데 도대체 '하지 않는다(不爲)'는 게 무엇을 말함인가."

이에 약산이 대답했습니다.

"천성인(天聖人)도 알지 못할 것입니다." 여기서 성인이란 성인은 일체를 잃는 일이 없는 경지, 일체의 변화를 자연 그대로 받아들이는 경지에서 노닐고, 일체를 그대로 긍정합니다. 청춘도 좋고 노년도 좋고, 인생의 시작도 좋고 인생의 종말도 좋다고 《장자》〈대종사편〉에서 말하고 있습니다.

마침내 제자 약산의 깨달음을 인정한 석두 스님은 게송을 읊었습니다.

석두 스님의 게송은 다음과 같습니다.

이제껏 함께 살면서도 이 이름을 모른 채로

되는 대로 자유롭게 이처럼 살아 왔네.

예부터의 높으신 현인들도 몰랐는데

엎어지고 자빠지는 무리들이 어찌 이를 알겠는가.

從來共作不知名　　任運相將只麼行

自古上賢尊不識　　造次之流豈可明

어느 날 약산 스님이 '오똑하게 앉아서(兀坐)' 좌선하고 있는데 한 수좌가 와서 물었습니다.

"오똑하게 앉아서 무엇을 생각하십니까?"

그러자 약산 스님이 대답하였습니다.

"생각할 수 없는 것을 생각하고 있네."

이에 수좌가 다시 물었습니다.

"생각할 수 없는 것을 어떻게 생각할 수 있습니까?"

그러자 약산 스님이 대답했습니다.

"생각으로 헤아리지 않는다.(非思量)"

말년에 이르러 약산 스님은 자연과 하나가 되었습니다. 어느 날 밤 홀연히 구름이 열려 밝은 달이 밤하늘에 드러나자 달을 보고 크게 웃어 그 웃음소리가 예양(澧陽)땅 동쪽 90리 밖까지 들렸다고 전해지고 있습니다.

나이 84세에 이르던 태화(太和)8년 (834)2월 임종 직전에 약산 스님은 소리쳐 말했습니다.

"법당이 쓰러진다. 법당이 쓰러진다."

이에 놀란 대중들이 모두 일어나 기둥을 잡고 버티니 약산 스님은 손을 흔들면서 말했습니다.

"그대들은 나의 뜻을 모른다."

수수께끼의 말을 남기고 그대로 입적 해버린 약산 스님입니다.

선에서는 활인검(活人劍) 살인검(殺人劍)을 곧잘 말하고 있습니다. 고려의 나옹(懶翁, 1320~1376) 스님은 중국 원나라에 가 인도에서 온 지공 스님으로부터 불법을 배웠습니다. 크게 깨닫고 전국을 바람처럼 구름처럼 운수 행각을 할 때 항주(杭州) 정자사(淨慈寺)란 절에 이르러 임제종 계통의 평산처림(平山處林, 1279~1361) 스님을 친견하게 되었습니다.

나옹 스님을 맞이한 평산 스님은 대뜸 물었습니다.

"어디에서 왔는가?"

"연경(燕京)에서 왔습니다."

"거기에서 누구를 만났는가?"

"지공 선사를 만났습니다."

"지공은 항상 무엇을 쓰고 있던가?"

"지공 선사는 항상 천개의 검(千劍)을 쓰고 있습니다."

그러자 평산 스님은 말했습니다.

"지공의 천검은 그만두고 너의 검 하나를 가져오너라."

이에 나옹 스님은 좌구(坐具)를 들어 평산처림 스님을 내리쳤습니다.

"저 도둑놈이 나를 죽인다."

그러자 나옹 스님은 넘어진 평산 스님을 일으켜 세우며 웃으면서 말했습니다.

"나의 칼은 사람을 죽이기도 하고, 사람을 살리기도 합니다."

사람을 죽이기도 하고, 사람을 살리기도 하는 양면의 칼날을 가진 천하의 명검 이야기는 선에서 흔히 얘기되는 주제 중의 하나인 것입니다.

두 개의 칼이 따로 따로 두 자루가 있는 것은 아닙니다. 모두 하나의 칼에서 비롯된 것입니다. 하나의 칼이 사람을 살리고 죽이는 것은 곧 그것을 사용하는 사람의 마음에 달린 것입니다.

같은 혀에서 나오는 말이라도 칭찬하고, 덕담을 하고, 따뜻한 말은 사람을 살리는 칼입니다. 사람이 지닌 권세도 교만하고, 독선이나 폭력에서 나온 것이라면 사람을 죽이는 칼입니다. 높은 지위에 있다 하더라도 겸손하고 양보하고 자비에서 나온 것이라면 분명 사람을 살리는 활인검일 것입니다.

우리가 영광스럽기를 바라고 영광을 노래합니다. 그 영광(榮光)이란 무엇입니까? 영은 꽃입니다. 광은 빛입니다. 꽃은 열흘 피어 있는 꽃이 없다고 하지 않습니까. 그러니 꽃은 실(實)이 아닌 것입니다. 광은 빛이니까 순간도 지체하지 않고 어디론가 사라져 버리고 맙니다. 누구나 누리고 싶은 영광도 실은 그 실체가 없는 신기루일 뿐입니다. 인간은 영광이란 허상을 쫓고 있는 지친 나그네의 모습이 아닐까요. 진실한 세계란 있을 것이 다 있는 세계이고 무슨 빛깔이건 모두 용납되는 여실한 세상을 말합니다. 영광을 누린 자의 환희도 안고, 영광을 누리지 못한 자의 허탈함도 안아주는 세계가 진여의 세계입니다. 저 대해가 모든 계곡의 물도, 모든 강물도 거부하지 않고 받아드리는 크나큰 품을 가지고 있듯이 말입니다.

중생이 사는 세계를 사바세계(Sahā-loka)라고 합니다. 사바세계의 Sahā는 '싸운다', '참는다'는 말입니다. 왜 싸울까요? 내 자리를 뺏기지 않으려고, 내 재산을 더 늘리려고 싸우는 것이 사바세계인 것이고 이 세계는 보이는 세계입니다. 그런데 함이 없이 행하는 보이지 않는 세계가 있습니다. Vedya라고 합니다. 이 세계는 지혜의 세계요, 깨침의 세계인 것입니다. 누구나 보이지 않는 세계에 대한 열망이 있습니다. 그러나 그 세계에 접근하기 힘든 것은 보이는 세계에 집착하는 마음이 강렬하기 때문일 것입니다.

법안(法眼) 스님이 운수 시절에 행각에 나섰다가 때마침 비가 내려서 지장(地藏) 스님의 절에서 비를 긋고 있었습니다. 비가 그쳐서 물러나려고 하는데 지장 스님이 질문을 하였습니다. "스님은 유식을 공부하면서 삼계유심(三界唯心) 만법유식(萬法唯識)을 말하는데, 이 뜰 앞의 돌은 마음 안에 있습니까, 마음 밖에 있습니까?" 법안 스님은 "물론 마음 안에 있습니다."라고 대답했습니다. 그랬더니 지장 스님은 "그렇게 돌을 걸머메고 있으니 행각하기가 무겁지."라고 말했습니다. 유식만이 존재한다는 입장으로부터 그 유식의 표상마저도 부정하여 '식 또한 무'(識亦無)라는 경지에 이르러야 주체와 객체의 양쪽을 비우는 것입니다. 거기에서 비로소 있는 그대로의 여여(如如)가 이루어진다고 하겠습니다.

약산호수(藥山湖水)라는 화두가 있습니다. 약산 스님이 한 스님에게 물었습니다.

"어디로부터 왔는가?"

"호남으로부터 왔습니다."

"동정호(洞庭湖)에 물이 가득하던가?"

"차지 않았더이다."

"허다한 세월에 비가 왔는데 어째서 아직도 차지 못하였을까?"

'멈추지 않고 길을 가는 사람에게는 늘 다다르는 곳이 있고, 쉬지 않고 일하는 사람에게는 늘 이루어지는 것이 있다(行者常至 爲者常成)' 하였습니다.

저 산천에 하늘거리는 잎새만큼 숱한 세월이 흘러갔건만 아직도 그 빈 마음에 우수가 깃들어 있습니까?

雲門藥病相治
: 약은 병을 고치고 병은 약을 다스린다

깨달음을 얻은 자에게는 아무런 난관도 없다. 어떤 때는 호젓한 봉오리 끝의 우거진 풀 숲 속에 살고 또 어떤 때는 시끄러운 저자 속에서 적나라하게 아무 거리낌 없이 거동한다. 또 느닷없이 분노하여 나타태자(那叱太子)처럼 머리 셋과 팔 여섯을 휘두르는가 하면 홀연 일면불(一面佛) 월면불(月面佛)처럼 자비의 빛을 내뿜으며 도처에 나타나서 임기응변의 방편으로 진흙과도 화합하고 물과도 화합한다. 그리고 또 홀연히 선의 궁극적인 경지에 오르면 부처의 눈으로도 엿볼 수가 없고 가령 천명의 성인이 나타난다 해도 삼천 리 저 밖으로 물러가 버릴 수 밖에 없다. 자, 그런 인물에 공명할만한 자가 있느냐? 다음 이야기를 잘 살펴보아라.

운문 스님이 좌하(座下)의 수행자에게 "세상 사람들은 흔히 약이란 병을 고치는 것이라고만 생각하는데 사실은 약은 병을 고치고 병은 약을 다스리는 것이다. 온 세상이 다 약이다만 너희들 자신은 대체 무엇이냐?"라고 말했습니다.

—《벽암록》제87칙

나타 태자가 나오는데 생소한 말일 것입니다. 나타(那吒)는 비사문천왕(毘沙門天王)의 아들이라고 합니다. 사천왕의 한 분으로 호법(護法)과 시복(施福)의 천신입니다. 인도신화에 나오는 한 사람인데 흔히 삼면육비(三面六臂), 즉 세 개의 얼굴과 여섯 개의 어깨를 가진 괴력의 힘을 지닌 신입니다.

보리유지(菩提流支)가 번역한《불설불명경(佛說佛名經)》권7에 보면 월면이라는 부처가 있는데 이 월면불은 그 수명이 일일일야(一日一夜)라는 것입니다. 또 일면이라는 부처가 있는데 그 일면불의 수명은 1,800세나 된다고 합니다. 그런가 하면 범면(梵面)이라는 부처가 있는데 이 범면불의 수명은 33,000세나 된다고 합니다.

약병상치(藥病相治)라는 말은 약이란 병이 생겨서 먹는 것이지만 일단 병이 나아도 약을 버리고 싶어 하지 않는다면 역시 병이라는 것입니다. 따라서 서로 다 함께 벗어나야 비로소 완전히 고쳤다고 할 수 있습니다. 그래서 약은 병을 고치고 병은 약을 다스린다고 한 것입니다.

수행도 그렇지 않겠습니까. 미혹이 있으니까 깨달음을 찾고 번뇌의 병이 있으므로 좌선이라는 약을 쓰는 것입니다. 깨달으면 미혹도 없어지나 대신 깨달음이 남는다면 병이 다 나았는데도 계속 약을 먹는 것과 같은 이치입니다. 미와 오를 다 함께 없애버릴 때 약병상치라 할 수 있을 것입니다.

평창(評唱)에는 선재동자(善財童子)의 고사가 나옵니다. 선재동자는 《화엄경》〈입법계품(入法界品)〉에 나오는 구도자입니다. 53신지식을 두루 찾아뵙고, 맨 나중에 보현 보살을 만나서 10대원을 듣고, 아미타불 국토에 왕생하여 입법계의 큰 원을 완성하게 됩니다. 문수 보살이 어느 날 선재동자에게 "이 세상에서 약이 못 되는 것을 가져오라."고 했습니다. 선재동자는 온 세상을 다 찾아보았으나 약이 못되는 절대적인 독이란 어디에도 없었습니다."라고 보고하니까 문수 보살이 이번에는 "그럼 약을 찾아 오거라"고 했습니다. 선재동자는 한 포기 풀을 뜯어다 문수 보살에게 주었습니다. 그랬더니 "이 약은 사람을 죽이기도 하고 살리기도 한다."고 문수 보살이 말했습니다.

부처님은 산천초목실개성불(山川草木悉皆成佛)이라 하였고 일체중생구성불(一切衆生具成佛)이라고 하였습니다. 순경(順境)도 역경도 모두 약이고 깨달음이며 불성 외에는 아무것도 없다는 뜻으로 온 세상이 다 약이라고 했던 것입니다.

길을 걷다 보면 SECOM판이 눈에 들어옵니다. 그런가 하면 골목마다 흔히 볼 수 있는 것이 감시 카메라입니다. 주인이 집을 비우게 되면 온갖 수상한 사람이 담 너머를 기웃거리게 되므로 주인 입장에서는 불안하므로 누구도 넘보지 말라고 집을 지켜주는 파수꾼을 파견해 둔 샘입니다. 길거리의 감시 카메라도 역시 시민의 안녕을 위해 설치해 둔 것입니다. 이러한 장치들은 개인의 재산을 보호하고 개인의 안전을 위한 장치들입니다. 만약 이러한 시설이 갖추어지지 않으면 질서가 유지되기 어렵습니다.

질병을 한 번 생각해 봅시다. 질병은 인류가 정복해야 할 공적(共敵)인 것입니다. 그런데 정복되지 않은 질병은 없습니다. 지금 보면 가공할만한 질병도 모두 머지않아 정복될 것입니다. 과거의 무서운 질병이 정복되었듯이 말입니다. 인류가 두려워하는 대부분의 질병은 나를 상실했을 때 몸 안으로 침투하는 것입니다. 내가 나를 철저하게 지키고 외침을 방어하고 있는데 불청객은 들어오기 어려운 것입니다. 흔한 감기몸살의 경우도 그렇습니다. 날씨가 춥다고 감기가 드는 것이 아닙니다. 날씨 문제라면 열대지방이나 온대지방에는 감기가 없을 법한 일입니다. 평소 몸의 균형을 잃으면 빈틈을 타 여지없이 파고드는 것이 불청객 감기몸살이 아닙니까?

순풍은 배가 순항을 하게 합니다. 그렇지만 태풍이 불면 파도가 거세지고 그러다 보면 배는 제대로 항해를 하지 못하고 난파선이 되기도 하는 것입니다. 우리 육체나 마음의 경우도 같습니다. 주변에서 일어나고 있는 상황을 놓고 허다히 거기에 빠지고 맙니다. 그러다 보면 이런 간섭 저런 견해를 내놓다 보면 자연히 말추렴을 들게 됩니다. 결과는 시비에 말리고 맙니다. 평소 보지 않고 듣지 않는 자세야 말로 외침으로부터 나를 지키는 묘안입니다.

일찍이 균형을 유지하라고 가르친 스님이 마조도일 선사입니다. 평상심을 강조하고 있습니다. 평상심을 유지하기가 쉬운 듯하지만 여간 어려운 일이 아닙니다. 일반적으로 정신세계를 말할 때 지·정·의의 순으로 말합니다. 그러나 부처님은 정신세계를 달리 표현했습니다. 정(情)·지(知)·의(意)로 가르치신 것입니다. 정이란 감정을 말합니다. 감정이란 문자 그대로 '교란'을 의미하는 것입니다. emotion은 '교란하다'라는 뜻의 라틴어 emovere라는 말에서 나왔습니다. 일상생활에서 어떤 상황에 처하면 '도저히 참을 수 없었어'라고 하면 이미 감정 억제를 못하고 감정이 폭발되었다는 것입니다. 어떤 일을 처리함에 있어 지성으로 처리하기보다 감정에 호소하는 경우가 인간 세상에는 훨씬 많은 것입니다. '사람이 감정의 동물'이라고 자인하고 사는 것 또한 감정에 호소하는 인간의 단면을 드러낸 말입니다. 수행을 한다는 것도 그 실은 발산되는 감정을 통제하여 제 정신을 차리자는 것입니다. 물론 통제만이 궁극의 목적은 아닙니다.

추녀에 달려 있는 풍경소리를 흔히 듣습니다. 조금 전까지만 해도 풍경은 인식할 수 없는 물건이었습니다. 그런데 바람이 일자 풍경의 존재를 인식하게 되었습니다. 소리는 침묵에서 시작된다는 사실을 알게 되었습니다. 침묵은 침묵으로 돌아갑니다. 소리가 소리를 존재하지 않게 하고 침묵이 소리를 존재하게 한다는 것은 위대한 것입니다. 노래 소리, 아름다운 멜로디, 모든 소리는 드러나지 않은 세계의 일부분입니다. 산길을 걷다 보면 푸르름을 흠뻑 머금은 숲에서 작은 새가 기척을 합니다. 나는 여기서 자연과 동화되어 열심히 나의 본분사를 다하고 있노라고 말입니다. 소리는 침묵없이 존재할 수 없다는 것을 풍경소리에서 작은새의 노래에서 터득하게 됩니다. 호젓한 산사의 도량에 존재를 인식하게 하는 것은 비단 풍경소리뿐이겠습니까? 나뭇잎이 서로 비비대는 소리 또한 우수와 시름을 씻어내는 청량제가 되기도 합니다.

저울에는 추가 있기도 하고 바늘이 있기도 합니다. 바늘이 있는 저울에 물건을 올려놓으면 한참 동안 좌우로 바늘이 움직입니다. 마치 단거리를 달리고 난 스프린터 마냥 숨 가쁘게 움직입니다. 어느 순간 그 바늘은 한 곳만을 가리키고 있음을 발견하게 됩니다. 움직임이 정지상태가 되었다는 것은 안정을 찾았다는 말입니다. 우리 인간의 경우도 마찬가지 이치가 적용됩니다. 현상을 직면하면 귀가 소리를 쫓다가 소리의 노예가 되고, 코가 냄새를 쫓다가 냄새의 노예가 되며, 눈으로 대상을 쫓다 보면 대상의 노예가 되고 마는 것입니다. 그 동요가 정지되고 침묵이 자리하면 마음의 평온이 오는 것입니다. 그러기에 부처님은 침묵하라고 했습니다. 침묵의 위대함을 이미 체득했던 것입니다. 모든 성인들은 외치기 전에 엄숙한 침묵의 과정이 선행 되었습니다.

요즘 세상에 흔히 듣는 말이 stress라는 말입니다. 스트레스는 외부적인 영향에 의해 내가 받는다고 생각합니다. 그러나 그런 스트레스보다 스스로 지어내는 스트레스가 훨씬 많은 것입니다. 내가 '여기' 있으면서도 '거기'에 있기를 바라는 경우도 있습니다. 현재에 있으면서도 미래에 있기를 바라기 때문에 생기는 것이 스트레스가 됩니다. 똑같은 나인데 지금의 나를 놓고 과거와 비교해 보면 늙었습니다. 그러나 미래와 비교해 보면 지금의 내가 가장 젊고 생기발랄한 것입니다.
나를 미래에 놓고 보면 항상 젊고 그러기에 젊음을 노래할 수 있습니
다. 행복합니다. 그런데도 과기에 집착하여 나를 고통의 도가니에서 허
우적거리게 합니다. 유일한 힘은 현재입니다. 마치 그림자가 언제나 따
라다니듯이 나는 둘입니다. 긍정적인 나와 부정적인 내가 있습니다. 부
정적인 쪽으로 나를 몰고 가면 스트레스는 가열차게 행군합니다.

어느 해 정월 옥정호수에 간 일이 있습니다. 거기에서 한 편의 시를
읊게 되었습니다.

옥정호수를 노래 하다(玉井湖吟)

넓기도 하도다! 옥정호수여
비취색 같은 쟁반 위에 노니는 물오리 떼들이여
사공의 뱃노래는 들리지 않고
산승은 우두커니 서서 놀란 노루를 바라보고 있네.
滉漾兮玉井之湖　　翡翠盤遡遊群鳧
不聽於棹郞之歌　　山僧佇立觀驚麕

호수 위에 노니는 물오리를 유심히 살펴보았습니다. 물오리가 다른
영역으로 들어가 다니다가 싸움이 일어났습니다. 싸움은 몇 초 만에
끝나고 맙니다. 싸움이 끝난 물오리는 서로 반대 방향으로 헤엄쳐 가

는 것입니다. 싸움의 화기가 다 가시지 않았는지 잠시 두 날개를 힘차게 퍼덕거리는 것입니다. 그리고 언제 싸웠느냐는 듯이 평화롭게 물위를 떠다니는 것입니다. 물오리 보다 많이 배우고 생각할 줄 아는 인간은 어떻습니까. 응어리를 안고 가려고 합니다. 분노도, 패배도, 서운함도 한 몸에 지니고 가려고 합니다. 그러다 보니 그 모든 것을 지니고 가기에는 벅찬 나머지 주저앉게 됩니다. 스트레스다 과로다 이름을 붙여 삶의 대열에서 나앉게 되는 것입니다. 이 아침에 남김없이 털고 사는 물오리의 지혜를 배웁시다.

연전에 깊은 산 속에서 밤을 지샌 적이 있습니다. 손전등도 건전지가 나가 쓸모없게 되었습니다. 자리 이동을 해야겠는데 칠흑같이 어두운 밤이라 난감했습니다. 옆에 있던 동행인이 휴대폰을 꺼내드는 것입니다. 평소 휴대폰은 전화 용도로만 사용했으므로 무슨 빛이 얼마나 발산 될 수 있을까 의구심이 생겼습니다. 그런데 그 의구심은 환희로 바뀌었습니다. 어둠 속에서 빛을 발하는 휴대폰은 그 위력이 신기하리만큼 밝았습니다. 휴대폰이 어둠의 적막을 뚫고 좁다랗게 뚫린 밝은 공간을 만들어 냈습니다. 인생의 고난이 크면 클수록, 시련의 기간이 길면 길수록 그냥 주저앉을 것 같지만 우리에게는 누구나 삶을 감당해 낼 수 있는 휴대폰의 빛이 있습니다. 휴대폰이 통신 수단의 기능도 잘하지만 나그네의 길잡이 역할도 거뜬하게 하는 것입니다. 태양이 촛불에 비교되지 않게 밝습니다. 그렇다고 촛불이 용도가 없는 것이 아닙니다. 촛불을 보고 있노라면 촛불에서 헌신을 배우게 됩니다. 그 하나

하나는 나약하기 그지없지만 모이고 모이면 큰 빛을 발산합니다. 오늘은 어제를 바탕으로 이루어졌고 내일은 오늘을 초석으로 하여 이룩됩니다. 이제의 일이 오늘 업적으로 평가 받듯이 오늘도 내일이 되면 평가가 따릅니다. 그러므로 오늘 최선을 다한다는 것은 밝은 내일을 기약하는 것입니다.

병을 치유하기 위한 것이 약입니다. 문수 보살이 선재동자에게 이 세상에 약이 못되는 것을 가져오라고 하니 약이 못되는 절대적인 독이란 어디에도 없다고 보고했습니다. 이번에는 약을 찾아오라고 하니 쉽게 한 포기 풀을 뜯어다 문수 보살께 바쳤던 것입니다. 이 약의 비유는 세상의 모든 생명체에는 부처님이 될 수 있는 종자가 각기 갖추어져 있다는 여래장 사상을 비유한 말입니다. 단순히 치유한다는 차원에서 보면 이러이러한 병에는 이러저러한 약이 최고라고 도식화 하겠지만 그 보다 차원 높은 처방전이 있습니다. 그것은 자비심이라는 명약입니다. 진정한 자비심은 죽음과 불멸을 공유하고 있습니다.

제 서재에는 단아한 난 화분이 하나 놓여 있습니다. 그 흔한 영양제 한 번 꽂아 주지 않습니다. 그러나 해가 바뀌어 그 절기가 오면 꽃을 피워 자태를 뽐냅니다. 어쩌다 물 한 번씩 흡족하게 주는 일 말고 별다른 일이 없습니다. 딱히 거론하자면 매일 눈길이 마주친다는 것 뿐입니다. 그 눈길 하나하나를 놓치지 않고 온 몸으로 받아들여 자양분으로 만들어 만인이 좋아하는 꽃을 피워내니 자비야말로 위대한 명약이 아닐까 생각합니다.

肅宗十身調御
: 숙종 황제의 열 가지 부처님

용이 읊조리면 안개가 일고 호랑이가 울부짖으면 바람이 생겨난다. 뛰어난 선자(禪者)가 불법을 가르치면 금과 옥이 서로 울리듯 사람들을 완벽한 그 아름다움 속에 취하게 만든다. 그런 선자의 자유로운 활동은 화살과 화살이 맞부딪치듯 빈틈이 없어 훌륭한 것이다. 그리고 그러한 활기는 온 세계 어디에나 멀고 가까운 곳의 차별 없이 그대로 드러난 채 예나 지금이나 분명하다. 자, 말해 보아라. 이러한 경지를 어떤 사람이 지니고 있는지를!

어느 날 숙종 황제가 충국사(忠國師)에게 "십신조어(十身調御)의 부처란 뭐요?" 하고 물으니까 충국사가 "폐하! 부처의 머리를 밟고 가십시오."라고 대답했습니다. 황제가 놀라서 "나는 도저히 무슨 뜻인지 모르겠소."라고 말하자 충국사는 "스스로를 부처라고는 생각지 마십시오!"라고 다시 대답했습니다.

—《벽암록》제99칙

금옥상진(金玉相振)이란 금과 옥 같이 미묘한 소리를 내는 것을 말합니다. 즉 뛰어난 선자가 일법을 이끌면 사람들을 황홀하게 만들어 그들로 하여금 그 표현의 완벽함에 만족하게 한다는 뜻입니다. 금과 옥은 본래 악기의 이름이며 연주할 때는 흔히 먼저 금으로 만든 종(鐘)과 같은 악기를 연주하고 끝날 때 옥으로 만든 경(磬)과 같은 악기를 연주했습니다. 따라서 시작과 끝이 완전무결함을 뜻합니다.

《열자(列子)》〈탕문편(湯問篇)〉에 나오는 백아(伯牙)와 종자기(鍾子期)의 이야기는 지음(知音)이라는 고사로 유명합니다. 백아는 가야금을 잘 뜯었고 종자기는 그 곡을 듣기를 좋아했습니다. 백아가 가야금을 탈 때 뜻을 높은 산에 오르는데 두자 종자기는 말했습니다. '훌륭하도다. 높이 솟아오름이 태산과 같구나!' 뜻을 흐르는 물에 두자 종자기가 말했습니다. '훌륭하도다! 출렁출렁 넘실거림이 장강(長江)이나 황하(黃河)같구나!' 종자기는 백아가 생각하고 있는 것을 반듯이 알았던 것입니다.

초나라 유적에서 출토되는 많은 종들은 음악생활의 높은 수준을 대변하고 있습니다. 종은 초나라 국가 정권의 상징으로까지 여겨지게 되었습니다. 초나라의 유명한 세 명의 '종'씨 음악가가 있습니다. 종의(鐘儀), 종건(鐘建), 종자기(鍾子期)입니다. 음악에 종사하는 관리에게는 '종' 자를 붙였으나 종자기는 관리는 아니었습니다. 아마도 그는 세습 음악가로서 전원에 묻혀 매우 수준 높은 예술적 경지를 발휘했기 때문에 '종'씨라는 성을 얻게 되었다고 보입니다. 그의 친구 백아는 자기의 마음과 정신세계를 잘 알아주던 친구 종자기가 죽자 거문고의 줄을 끊어버리고 다시는 연주하지 않았다고 합니다. 이를 백아절현(伯牙絶絃)이라고 합니다.

화살과 화살이 맞부딪치듯 했다는 전봉상주(箭鋒相拄)는 《열자》〈탕문편〉의 이야기를 인용한 것입니다. 갑과 을 두 사람이 동·서에 맞서서 화살을 쏘았습니다. 그랬더니 그 화살이 중간의 공중에서 맞부딪쳐 땅에 떨어졌다는 고사입니다. 그렇듯 명인들이 서로 의기투합하여 일체(一體)가 됨을 뜻하는 말입니다.

앞에 충국사가 나왔는데 남양혜충 국사를 말하며 남양은 혜충 국사가 남양(南陽) 백애산(白崖山)에 40여 년간 숨어 살다가 숙종의 부름으로 나와 국사가 되었으므로 쓴 말입니다. 속성은 염(冉)씨이고 월주(越州) 제기(諸暨)사람입니다. 혜충 국사는 청원행사·남악회양·하택신회·영가현각과 더불어 혜능 문하의 5대 종장(宗匠)으로서, 그 선풍은 다르지만 당시 혜능 선양 운동에 앞장선 신회와 더불어 북방에 선풍을 거양했습니다. 마조도일 등이 남방에 창도한 선을 비평하였습니다. 혜충 국사의 선은 신심일여(身心一如)·즉심즉불(卽心卽佛)로서 무정설법(無情說法)을 처음으로 일컬었습니다. 또한 남방의 선승들이 경전을 중시하지 않고 뜻에 따르는 설법을 하는 것을 비판하고 경율론을 널리 펼쳤으며 교학을 중시하여 사설(師說)에 의거하라고 주장하였습니다.

서천의 대이(大耳) 삼장이 '나는 타심통을 얻었다'고 외쳤습니다. 혜충 국사는 반쪽 도인인 대이를 참 수행의 길로 인도해야겠다고 마음먹고 그에게 물었습니다.

"그대는 지금 내가 어디에 있는지 말해 보시오."

대이 삼장이 말했습니다.

"국사께서는 한 나라의 스승이신데 어찌하여 서천으로 가셔서 뱃놀이를 구경하고 계십니까?"

국사는 한참 있다가 다시 물었습니다.

"그대는 지금 내가 어디에 있는지 말해보시오."

대이 삼장이 재차 답했습니다.

"국사께서는 한 나라의 스승이신데 어찌하여 천진교(天津橋)로 나가시어 원숭이 희롱하는 것을 구경하고 계십니까?"

국사가 세 번째로 질문을 했습니다.

일체 마음이 움직이지 않은 마음의 고향, 말하자면 희노애락의 상념이 떨어진 마음자리에다 마음을 딱 두었습니다. 대이 삼장은 아무리 찾아보아도 보이지 않았으므로 당황하지 않을 수 없었습니다. 신통력으로 현상세계와 지옥·삼계 육도를 다 헤매어 봐도 알 길이 없고 바로 눈앞에 있는 혜충 국사의 마음이 있는 곳을 못 찾았습니다. 우리가 기쁠 때, 노여울 때, 슬플 때, 즐거울 때 그때마다 마음이 쫓아가기 때문에 귀신이 보고 알지만, 빛 없는 본래 자리에 딱 놓아두면 찾을 수 없는 것이 당연한 이치입니다. 혜충 국사는 당황하는 대이 삼장에게 '이들 여우의 혼령아! 반딧불 같은 지혜를 가지고 모든 사람을 현혹하느냐'고 호령하였습니다. 잘못을 깨우친 대이 삼장은 바른 마음공부를 하였습니다.

첨하(詹何)라는 사람이 홑명주실로 낚싯줄을 삼고 벼이삭 수염으로 낚싯 바늘을 삼고, 싸리나무가지로 낚싯대를 삼고, 낱알을 쪼개어 미끼로 삼아서 수레에 가득찬 큰 물고기를 백 길 되는 연못 거센 흐름 속에서 낚아 올렸습니다. 그런데 실도 끊어지지 않고 낚싯바늘도 뻗어지지 않았고 낚싯대도 휘어지지 않았습니다. 초나라 임금이 그 이야기를 듣고서 이상하게 여겨 그 까닭을 물었습니다. 첨하가 대답했습니다. "저는 돌아가신 아버지의 말씀을 들은 일이 있습니다. 포저자(蒲且子)란 사람은 주살을 쏘는데 약한 활에다 가는 줄을 사용하여 바람에 태워 그것을 흔들어 보내지만 푸른 하늘을 나는 두 마리의 왜가리를 연이어 맞춘다고 했습니다. 마음쓰임이 집중되고 손의 움직임에 균형이 잡혔기 때문입니다. 저는 그 일을 본 받아서 낚시질을 배웠는데 5년 만에야 비로소 그 도를 다하게 되었습니다. 제가 물에 와 낚싯대를 잡을 때에는 마음에는 잡된 생각이 없고 오직 고기만을 생각합니다. 낚싯줄을 던지고 낚시를 가라앉힐 적에는 손에 가볍고 무거움이 없어서 외물(外物)이 그 일을 어지럽힐 수가 없습니다. 그러므로 약함으로써 강한 것을 제어하고 가벼운 것으로서 무거운 것을 끌어들일 수 있는 것입니다." 약하고 부드러움의 위력을 엿보게 하는 내용입니다. 무심으로 행하는 일거수 일투족은 상식을 초월한 힘이 발산되는 것입니다.

오토마톤(automaton)이란 말이 있습니다. 어원은 자동기계라는 뜻의 그리스어에서 나온 말로 일반적으로 기계에 의하여 작동하는 자동 인형이나 동물, 나아가서 자동장치를 말합니다. 인간의 정신이나 행동 이라는 것은 오토미톤 부분과 자동화 되지 않는 의식화된 행동부분의 두 가지 영역으로 이루어져 있다는 것입니다. 자동화냐 그렇지 않느냐 에서 인간의 일상적인 행동은 대부분이 자동화된 것이라고 합니다.

사람은 누구나 어린 시절의 한 기억을 잊지 않습니다. 젓가락 잡는 법을 배웠던 기억 말입니다. 손가락 하나하나를 어떻게 움직이는지 가르쳐 주는데로 열심히 배웠습니다. 시간이 좀 지나면 젓가락 잡는 법을 전혀 의식하지 않은 채 젓가락사용이 쉬워집니다. 인간의 일상적인 행동이란 대부분 자동화된 부분에 의해 이루어져 있습니다. 자신의 행동을 하나하나 모니터하여 결과를 남기는 것은 아주 미미한 부분에 지나지 않습니다. 뇌 과학의 발전은 앞으로 이러한 사실을 더욱 입증하게 될 것입니다.

단세포 동물인 아메바조차도 새로운 환경을 접하게 되면 촉수를 뻗어 이쪽저쪽을 더듬으면서 주변 환경의 화학적인 조건을 탐색합니다. 인간이 가진 지적욕구도, 아메바가 가지고 있는 주위환경을 알고 싶어 하는 욕구 같은 것입니다. 눈앞의 이익이야 어찌되었건 저쪽에는 무엇이 있을까 알고 싶고, 가보고 싶다는 가장 기본적인 욕구에 끌려 간다는 것입니다.

십신조어란 부처님의 열 가지 명호를 말합니다.

① 여래(如來, tathāgata) : 수행을 완성한 사람, 이상적인 인격, 자이

나교에서도 사용합니다.

② 응공(應供, arhat) : 존경 받아야 할 사람, 마땅히 공양을 받을만한 분.

③ 정변지(正徧知, samyak-sambuddha) : 올바르게 깨달은 사람.

④ 명행족(明行足, vidyā-caraṇa-sampanna) : 명지(明知)와 행을 완전히 갖추고 있는 사람.

⑤ 선서(善逝, sugata) : 훌륭하게 완성한 사람, 행복한 사람. 불교 특유의 호칭임.

⑥ 세간해(世間解, lokavid) : 세상을 두루 아는 사람.

⑦ 무상사(無上士, anuttara) : 더할 나위 없는 사람.

⑧ 조어장부(調御丈夫, puruṣa-damya-sārathi) : 인간의 조어자 채찍을 들고 말을 조련하는 조마사(調馬師)라고 하는 관념을 인간에게 적용시킨 것임.

⑨ 천인사(天人師, sāstā deva-manuṣyāṇām) : 신들과 인간의 스승.

⑩ 불세존(佛世尊, Buddha Bhagavad) : 복덕을 갖춘 사람. Bhagavat는 Veda 성전이나 대서사시 등에서 제자가 스승에 대하여 선생이라고 부를 경우에 쓰였던 말입니다.

깨달음이란 무엇입니까? 깨달음에 대한 질문을 받고 나니 어리둥절해 질 수 있습니다. 깨달음이란 '하나 되기'라고 정의를 내리고 싶습니다. 이 세상에 식물의 종류는 234,428종이라고 하고. 동물의 종류는 1,000,000종이라고 합니다. 그런가 하면 미생물의 종류는

360,000종이나 된다고 미국의 Wisconsin대학에서 밝히고 있습니다. 우리는 무지하기 때문에 이름 모를 나무와 풀이라고 말하고 맙니다. 동식물은 이구동성으로 왜 내 이름이 없느냐고 많이 십십해할 것입니다. 이렇게 무수한 생명체와 내가 둘이 아닌 이치를 몸으로 체득하는 것입니다. 개체화된 낱낱의 생명체와 하나가 된다는 것이 그리 쉬운 일이 아닙니다. 진아(眞我)를 찾으려 하지 말고 나에게 내재되어 있는 가아(假我)를 소멸시키는 일이 우선해야한다 하겠습니다. 앞에 말한 두 가지 문제가 선결된다면 가히 갈등의 굴레에서 벗어나게 되고 고통의 틀에서 탈피가 된 자유인이 될 것입니다.

20세기에 들어서 사람에 의해 죽어간 사람만도 1억 명이 넘었다고 합니다. 어떻게 인간이 인간을 이렇게 많이 죽일 수 있을까요? 인간이 인간에게 그렇게 많은 고통을 가할 수 있을까 생각해 보면 상상하기 어려운 일입니다. 상대에게 정신적·육체적인 폭력과 학대를 자행하고 있으며 인간은 매우 광적이고 병증세가 심각한 종(種)임에 틀림없습니다.

모르는 것을 아는 것처럼 말하는 것 같이 어설픈 일도 없는 듯합니다. 모르는 것을 아는 것처럼 말하려고 하니 말이 많을 수밖에 별 도리가 없습니다. 모르는 것을 안다고 하다보면 자신을 기만하는 것이 되고 이웃에게는 해악이 되는 것입니다. 그런데도 세상 모든 것을 통달한양 장광설을 늘어놓는 사람을 보면 연민의 정이 발동하기도 합니다. 선은 본래 간단명료합니다. 패션의 한 유형으로 자리 잡은 젠 스타일

(Zen style)이란 군두더기 없는 단순한 스타일을 말합니다.

길거리에 보이는 표지판은 나그네가 가고자 하는 목적지가 아닙니다. 다만 목적지를 안내하는 안내판에 불과합니다. 목적지까지는 가까울 수도 멀 수도 있는 것입니다. 안내표지판은 사족이 없습니다. 선과 같이 간단명료함을 발견할 수 있습니다. 표지판 마저도 내세우지 않으려는 것이 선의 입장입니다. 아무리 아름다운 꽃도 수 억겁의 세월동안 진화를 거듭하여 아름다운 자태를 드러내는 것입니다. 심오한 진리와 세상의 원리도 한 번의 경험이나 습득으로 터득되는 것이 아닙니다. 그러나 반복이라는 의식의 전환만이 나를 만족하게 하고 남에게도 피해를 주지 않을 것입니다.

우리는 전기를 이해하지 못할 수 있습니다. 그렇지만 전기의 혜택을 누리고 있습니다. 전기가 어떻게 작동하는지 잘 모르며 플레밍의 오른손 법칙이나 왼손 법칙이 무엇인지도 잘 모릅니다. 암페어나 볼트도 잘 모릅니다. 그러나 전기로 TV를 켤 수 있고 인터넷도 연결할 수 있다는 것을 압니다. 그 많은 약을 다 알지 못하지만 병원이나 약국에 가서 처방전을 받으면 쉽게 약을 구하기도 하는 것입니다.

노련한 조련사와 같이 인간을 조어할 수 있는 조어장부인 부처님의 위신력은 너와 나를 가리지 않고 이 집단과 저 집단의 패거리를 만들지 않습니다. 패거리는 분별심에서 나오는 것입니다.

巴陵吹毛劍
: 파릉 선사의 취모검

원오 선사가 수시하기를 이제 이 강론도 처음부터 끝까지 무난히 끝나게 되었다. 지금까지 서로 대면해서 말해 온 것이 모두다 아무 사심(私心)도 없었기 때문에 결국 아무 말도 하지 않은 것이나 다름없다. 여기서 갑자기 누군가가 나서서 "한 여름 내내 질문을 받고 말을 해 왔으면서도 세삼 아무 말도 하지 않은 것 같다니 그게 될 말이오?"라고 따진다면, 나는 "그대가 그걸 깨닫게 되었을 때 가르쳐 주지" 하고 말해 주리라. 자! 말해 보아라. 그 부증설(不曾說)은 곧 말하는 것부터를 꺼리는지, 아니면 말하는 것을 유익하다 하는지를!

한 스님이 파릉 선사에게 "사람마다 다 갖추고 있다는 반야의 지검(智劍)이란 어떤 것입니까?" 하고 물었을 때 파릉 선사는 "산호가지 마다 영롱한 달빛으로 흠뻑 젖은 것과 같지."라고 대답했습니다.

—《벽암록》 제100칙

　파릉 선사는 이름을 호감(顥鑑)이라고 하며 호남성 악주(岳州) 파릉현(巴陵縣) 신개원(新開院)에 살았던 스님입니다. 생몰년대는 알 수가 없으나 운문종의 운문문언 선사의 법통을 이은 걸승입니다. 파릉 선사가 주석했던 악주는 동정호(洞庭湖) 동쪽 기슭으로 중국에서도 손꼽히는 명승지입니다. 스님은 그 아름다운 자연의 영향을 많이 받은 듯 스님의 언행에는 시상(詩想)이 넘쳐납니다. 그래서 파릉 선사를 두고 감다구(鑑多口)라고 했을 정도입니다.

　어떤 스님이 파릉 선사에게 물었습니다.

　"조사님의 뜻과 교의 뜻은 같습니까, 다릅니까?"

　파릉 선사가 대답했습니다.

　"닭은 추우면 횃대 위로 올라가고, 오리는 추우면 물속으로 들어가니 근원은 같으나 가지(派)만 다르다."

　입에 오르면 교(敎)라 하고, 마음에 전해지면 선이라 하며 그 근원에 통달한 사람은 선도 없고 교도 없는 것이다. 그 가지를 벌려 놓은 사람은 나름대로 선과 교에 고집한다는 것과 같은 말입니다.

　파릉 선사에게는 유명한 삼전어(三轉語)가 있습니다. 삼전어란 미혹함을 굴려 깨달음을 얻는 세 어구입니다. 또한 착어를 가리키는 경우도 있습니다. 삼전어는 파릉 선사의 삼전어뿐만 아니라 조주 선사의 삼전어도 있습니다.

　파릉 선사의 삼전어 가운데 그 하나가 '한 스님이 묻기를, 어떤 것이 도입니까? 파릉 선사는 명안 종사가 우물에 빠졌구나(僧問, 如何是道

師曰 明眼人落井)’이고, 둘째가 ‘어떤 것이 취모검입니까? 파릉 선사는 산호가지 마다 영롱한 달빛으로 흠뻑 젖은 것과 같지(如何是 吹毛劍 陵云 珊湖枝枝橕着月)’이며, 셋째가 ‘한 스님이 파릉호감 선사에게 요즘 크게 유행하는 제바종이란 본래 뭡니까? 하고 물었다. 그러자 파릉 선사는 은 주발에 담은 눈이라고 대답했다.(僧問 巴陵 如何是提婆宗 巴陵云 銀盌裏盛雪)’입니다.

절 도량에 들어서 보다 보면 취모검이라 쓰인 현판을 종종 볼 수 있습니다. 취모검은 털을 칼날 위에 놓고 ‘훅-’ 하고 불면 대번에 두 동강이가 난다는 명검입니다. 이 명검은 우리가 태어날 때부터 지닌 보배스러운 반야의 지혜를 비유한 말입니다. 어떤 것이 취모검이냐는 질문에, 산호 가지마다에 영롱한 달빛을 머금고 있는 것과 같다. 즉 달빛이 속속들이 영롱하게 비치고 있다는 것입니다. 탱착(橕着)은 머금고 있다, 포함하고 있다는 뜻입니다.

이 구(句)는 본래 당나라 선월 선사(禪月禪師, 832~912)의 시에서 나오는 말입니다. 우리 본래의 지혜의 작용이란 이렇듯 지극한 아름다움으로 빛나고 있다는 것입니다. 선월 선사는 자(子)가 덕은(德隱)이고 청원 스님 문하의 석상경제(石霜慶諸) 스님의 제자입니다. 시·서·화에 뛰어났으며 특히 시승(詩僧)으로 유명한 분입니다.

원오 선사는 취모검에 대하여 광탄만상 사해구주(光吞万象 四海九州)라고 착어하고 있습니다. ‘취모의 검광이 우주만상을 삼켜버렸다. 온 세계에 이 검광이 비치지 않는 곳이 없구나’라는 뜻입니다. 선종에서 쓰는 착어라는 말은 비평하는 말입니다. 자신의 견해를 가하여 내리는 단평(短評)이나 촌평의 말입니다.

삼전어 세 번째 내용에서 '제바종이란 본래 무엇입니까?'라고 물었습니다. 제바종의 제바(Deva)란 말은 인도에서는 신(神)과 같은 보통명사입니다. 그러나 여기에서는 역사적 인물인 가나제바(迦那提婆, Kana-Deva)를 말합니다. 그는 용수(龍樹, Nagarjuna)의 제자이며 선종의 소위 부법상승(付法相承)의 차례로는 제15조가 됩니다.

용수 대사(龍樹大士)는 가나제바가 오는 것을 보고 먼저 시자를 시켜 발우에 물을 떠다가 가나제바 앞에 놓아두게 하였습니다. 가나제바가 바늘 하나를 발우 속에 던져 넣자 용수 대사가 말하였습니다.

"정(定)의 물이 맑고 깨끗하니 이는 나의 덕을 나타내는데, 그대가 와서 바늘을 던지는 것은 그 바닥까지 철저히 알고자 함이로다."

그 후에 가나제바는 용수 대사로부터 법을 얻은 뒤에 비라국(毘羅國)으로 갔습니다.

삼론종이란 종지는 용수가 쓴 《중론(中論)》, 《십이문론(十二門論)》과 가나제바가 쓴 《백론(百論)》에 의해 개종(開宗)한 것이므로 가나제바는 삼론종에서는 소중한 조사가 됩니다. 제바종이란 삼론의 공종(空宗)을 말하며 제바종이 주장하는 것은 일체의 부정, 즉 제법개공입니다. 그러나 제법개공이란 만물의 허무를 뜻하는 것이 아닙니다. 우주 · 인생 · 삼라만상 온갖 사물이 절대정지(絶對靜止)의 상태에 있음을 가리킨 것이므로 제법개공은 바로 온갖 사물의 근원인 것입니다.

　제바종의 질문에 '은 주발에 담은 눈'이라고 대답했습니다. 동정호의 아름다운 풍경을 보며 살아 온 파릉 선사 다운 표현이라 하겠습니다. 본래 파릉 신사 보다 약 100년 전에 동산양개(洞山良价, 807~869) 스님이 쓴 〈보경삼매가(寶鏡三昧歌)〉가 있습니다. 94구 376언으로 운을 맞추어 시로 된 선서를 썼는데, 그 중에 나오는 내용을 인용하였음을 볼 수 있습니다.

은 주발 속의 소복한 눈과	銀盌盛雪
밝은 달 속에 깃든 해오라기는	明月藏鷺
그 하얀 색깔이 비슷하나 같지는 않아	類而不齊
섞여 있으면서도 각각을 지니고 있다.	混則知處

　은도 희고 눈도 희고 모두 흰 빛 일색입니다. 그러나 은과 눈은 둘이고 둘이면서 하나입니다. 이것이 파릉 선사의 착안점입니다. 결국은 조의(祖意)도 교의(敎義)도 모두 분쇄하고, 제바국도 선도 한 손에 거머쥔 명답인 것입니다.

　취모검의 날에다 털을 놓고 불면 여지없이 두 동강이 나는 것이 명검의 위용입니다. 그 취모검을 누구나 지니고 싶어 할 터인데 갖고 싶다하여 외부에서 가져다 주는 것이 아니라 각자 자신이 그 보배를 지니고 있다는 것입니다. 그러니까 갖고 싶어 할 성질의 것이 아니라는 것이지요. 본인이 갈고 닦으면 절로 나타나 얻어지는 것입니다.

　“긴 직선은 굽은 듯 보이며 큰 기교는 치졸한 듯 보이며 큰 웅변은 눌변 같은 인상을 준다고 합니다. 시끄럽게 굴면 추위를 이기고 고요히 있으면 더위를 이긴다고도 합니다. 깨끗하고 고요함이야말로 천하의 정도다.”라고 《노자》의 대성약결장(大成若缺章) 제45에서 밝히고 있습니다. 삼복더위를 이기는 방법은 고요히 있는 것이라고 가르치고 있습니다. 우리 모두 경험한 바가 있지만 덥다 덥다하면 더 더운 듯합니다. 습기가 많은 여름 날 힘든 일을 마치고 나서나 산행을 하고 나서 느끼는 더위는 더욱 심하기 마련입니다. 그 더위를 잠재우는 것은 한 줄기의 바람이 나의 피부에 닿는 것 보다 숨결로 느낄 때가 아닌가 합니다. 깨끗하고 고요함이야말로 천하의 정도(正導)라고 하였으니 사실인 듯합니다. 선수행을 함에 한처(閑處)를 찾는 것은 천하의 보검인 취모검을 찾고자 하는 노력이 아닐까 합니다. 제방의 선원에서 용맹정진하는 납자가 많고 또 개인의 형편에 따라 용맹정진하고 있는 분도 많습니다. 이것은 각자에게 내재해 있는 반야지혜를 찾고자 하는 모습이 아니겠습니까.

　수행자는 정진함에 있어 우선 갖추어야 할 점이 있는데 수행인의 정신 자세가 중요하다고 《좌선의》의 첫 구절에서 장로자각 선사는 가르치고 있습니다. “무릇 반야를 배우는 보살은 우선 대비심을 일으키라. 그리고 큰 서원을 세우고 정교하게 삼매를 닦는다. 그리하여 맹세코 중생을 제도하려고 할지언정 자기 한 몸만을 위해서는 해탈을 구하지 말아라.”라고 가르치고 있습니다.

저는 일주일에 한 번씩 열차를 이용하여 지방에 강의를 갑니다. 열차선로를 보고 있으면 두 선로는 저 먼 지점에서 한 점이 되는 것을 보게 됩니다. 실재로 내 눈에 보이듯이 두 선로가 한 점으로 만나리라는 것쯤은 걱정하지 않습니다. 인간에게는 착시라는 현상이 있기 마련이니까요. 나의 생각은 오류를 범하기 쉬운 논리의 상황이 존재하기 마련입니다. 여기서 우리는 자기 성찰이 따라야 합니다. 지금 내가 생각하고 있는 생각들이 다 맞느냐? 내가 하고자하여 결정한 답안이 모두 합당한 것일까? 나의 삶의 지표가 다 올바른 것일까? 이렇게 하나하나에 묻고 있노라면 자신 있게 '그렇다'라고 대답할 일이 썩 많지 않을 것입니다. '나의 삶이 옳고 타인의 삶이 그르다'고 단정한다면 이 세상은 분명 지금과 같이 존재할 수 없을 것입니다. 문명이니 문화니 살기 좋은 세상은 이 세상의 일들이 아닐 것입니다. 나라는 한 사람의 힘으로 세상을 일구기는 어렵습니다. 그러나 내가 그르다고 단정했던 많은 타인들의 힘은 결합하여 그야말로 문명사회를 이룩했지 않습니까? 아마 나의 타인에 대한 단정보다 그들은 훨씬 야무진 생각으로 세상을 살았음이 분명합니다. 그러므로 바꾸어야 할 생각은 타인이 아닌 나의 생각입니다. 내가 변해야 합니다. 변화는 꼭 향상을 의미하지는 않습니다. 운동선수가 운동화를 벗고 슬리퍼를 신었다고 합시다. 휴식의 차원에서는 의미가 있겠으나 속력을 내어 달린다는 입장에서는 능률이 떨어지기 마련입니다.

마음 닦는 공부를 지어감에도 똑같은 등식이 성립합니다. 욕심 사나운 눈으로는 바보스러운 짓도 성인들의 경지에서는 합당한 것이니까요. 우리가 기약할 수 있는 날은 어제가 아닙니다. 지금이고 내일만이 기약할 수 있는 시간입니다. 그 내일은 미래입니다. 오늘 바보스럽게 계산되지 않은 삶은 밝은 내일을 기약하는 초석이 됩니다.

중추성시각장해(中樞性視覺障害)라는 증상이 있습니다. 대상이 실재보다 크게 보이는 거시증(巨視症, macropsia), 적게 보이는 미시증(微視症, micropsia), 멀리 보이는 원시증(遠視症, teleopsia), 가깝게 보이는 근시증(近視症, pelopsia), 형태가 비뚤어져 보이는 변형시(變形視, metamorphopsia), 수가 증가해 보이는 다시증(多視症, polyopsia) 등이 있습니다. 우리가 대화 속에서 두 눈으로 똑똑히 보았다고 큰소리치기도 하지만 이제 그 똑똑히는 참 드문 일이겠구나 생각하셨을 것입니다. 멀쩡한 두 눈이지만 받아드리는 견해는 가지각색입니다. 우리는 가지가지의 증상을 앓고 있으면서 사물을 판단하고 상대편을 판단하여 그 판단의 오류를 범하고 있지나 않는지 살펴 볼 일입니다.

문학이라는 세계를 살펴봅시다. 겉으로 나타난 사물을 한 번 뒤집어 보면 다르게 보입니다. 그것을 다시 뒤집어 보면 또 다르게 보이는 세계가 아닐까요. 표면만으로 보이지 않는 것을 찾아가는 것이 문학세계인 것입니다.

《오등회원》 권17, 〈청원유신장〉에 나오는 유명한 법문이 있습니다. "내가 참선하지 않을 때는 산을 보니 산이요 물을 보니 물이었다. 나중에 참선해 깨닫고 나서는 산을 봐도 산이 아니요 물을 봐도 물이 아니었다. 그런데 지금 이 막다른 곳을 이해하고 보니 산은 의연히 산이요, 물은 의연히 물이더라."라고 했습니다. 진리는 저 산 너머에 있지 않고, 늘 자기가 놓인 위치에서 실천할 당연한 덕목일 뿐입니다. 생활 속에 있습니다. 그러니 평범하고 일상적일 수밖에 없습니다. 거듭난 삶이 진정한 진리의 구현이요, 근원에 닿은 지혜입니다.

용맹정진하는 동안에 주옥같은 은 주발을 찾아 일체중생을 위해 취모검을 써 봅시다. 파릉 선사의 취모검은 빛을 발하게 될 것입니다.

鹽官犀牛扇子
: 염관 선사의 무소 뿔 부채를 갖다 다오

원오 선사가 수시하기를 미혹도 깨달음도 다 떠나고 불법과 선에서도 풀려나와 다시없는 높은 경지를 가르쳐 보이며 참된 깨달음의 집을 세워야 한다. 그러면 무슨 일에도 자유자재로 대응할 수 있고 사방팔방 어디서나 밝고 뚜렷하게 보여서 그런 경지에 곧장 다다르게 된다.

자, 말해 보아라. 어떻게 하면 그러한 인물과 함께 살고 죽는 입장에 설 수 있는지를!

염관 선사가 하루는 시자를 불러 "나에게 그 무소 뿔 부채를 갖다 다오."라고 하였습니다. 그러자 시자가 "그 부채는 망가졌습니다."라고 대답했습니다. 다시 염관 선사는 "무소 뿔 부채가 망가졌다면, 그 망가진 몸뚱이라도 가져 오너라."하니까 시자는 아무 대꾸도 하지 못했습니다. 나중에 투자(投者) 스님이 시자를 대신해서 대답했습니다. "무소를 가져다 놓기는 어렵지 않지만 뿔이 온전치

못할까 해서요." 그러자 설두 선사가 "난 그 온전치 못한 뿔이 필요
하다네."라고 한 마디 쏘아 붙였습니다. 또 석상(石霜) 스님도 시자
대신 대답을 했습니다. "노스님께서 돌려 드리고 싶지만 이미 없으
니 할 수 없소." 설두 선사가 또 말참견을 했습니다. "없다고? 아직
거기 있지 않느냐!" 이번에는 자복(資福) 선사가 동그라미를 그리
고 그 속에 소 우(牛) 자를 써 넣었습니다. 설두 선사가 또 "그렇게
훌륭한 소가 있다면 왜 진작 꺼내 놓지 않았느냐!"라고 한 마디 했
습니다. 끝으로 보복(保福) 스님이 "노스님께선 연세가 많아 노망
이 나신 것 같은데 나는 도저히 못하겠으니 다른 시자를 불러 오는
게 좋겠소."라고 말했습니다. 설두 선사는 이번에도 "아서라, 아서.
그 노인 시중들어 봤자 헛수고 일테니!"라고 덧붙였습니다.

—《벽암록》제91칙

염관 선사는 마조도일 선사의 법사(法嗣)이며 염관은 본래 지명으
로 절강성(浙江省) 항주부(杭州府) 염관을 말합니다. 염관 해창원(海昌園)
에 살았던 제안(齊安) 스님을 말합니다. 본칙에는 또 투자·설두·석
상·자복·보복 스님 등이 등장하고 있으나 실제로 문답한 것은 한 스
님뿐이고 이름은 나중에 각기 저마다 이 문답에 한마디씩 덧붙였을 뿐
입니다.

'노스님께서 연세가 많아 망녕이 나신 모양인데 나는 도저히 시자
노릇을 못하겠으니 다른 사람을 불러 오는게 좋겠소.' 즉 본래의 면목

이란 남더러 내라고 해도 무리이므로 자기 자신에게서 구해야 함을 암
시한 말입니다.

송(頌)

우주란 한 개의 부채 같은 것
그 부채 누구나 다 갖고 있건만
그게 뭐냐 물으면 아무도 몰라.

맑은 바람 무소의 뿔
그걸 잡으러 드나
구름 흘러가고 비는 그쳤으니
쫓을 길 없어라.

울창한 숲의 고요함을 생각해 보면 그 숲에는 정적만이 있는 것이
아닙니다. 숲은 숨 쉬고 있고 그러기에 그 숲에는 성장이 있으며 성장
은 신비를 잉태하고 있습니다. 작년에 도랑에다 대나무를 심었는데 요
사이 날이 새면 죽순 자라는 모습을 보는 것이 신령스럽기까지 합니
다. 연약한 죽순이 갓 올라와 가지를 치고 잎이 무성하여 바람이 불면
살랑살랑 춤을 춥니다. 어쩌면 자연은 함이 없이 행하는 미덕을 지니
고 있지 않을까요. 이 성하의 계절에 정적 속에 무럭무럭 자라고 있는

자연의 오묘함에 취하곤 합니다.

세상에 이상한 것이 참 많습니다. 그런데 저는 발견이라는 것이 참으로 이상한 것이라고 생각합니다. 원고를 쓰기 전에 이리저리 문장을 만들어 보고 있을 때는 머리가 매우 혼란스러운 상태가 됩니다. 그런데 원고지 칸을 메꾸어 가다 보면 불현듯 '아! 그렇지'라고 생각이 나는 때가 종종 있습니다. 그런 경우 신명이 납니다. 나의 내면세계에 무수히 많은 보물창고가 있는데 그 가운데 문학의 보물창고에서 보석 하나를 주운 결과가 된 것입니다.

세상이란 각자 이해하는 대로 보이는 것입니다. 산하대지가 모두 있는 그대로의 모습으로만 보이지 않습니다. 각자가 보고 느낀 대로 보이는 것입니다. 그러니까 남의 것을 얻는 즐거움 보다 나의 내면세계를 개발하여 보물을 발견하는 것은 더 큰 행복이 아닐 수 없을 것입니다. 그러한 사람은 인간 세상에 살고 있지만 천상세계의 즐거움을 누리고 있는 것입니다. 허공을 맴도는 독수리를 보신 적이 있을 것입니다. 그 독수리는 먹이를 조준하고 있습니다. 그 중 하나가 기울어져 먹이를 놓칠 것 같지만 결과는 그렇지 않습니다. 인간의 내면세계도 그와 흡사합니다. '우주란 한 개의 부채 같은 것, 그 부채를 누구나 다 갖고 있건만 그게 뭐냐 물으면 아무도 모른다'고 송에서도 말했지 않습니까.

"성인은 재물을 축적하지 않는다. 남에게 모은 것을 내어 주건만 자기는 너무 많은 것을 소유하게 되고, 모든 것을 남에게 주건만 자기의 재산은 더욱 늘어난다. 천도는 이익을 주고 해를 안 주는 일이며 성인

의 도는 행동하되 다투지 않는 일이다."라고《노자》신언불미장(信言不
美章) 제81에서 밝히고 있습니다.

　오늘날과 같이 범람하는 정보 홍수시대에 사는 인간상을 봅시다.
인간은 끊임없이 정보를 입력하고 출력하는 정보 신진 대사체라고 이
름 붙일 만합니다. 오늘 정보를 열심히 입력하다 보면 어제의 정보는
구식이 되거나 진부한 이야기가 되어 버리고 맙니다. 신진 대사가 원
활히 이루어지지 않으면 세상 살기가 불편할 수 있습니다. 다이어트라
는 말이 만연된 세상에 살고 있습니다. 영양가가 많은 음식물의 과다
섭취는 배설물을 배출하는 영양물 신진 대사체라고 말할 수 있습니다.
도처에 넘쳐나는 몸매 균형 잡기 장소에 넘쳐나는 군상들을 쉽게 볼
수 있습니다. 인간은 생물학적 존재로서 산소를 마시고 탄산가스를 배
출하면서 살아가는 가스교환체라고 함직 합니다. 인간이란 대명제 앞
에 가스교환체라고 해도 영양물 신진 대사체라 해도, 아니면 정보 신
진 대사체라고 한다 하더라도 충분한 조건이 되지 못합니다. 인간 표
피의 일부에 지나지 않는 말입니다.

　《장자》의 〈인간세편(人間世篇)〉에 이런 말이 있습니다.

　무용지용(無用之用)이라는 말입니다. 언뜻 보기에 쓸모없는 것으로
간주되고 있는 것이 오히려 큰 구실을 한다는 것입니다. 산의 나무는
제 스스로 해치고 있다. 기름불의 기름은 제 스스로 태우고 있다. 계피
는 먹을 수 있는 것이기 때문에 사람들이 그 나무를 베게 된다. 옻은 칠
로 쓰기 때문에 사람들이 칼로 쪼갠다. 사람은 모두 쓸모 있는 것의 쓸

모만을 알고, 쓸모없는 것의 쓸모를 알지 못한다. 즉 산의 나무는 그것이 인간의 소용에 닿기 때문에 결국 사람의 손에 의해 베어지게 되고, 등잔불의 기름으로 쓰이는 기름은 그것이 불을 켜면 환하게 밝아지는 기능 때문에 자신이 뜨거운 불에 타게 된다. 계피는 맛이 좋기 때문에 베임을 당하고, 옻 나무는 옻칠을 하는데 쓰이기 때문에 가지를 찢기고 살을 찢기게 된다. 사람은 모두 이렇게 쓸모 있는 것의 용도만을 알고 있을 뿐, 쓸모없는 것의 용도란 것을 모르고 있다는 것이다.

〈외물편(外物篇)〉에 또 이런 이야기가 있습니다.

"당신의 말은 아무 데도 소용이 닿지 않는 것뿐이다."

그러자 장자는 말했습니다.

"쓸모가 없는 것을 아는 사람이라야 무엇이 참으로 쓸모가 있는 것인지를 말할 수 있다. 땅이 넓지만 사람이 서는 데는 발을 둘 곳만 있으면 된다. 하지만 발을 둘 곳만을 남기고 그 주위를 깊숙이 파 버린다면 사람이 서 있을 수 있겠는가?"

"서 있을 수 없다."

"그렇다면 쓸모없는 것이 쓸모 있는 것이 되는 것 또한 알 수 있지 않은가."

우리 몸에 안이비설신의가 있습니다. 그러면 눈은 어떤 작용을 할까요. 인간은 눈으로 무엇을 읽거나 사물을 보게 됩니다. 그런데 제대로 읽기 위해서는 망막 중심에 있는 황반의 중심와(中心窩)가 있습니다. 중심와라는 극도의 미세한 부분에 초점을 맞추어야 한다고 합니다. 원추세포는 중추시야 부분에만 정밀하게 사물을 볼 수 있는 능력이 있고, 간상세포가 있는데 감도가 훨씬 떨어진다고 합니다. 원추세포의 감도는 좋지만 그 수가 적어 약 600만 개뿐입니다. 간상세포는 1억 2천만 개나 되는데 5%정도 밖에 되지 않는다고 합니다. 원추세포가 중심 활동을 맡고 있지만 그 사이에 나머지 95%의 간상세포가 놀고 있는 것은 아니라고 합니다. 나름대로 주변의 관련 정보를 뇌에 보내고 있으며, 그것이 뇌의 인지 과정에 중요한 역할을 하고 있다는 사실이 여러 실험을 통해 밝혀졌습니다.

눈의 작용에서 보았듯이 어느 기능이 중추적인 역할을 한다고 해서 나머지 것들은 놀고 있지는 않습니다. 손을 펴 손가락 하나하나를 굽혔다 펴 보기를 하면 엄지는 엄지대로 독립되어 움직이지 않습니다. 검지손가락에서 새끼손가락에 이르기까지 독립적으로 작동되지 않음을 다시 알 수 있습니다. 분명 옆 손가락의 근육이 작동되는 것을 확인할 수 있습니다. 중중무진법계의 세계를 어렵게 생각하지 마십시오. 이 단순한 손가락 놀림에서 쉽게 터득되는 것입니다. 이것이 있으므로 저것이 있고, 저것이 일어나므로 이것이 일어난다고 하는 연기법을 이해하는데 어려워 마십시오. 각각의 손가락 끝에 세상 이치가 다 들어 있으니 말입니다. 나 혼자 고립된 존재가 아니라 이 우주의 독특하고 유일한 한 부분입니다. 인간세상의 놀이판에서 없어서는 안 될 한 부분입니다. 나는 인간 세계라는 거미줄의 어디에 깃들어 있을까? 나는 누구의 신세를 지고 있는 것은 아닐까? 내가 남들과 맺어진 연결고리를 찾아서 그 고리들을 이해하려고 해야 합니다.

자연의 의지는 모두에게 공통된 경험을 통하여 드러나고 있습니다. 이웃집 아이가 도자기를 깨뜨렸을 때 '그야 흔한 일이지'라고 말하기 쉽습니다. 그러나 자신의 도자기가 깨졌을 때에 이웃집 도자기가 깨졌을 때와 똑같은 반응을 할까요? 대부분 그렇지 않습니다. 얼굴이 붉으락푸르락 하며 감정 억제가 안 되기 마련입니다. 이웃집에 일이 일어났을 때와 똑같은 반응을 해야 하지 않을까요. 그래야 평상심을 유지했다고 할 수 있을 것입니다. 우리 인생에 삶 보다 더 값진 보상이 어디 있겠습니까? 또 죽음 보다 더한 벌이 어디 있겠습니까? 죽음 앞에서 초연히 '삶이란 다 그런 거지. 누구나 죽는 것. 그런 일은 피할 수 없는 것이야'라고 태연히 넋두리를 늘어 놓을 사람이 몇이나 있겠습니까? 때로는 우리는 절규합니다. '아! 슬프구나.' 남들에게 같은 일이 닥쳤을 때 내가 어떻게 느꼈는지 생각해 봅시다. 그 느낌을 나의 상황에 옮겨 적용해 보아야 합니다. 행복의 원천은 지성을 가지고 받아들이는 법을 익히는 데 있습니다.

곡예단의 곡예사가 관객이 오금을 절이게 하는 곡예를 외줄타기에서 보입니다. 떨어질듯 하면서도 떨어지지 않고 목적지까지 무사히 건너는 것을 보면 신기하기 그지없습니다. 그의 팔은 균형을 잡기 위하여 허공에 의지해 위아래로 휘젓습니다. 긴 전선줄에 앉아 있는 참새 떼를 보면 이들이 땅 바닥에 폭싹 떨어지지 않는 것은 두 날개로 균형을 잡기 때문입니다.

질병은 우리 육체를 시험할지도 모릅니다. 하지만 우리는 단지 육체로만 끝날 일이 아니고 장애인으로 팔·다리가 아플지도 모릅니다. 우리는 단지 팔·다리만으로 끝나는 존재는 더욱 아니고 나의 의지는 팔·다리 보다 강하며 질병도 극복할 수 있는 인내와 적응력이 있습니다. 지금 이 시간 육신의 부자유함에 불편해 하시는 사람보다 마음의 부자유함에 고민하는 분들이 더 많을 수도 있습니다. 우리에게는 부자유스런 마음을 치유할 수 있는 능력이 있습니다. 음양이 공존하듯이 청정심과 번뇌 망상은 공존하고 있기 마련입니다. 농무가 짙게 덮인 산꼭대기에 태양이 뜨면 씻은 듯이 사라지듯이 청정심이 크게 작용하면 번뇌 망상은 구름 거치듯, 안개가 사라지듯 달아나고 맙니다.

역경과 장애와 슬픔을 겪게 될 때, 결코 남을 탓하지 말고 우리 자신의 태도를 돌아보아야 합니다. 아마 속 좁은 사람은 습관적으로 자신의 불행을 두고 남들을 비난합니다. 그러나 지혜로운 사람은 무엇인가를 비난하고 싶어하는 충동은 어리석은 것이며, 남이든 자신이든 비난해서 얻을 것은 아무것도 없다는 사실을 잘 이해하고 있습니다. 도덕적 진보의 면동이 터오는 표시의 하나가 바로 비난하는 일이 점차 사라지는 것이라고 샤론 레벨(Sharon Lebell)은 강조하고 있습니다.

염관 선사는 무소 뿔 부채를 갖다 달라고 하니 시자가 그 부채는 망가졌다고 했습니다. 염관 선사는 재차 무소 뿔 부채가 망가졌다면 그 망가진 몸뚱이라도 가져 오너라 했습니다. 여러분은 무소 뿔 부채가 없다고 마시고 정말 필요한 합죽선을 내밀어 보시지요.

非風非幡
: 바람이 움직이는 것도 아니고
  깃발이 나부끼는 것도 아니다

육조 스님이 어느 날 깃발이 바람에 날리는데 두 스님이 서로 자기주장을 내세우고 있었습니다. 한 스님은 깃발이 휘날린다고 하였고, 다른 한 스님은 바람이 움직인다고 하였습니다. 서로간에 한 치 물러서지 않고 자기의 견해를 주장하고 있었습니다. 그때 육조 혜능 스님이 "바람이 움직이는 것도 아니고 깃발이 휘날리는 것도 아닙니다. 다만 그대들의 마음이 움직인 것이다."라고 하자 두 스님은 부끄러워 몸둘 바를 몰랐습니다.

— 《무문관》 제29칙

6조 혜능 선사는 속성이 노(盧)씨이며 선사의 선조는 범양(范陽)사람입니다. 아버지 행도(行滔)가 무덕(武德)때에 남해의 신주(新州)로 귀양살이를 갔습니다.

세 살 때 아버지를 잃고 어머니 슬하에서 자랐습니다. 가세가 기울어 나무를 팔아서 생계를 꾸려나갔습니다. 하루는 나무를 지고 저자에 갔다가 어떤 이가 《금강경》을 읽는 소리를 듣고 기연을 만나게 됩니다.

"그게 무슨 법이며, 누구에게서 얻었소."

나그네가 대답했습니다.

"이는 《금강경》이라는 경인데 황매(黃梅)의 홍인 대사께 얻었습니다." 선사는 급히 그의 어머니에게 스승을 찾아갈 뜻을 아뢰고 바로 소주(韶州)로 가다가 유지략(劉志略)이라는 거사를 만나 사귀게 되었습니다. 이때 유지략 거사의 고모인 무진장(無盡藏)이라는 비구니가 있었는데 항상 《열반경(涅槃經)》을 읽고 있었습니다.

선사가 잠시 《열반경》 읽는 소리를 듣고서 《열반경》의 이치를 해석해 주니 비구니는 드디어 책을 들고 와서 글자를 물었습니다.

"글자는 모르니 이치나 물으시오."

"글자도 모르면서 어찌 뜻을 아시오."

"부처님의 묘한 이치는 문자에 구애되지 않소."

비구니가 깜짝 놀라 마을 사람들에게 말했습니다.

"선사는 도가 있는 사람이니, 청해다가 공양을 올리시오."

이때 마을 사람들이 앞을 다투어 와서 절하고 공경하였다고 《경덕전등록》 제 5권에서 기술하고 있습니다.

5조 홍인 스님의 문하(門下)를 떠나 광주 법성사(法性寺)에 당도하니 인종(印宗) 법사가 《열반경》을 강하고 있었습니다. 인종 법사는 교상학자로서 출가한 사람은 아니었습니다.

　“바람이 움직임도 아니요, 깃발이 휘날리는 것도 아니고 오직 그대들의 마음이 움직이는 것일세” 하니 온 대중이 놀랬고 인종 법사는 혜능을 상석에 청하여 불법의 심오한 뜻을 물어보았습니다. 혜능의 대답이 글자와 상관없으면서 간단명료하여 이치에 맞는 것을 보고 인종 법사는 물었습니다.

　“행자는 필시 범상한 분이 아닙니다. 전부터 들리는 말에 황매에서 의발이 남방으로 왔다하더니 혹시 행자가 법을 받으신 분이 아니십니까?”라고 물었습니다. 혜능이 “부끄럽습니다.” 하니 곧 인종 법사는 예를 갖추고 그 의발을 좀 보여 달라고 청하였습니다. 그리고 인종 법사가 또 물었습니다. “황매에서 부촉하실 때 가르쳐 주심이 어떠한 것이었습니까?” 하였습니다. 혜능이 대답하기를 “가르쳐 준 것이 따로 없으니, 오직 제 성품을 보게 하고 선정과 해탈을 논하지 않습니다.” 하니 재차 물었습니다. “어찌하여 선정과 해탈을 논하지 않습니까?” 혜능은 “불법은 두 가지 법이 아닙니다.” 하니 다시 물었습니다. “어떠한 것이 불법이 둘이 아닌 이치입니까?” 하였습니다. “법사가 《열반경》을 강의하니, 불성이 불법의 둘 아닌 법임을 잘 알 것입니다. 저 광명변조고고귀덕왕보살(光明遍照高貴德王菩薩)이 부처님께 사뢰기를 네 가지 큰 살·도·음·망이란 금계를 범하고 오역죄(五逆罪 : ① 부모를 죽임, ② 아라한을 죽임, ③ 부처님 몸에 피를 냄, ④ 이치에 안 맞게 함, ⑤ 화합을 깨뜨림)를 지은 자와 일천제(一闡提 : 인과도 믿지 않고 부끄럼도 없으며 과거세와 미래세를 부인하여 부처님의 가르침을 따르지 않는 무리)에게 있어서 선근불성(善根

佛性)이 끊어짐이 당연하옵니까, 아니옵니까? 하니 부처님께서 대답하시기를 선근이 둘이 있으니 하나는 떳떳함이요, 둘은 떳떳치 아니함이다. 불성은 떳떳함도 아니고 떳떳치 아니함도 아니다. 그러므로 끊어지지 않는 것을 둘이 아니라 하며 하나는 선함이요, 둘은 선하지 아니함이니 불성은 선함도 아니요 선하지 않음도 아니므로 이것을 둘이 아니라 한다. 오온과 경계를 범부는 둘로 보나 슬기로운 자는 그 성품이 둘이 아님을 아는 것이니 이 둘이 아닌 성품이 곧 불성이라고 하시지 않았습니까?" 하니 인종법사는 기뻐서 합장하고 말했습니다.

"내가 강의한다는 것은 깨어진 기왓장과 같은 것이고 당신께서 논하시는 것은 마치 순금과 같습니다." 여기서 인종 법사는 혜능의 머리를 깎게 하고 스승으로 섬길 것을 원하였습니다.

범부 중생의 생각으로는 바람이 부니까 깃발이 휘날리는 것은 상식입니다. 만약 깃발이 없었더라면 바람은 인식하지 못할 일입니다. 깃발이 흔들림으로써 바람이 부는 것을 알게 되고, 바람이 불어 오므로서 깃발이 날리는 것은 수긍이 가는 얘기입니다. 그러나 이는 상대적 입장에서 하는 말입니다. 옥신각신했던 두 스님 가운데 한 스님은 바람이 분다고 하고 한 스님은 깃발이 휘날린다고 우겨댔던 것입니다. 그러나 육조혜능 스님은 상대적으로 보지 않고 일체적으로 보아 마음이 움직인다고 하였습니다.

마음이 움직인다는 것은 유심론(唯心論)의 입장입니다. 삼라만상의 작용과 동정(動靜)은 모두 마음에서 나타난다고 했기 때문입니다. 불교는 마음을 강조합니다. 비단 불교뿐이겠습니까. 일상 언어 속에서 ‘마음이 고와야지’, ‘마음을 바로 써야지’, ‘마음먹은 대로 잘 되어간다’는 등등의 말은 마음이 히다하게 쓰이고 있습니다. 그 흔히 쓰이고 있는 마음이 어디에 있습니까? 누구는 심장을 가리키며 마음의 주처를 말하기도 합니다. 그런가 하면 혹자는 머리를 가리키며 뇌에 마음이 있다고도 말합니다. 두 개골 속에 있는 건 뇌지 마음이 아닙니다. 뇌나 심장은 무게가 나가는 물체입니다. 마음은 몸의 세포들 하나하나마다에 있습니다. 생화학자들은 개별 세포들, 이를테면 혈액세포들이 나름의 지성을 지닌 듯이 보인다는 사실을 자주 언급해오고 있습니다. 마음의 무게를 말하려면 세포 하나의 무게를 달아 보면 가능할 수 있는 일입니다.

　사람들은 마음을 표현할 때 하트(heart) 모양(♡)을 하기도 합니다. 참 아름다운 그림입니다. 둥글 원(圓)이란 표현을 쓰기도 합니다. 이러한 표현이 사실이 아니고 뭐라고 표현하기가 어려우므로 일종의 대명사로 표현한 것입니다. 그런데 선의 입장에서 볼 때 마음이 움직인다든지 바람이 분다든지 깃발이 휘날린다든지 하는 말은 차별계인 물질로 본 것입니다. 평등체인 공의 입장에서 볼 때 차별계는 조금도 발생할 수 없는 것입니다. 그러니까 어느 쪽이 되었던 선지(禪旨)와는 거리가 멀다 하겠습니다. 마음, 바람, 깃발이 혼연일체가 되었을 때만이 선지에 부합된다 하겠습니다. 깃발이 나부낄 때 깃발에 한 몸이 되면 깃발이 휘날린다는 것도 없고 자기 자신도 없어지는 것입니다. 이러한 경지에서 바람이다, 깃발이다, 마음이다 하는 것들이 인식될 리가 없습니다. 그러므로 선은 어디까지나 실제로 부딪쳐야지 이론이나 사량으로는 절대 불가능한 것입니다. 흐르는 물속에 비친 그림자는 흔들립니다. 물속에 비친 그림자가 흔들리는 것을 누가 막을 수는 없는 일입니다. 흔들림을 멈추게 하려면 물이 아니라 근본인 빛에 주목해야 합니다. 빛도 프리즘을 만나면 굴절이 생기게 됩니다. 굴절 없는 빛의 작용이 마음입니다.

관리였던 설간(薛簡)이 물었습니다.

"고승들은 모두 말하기를 '도를 알고자 하면 반드시 좌선을 하여 선정을 익히라. 선정을 익히지 않고 해탈을 얻는다면 옳지 않다.'고 하니 선사께서는 어떤 법을 말씀하십니까?"

혜능 스님은 대답했습니다.

"도는 마음으로 깨닫는다. 어찌 앉는 데 있겠는가. 경에 말씀하시기를 만일 여래가 왔다거나 갔다거나 앉았다거나 누웠다거나 한 것이 아니니 그렇게 보면 그는 삿된 도를 행하는 사람이다. 무슨 까닭이겠는가. 오는 곳도 없고 가는 곳도 없기 때문이다.

만일 생멸이 없다면 그것이 여래의 청정한 선정이오. 모든 법이 공적하면 그것이 여래의 청정한 마음이다. 끝끝내 증득할 것이 없거늘 하물며 앉을 것이 있겠는가."

"제가 돌아가면 반드시 주상(主上)께서 물으실 것이니 바라옵건대 선사께서 자비로 가르쳐 주십시오."

"도는 밝음도 어두움도 없다. 밝음과 어두움은 서로 바뀐다는 뜻인데 밝음과 어두움이 끝없다 하여도 다함이 없다."

"밝음은 지혜에 비유하고 어두움은 번뇌에 비유하는데 수도하는 사람이 지혜로써 번뇌를 비추어 깨뜨리지 않으면 비롯함이 없는 생사를 어찌 벗어나겠습니까?"

"지혜로써 번뇌를 비추어 깨뜨리는 것은 고승의 근기이다. 높은 지혜의 큰 근기는 모두 그렇지 않다."

"어떤 것이 대승의 견해입니까?"

"밝음과 어두움은 그 성품이 둘이 아니다. 둘이 아닌 성품이 곧 진실한 성품이니, 진실한 성품이란 범부에 있어서도 줄지 않고, 성현에 있어서도 늘지 않고, 번뇌에 있어서도 어지럽지 않고 선정에 있어서도 고요함이 아니다. 끊이지 않고 향상치 않으며, 나지 않고 오지 않으며 중간이나 안팎에 있지도 않으며, 나지 않고 멸하지도 않아 성품과 형상이 여여하여 항상 머물러 변천하지 않음을 도라 한다."

신주(新州) 국은사(國恩寺)에서 어느 날 대중에게 말했습니다.

"여러 선지식들이여, 그대들은 제각기 마음을 맑히어 내 말을 잘 들으라. 그대들의 마음이 곧 부처이다. 다시 망설이지 말라. 그 밖에 어떤 법도 건립하는 것이 없다. 모두가 본마음에서 갖가지 법이 난다. 그러므로 경에 말씀하시기를 '마음이 나면 갖가지 법이 나고 마음이 멸하면 갖가지 법이 멸한다.' 만일 부처님의 지혜인 종지(種智)를 이루고자 하면 일상삼매(一相三昧)와 일행삼매(一行三昧)를 통달하리라.

만일 온갖 곳에서 형상에 머무르지 않고 그 형상에 대하여 밉다 곱다 하는 생각을 내지 않으며, 취하고 버리는 생각도 내지 않고, 이로움과 무너뜨리는 따위 일을 생각지 않고 한가히, 고요히, 담박히 하면 이것이 일상삼매요, 온갖 곳에서 다니고, 멈추고, 앉고, 누움에 순일하고 곧은 마음으로 도량을 움직이지 않으면 참으로 정토를 이루나니 이를 일행삼매라고 한다.”고 하였습니다.

동물의 세계를 보고 있노라면 그들에게서 배우는 것이 한두 가지가 아닙니다. 펭귄들의 모습을 보면 그들은 뒤뚱뒤뚱 떼를 지어 바다로 모여듭니다. 정작 바다에 뛰어들기 직전에는 일제히 제자리걸음을 하며 머뭇거립니다. 왜 그럴까요. 바다 속에는 자신들이 좋아하는 먹잇감도 많지만 동시에 위험한 물개나 바다표범 상어 떼 같은 천적들이 있을지도 모른다는 두려움 때문일 것입니다.

말콤 그래드웰(Malcolm Gladwell)은 그의 저서《블링크(Blink: The Power of Think Without Thinking)》에서 주장하고 있는 블링크 이론이 있습니다. 처음 무언가 인식하는 2초 동안 무의식 영역에서 이루어지는 순간적 판단 과정을 보여준다는 것입니다. 그러면 그 순간적인 결정이 조심스럽고 신중하게 내린 결정 못지않게 훌륭할 수 있음을 증명했습니다.

머뭇거리고 있는 펭귄 무리 가운데 불확실한 바다를 향해 맨 먼저 바다에 뛰어드는 용감한 펭귄이 있다는 것입니다. 그러면 머뭇거리고 있던 펭귄들도 일제히 뒤를 따라 뛰어듭니다.

직관은 사량 분별을 허용하지 않습니다. 직관은 머뭇거림이 없습니다. 직관은 의문이나 감동이 헤집고 끼어들 틈이 없습니다. 단 2초 동안의 감에 의해 무엇인가를 결정한다는 것입니다. 직관이란 인간만의 전유물이 아니라는 것을 세삼 느끼게 합니다.

펭귄을 보면서 새로운 생각을 하게 되었습니다. '날개 있는 것들은 모두 날수 있는가?'에 의문이 들었습니다. 펭귄이 그렇고 수탉이나 거위 칠면조가 그렇고 우수리뒤영벌이라고도 하는 뒝벌의 사는 모습이 비교가 되었습니다. 날개가 있으면서도 모두 날지 못한다는 사실입니다. 수탉의 경우 울타리나 담장, 지붕 위에 까지 나는 모습을 볼 수도 있습니다. 그러나 펭귄은 날을 수는 없으나 두 날개로 수영은 할 수 있습니다. 곤충학자들의 연구에 따르면 뒝벌의 몸체는 날개가 있는데도 절대로 날 수가 없는 구조라고 합니다. 퉁퉁한 몸집의 길이가 14~20 밀리미터인데 비해 날개가 너무 작기 때문입니다. 벌이 곰처럼 크다고 하여 웅봉(熊蜂)이라고도 합니다.

날개가 있다고 하여 모두 나는 것이 아님을 알게 되었습니다. 사람도 제각각 마음을 지니고 있습니다. 그러나 그 마음의 작용은 천차만별입니다. 인간의 강박관념 가운데 소유강박관념이 통제하기가 제일 어렵지 않을까 생각합니다. 우리는 자신이 손댄 것이면 무엇이 되었건 내가 가질 권리가 있다고 생각합니다. 아내가, 남편이, 자식이 건물이나 토지에서 나오는 부가 그렇습니다. 그렇다고 앞에 열거한 것들이 모두 자기 소유가 됩니까? 자식만 해도 마음대로 되지 않습니다. 부의 축적도 마음대로 호락호락하지 않습니다. 이러한 것은 주객 가운데 객체이기 때문입니다. 주객이 혼연일체가 되어야 합니다. 그런 경지에 도달한 자만이 바람이 움직이는 것도 아니요, 깃발이 펄럭이는 것도 아니라고 설파한 육조혜능 스님의 말씀을 확연히 타파할 수 있을 것입니다.

洞山麻三斤
: 삼베옷의 무게는 서 근 일세

원오 선사가 좌하의 선승들에게 수시하기를, 죽이고 살리는 것을 마음대로 할 수 있는 칼과 주고 빼앗는 것을 수시로 할 수 있는 수완을 가짐은 선문(禪門)의 옛 풍습이며 지금도 선승에게 꼭 필요한 것이다. 그런 살인도(殺人刀)와 활인검(活人劍)을 가진 사람이라면 사람을 죽여도 상처하나 내지 않고, 살려도 죽은 것과 마찬가지가 되게 한다. 그래서 절대 진리란 아무리 뛰어난 성인이라 해도 말이나 글로 전할 수가 없다고 한 것이다. 그런데 이 세상의 학자들은 이게 바로 부처다, 진여다, 절대다 하고 공연한 헛수고만 한다. 마치 달 그림자를 잡으려다 물에 빠져 죽은 원숭이 꼴이다. 자, 말해 보라. 이미 말이나 글로 전할 수 없는 거라 하지 않았는가. 그런데 절대 진리를 탐구하는데 어째서 오히려 번잡한 공안 따위가 그리도 많으냐?

어느 날 한 납자가 동산 스님을 찾아와 "부처란 어떤 것입니까?"

하고 물었습니다. 그러자 동산 스님은 "지금 내가 입고 있는 삼베 옷의 무게는 서 근(三斤)일세"라고 기발한 대답을 했습니다.

—《벽암록》 제12칙

선종사상사에서 동산(洞山)이란 이름을 쓰고 있는 선승이 꾀 많습니다. 그 중 가장 유명한 스님이 오늘 말하고자 하는 동산수초(洞山守初) 스님이고 또 한 분은 조동종 계통의 동산양개(洞山良价) 스님이라 하겠습니다. 동산수초 스님은 후량(後梁) 태조(太祖) 개평(開平) 4년(910)에 섬서성 봉상부(陝西省 鳳翔府)에서 태어나, 후한 은제(後漢 隱帝) 건우(乾祐) 원년에 호북성 양양부(湖北省 襄陽府)의 동산에 선거(禪居)하다가 송(宋) 태종 순화(淳化) 원년(990)에 81세로 동산의 선실에서 입적하였습니다.

살인도와 활인검의 용어는 선학상에서 자주 등장하는 말입니다. 살인도와 활인검은 선승이 수행자를 지도할 때 활살자재(活殺自在)한 움직임을 칼에 비유하여 나타낸 것으로 뛰어난 도력을 칼에 비유한 표현입니다. 검은 지혜의 비유이고 진성(眞性)을 부활시키는 기용(機用)을 말하며 살인도는 글자 그대로 사람을 죽이는 칼입니다. 즉 소극적인 활동이요, 파괴적인 수완(手腕)이며, 부정적인 견식을 뜻하는 말로 선학에서는 탈(奪)에 해당되며 활인검은 사람을 살리는 칼입니다. 즉 적극적인 활동이며, 건설적인 수완이며, 긍정적인 견식이란 뜻으로 선학 용어로 여(與)에 해당됩니다.

여탈(與奪)이라는 뜻은 앞에서 설명하였습니다만, 여는 칭찬하는 것이요, 탈은 헐뜯고 멀리하는 것입니다. 즉 다른 교의를 칭찬하여 승인하기도 하고 헐뜯고 멀리하기도 하는 것으로 찬부(讚否)와 같은 뜻이며 일상에서 생사여탈이라는 말을 쓰기도 합니다.

추요(樞要)란 가장 요긴하고 중요로움을 뜻합니다. 《성유식론》의 게송을 규기(窺基) 스님이 해석한 《성유식론장중추요》의 준말이기도 합니다. 추(樞)는 지도리 추라고 합니다. 문을 여닫게 하는데 필요한 지도리입니다. 요(要)는 요(腰)와 같으며, 사람의 허리처럼 중요한 부분을 말합니다.

향상일로(向上一路)란 절대의 진리이며, 본래의 면목이고 근본원인 등 많은 뜻으로 풀이될 수 있는 말입니다.

여원착영(如猿捉影)이란 달 그림자를 잡으려다 물에 빠져 죽은 어리석은 원숭이와 같다는 말입니다. 《마하승지율(摩訶僧祇律)》 제5권에 나오는 전설에 의거합니다. 《대열반경(大涅槃經)》 제9권에는 유여선후 착수중월(喩如獼猴 捉水中月)이란 말이 나오기도 합니다.

한 납자가 찾아 와 부처란 어떤 것입니까? 라고 물었는데 여기서 부처는 소승불교와 대승불교에서의 견해가 달리 해석됩니다. 즉 소승불교에서는 역사적 인물인 싯달타 태자가 도를 닦아 깨달음을 이루어 석가모니 부처님이 되심을 뜻합니다. 그런가 하면 대승불교에서는 이상적 인격자를 가리키기도 하고 또는 진여, 법성과 같은 뜻으로 풀이하며 우주 인생의 실체를 가리키기도 합니다. 여기서 무명의 납자가 탐구하던 부처는 그럴 듯하게 꾸민 문자상의 부처, 즉 부처의 정의(定義)였던 모양입니다. 그러나 동산수처 스님이 제시한 부처는 현실화된 이상적 인격자로서의 부처인 것입니다.

마삼근(麻三斤)은 삼베 서 근이라는 뜻입니다. 삼베는 호북성(湖北省)의 특산물이므로, 여기서의 마삼근은 원료인 삼이 아니라 삼베 서 근입니다.

동산 스님이 처음에 운문 스님을 참문하니, 운문 스님이 물었습니다.

"요새 어디서 떠났는가?"

동산 스님이 대답했습니다.

"사도(渣渡)에서 떠났습니다."

"여름은 어디서 지냈는가?"

"호남의 보자(報慈)에서 지냈습니다."

"언제 거기를 떠났는가?"

"작년 8월입니다"

"그대에게 세 방망이를 힘껏 때리리라."

이튿날 대사가 다시 상당하여 문안하고 말했습니다.

"어제 화상의 세 방망이를 맞았는데 허물이 어디에 있는지 모르겠습니다."

"밥 주머니가 강서(江西)와 호남에서 그렇게 했겠구나."

동산 스님이 이 말에 크게 깨달았습니다.

동산 스님이 주지가 된 뒤에 한 납자가 물었습니다.

"외 길이 멀고 멀 때에는 어찌 합니까?"

주지가 대답했습니다.

"날이 개일 때엔 가지 않다가 비가 오기를 기다린다."

"여러 성인들은 어찌 하셨습니까?"

"물에도 들고, 진흙에도 든다."

어떤 비구니가 물었습니다.

"수레는 머물렀는데 소가 머물지 않을 때엔 어떠합니까?"

"수레나 *끄는* 놈을 무엇하겠는가?"

긴 겨울도 봄의 춘풍 앞에서는 맥이 풀리고 냉랭한 대지에 온기도 느끼게 합니다. 이 봄에 자연은 이렇게도 위대할 수 있을까 생각해 봅니다. 아마 대자연에는 권세와 이익을 탐하는 눈이 없고 시기와 질투도 없나 봅니다. 친구나 이웃도 이익을 좇고 권세에 귀기울이기 일 수 입니다. 자연은 인간이 탐하는 세계를 곁눈질 한 번 하지 않습니다. 귀기울이지도 않습니다. 그러므로 대자연은 우리가 가장 믿을 수 있는 친구인 것입니다. 구름 한 조각, 작은 오솔길, 한줄기 햇살, 연못에 쉼 없이 흐르는 계곡의 물줄기, 한 마리 작은 새 울음소리의 가치를 체득하고 음미할 때만이 인간이면서 인간세계를 뛰어넘는 평온의 세계에 영혼이 깃들 수 있습니다.

여태마복(驢胎馬腹)이라는 말이 있습니다. 축생도에 태어나는 것을 비유한 말입니다. 나귀의 몸이나 말의 몸에 잉태가 된다는 말입니다.

사람은 누구나 생각으로는 천상도를 꿈꾸며 발원하지만 실제 삶의 모습은 영 딴판입니다. 생각은 천상도요 행동은 축생도입니다. 생각과 행동이 일치가 된다는 것은 원하는 바가 성취되는 길입니다. 내생의 삶과 이생의 삶의 기준이나 척도가 똑같이 적용된다면 그와 같이 불공평하고 억울한 일이 어디 있겠습니까? 이생의 삶의 결산은 이 세상이 기준이 아니고 저 세상의 기준에 의해 평가되고 결정이 되는 것입니다. 보이는 세계보다 보이지 않는 세계가 더 많은 것을 알아야하며 보이는 세계만 쫓는 사람은 보이지 않는 세계에서 가혹하리만치 냉엄하게 평가 합니다.

"부처란 어떤 것입니까?"라고 물으니 동산 스님은 "지금 내가 입고 있는 삼베옷의 무게는 서 근 일세."라고 대답하고 있습니다. 호북성은 삼을 재배하는 곳이었으므로 쉽게 마삼근이라고 대답했던 것입니다. 선은 이렇게 일상의 일을 말합니다. 이렇게 쉬운 선을 쉬 풀지 못하고 힘에 부친 등짐을 짊어지고 가는 일꾼같이 힘겨워 하는 것은 선이 자신의 내면세계에 곰삭지 않았기 때문입니다. 숨을 들이 쉬고 내쉬는 행위는 분명 엄청난 동작입니다. 그러나 태아에서부터 익혔던 숨쉬기 운동은 운동이라는 생각 없이 당연하다는 듯이 자연스런 행위가 되었습니다. 선이 숨쉬기 운동과 같이 자유로워진다는 것은 이미 선이 나의 생활의 한 부분이 되었다는 말입니다. 창공을 유유히 나르는 새들의 유희에서 인간은 부러움을 사기도 합니다. 날개가 있는 그들도 무한한 반복과 날개 짓에서 인간의 혼을 뺏어가기도 합니다.

동산 스님은 대자유인이며 숨 쉬듯이 행동하고 창공을 나르는 새와 같이 행동했습니다. 대자유인의 삶은 걸림이 없습니다. 눈길이 닿는 곳이 법이 되고 일거수일투족이 법이 됩니다. 대자유인의 생각은 단순하며 행동 또한 단순하기 이를 데 없습니다. 그러나 보통 인간의 생각은 회로가 복잡하고 행동 또한 인위적인 데가 많습니다. 대자유인의 삶은 풀잎의 상쾌한 향기가 물씬나고 지고지순한 소리가 주변을 감싸고 돕니다. 고요 속의 생동하는 생명의 소리를 들을 수 있고 적막은 인간이 느끼는 생각일 뿐 그 속에도 힘찬 역사(役事)가 이루어지고 있음을 발견합니다.

의학에서 특정한 음식물에 대하여 맛을 느끼지 못하는 상태를 미맹(味盲)이라고 합니다. 미맹이 비단 음식물에만 국한된 것이 아니라 개인과 개인간에 이해의 도가 낮은 경우에도 일어날 수 있습니다. 개개인의 삶의 가치기준도 어느 한 가지만을 좇다 보면 여타의 것에 대해서는 그만 미맹이 되고 맙니다. 인간은 어쩔 수 없는 인간일 뿐인 모양입니다. 아인슈타인은 과학의 가장 높은 곳에 우뚝 서 있었지만 그는 그 보다 더 높은 곳이 있음을 시인했습니다. 그는 자기의 과학적 업적에 대하여 백사장의 수많은 모래알 가운데 한 모래알에 지나지 않다고 과소평가 했던 적도 있습니다. 톨스토이는 문학의 가장 높은 곳에 서 있었지만 자신 보다 더 높은 곳이 있음을 확인하였던 것입니다. 위대한 과학자와 위대한 문호는 왜 더 높은 곳이 있음을 시인해야 했을까요? 이러한 시인이야말로 생명을 고양하는 갈망과 높은 곳을 향해 탐구하는 열정을 발전시킬 수 있었기 때문입니다. 인간의 사고의 전환이나 삶의 틀을 바꾸는 데는 아마 미맹이 선택이 아닌 필수인 듯 합니다.

이따금 빛은 어디에서 발산 되는가 반문해 보면 찬란한 빛은 인고의 세월 속에서 발생하는 것입니다. 시상대에 오른 선수의 두 눈에 흐르는 감격의 눈물은 인류의 스포츠사에 빛이 됩니다. 어느 작가의 뒤틀린 어깨를 보고 있노라면 일생을 문인화에 바친 날들이 빛으로 발산되기도 합니다. 작가의 땀과 혼이 베어있는 펜을 보고 있노라면 잠든 인간의 영혼을 일깨운 빛을 발견하게 됩니다. 베살리(Vesali)에 있는 스승을 찾아서 왕사성(Rajagrha)에 있는 스승을 찾아 구법의 행각을 게을리 하지 않았던 싯달타 태자의 구도 정신과 실천의 모습은 어떠했습니까. 파키스탄 라보르 박물관에 소장되어 있는 고행하는 석가모니 부처님의 모습을 보면 수염은 무성하고 머리는 기를대로 길어 산발이 되었으며 피골이 상접할 정도의 여윈 모습에서 인류의 스승으로 빛을 발하고 있습니다.

《금강경》 제14 〈이상적멸분〉에 드넓은 부처님의 마음에 관한 이야기가 있습니다. 가리왕이 부처님의 팔을 잘랐지만 그를 용서하였습니다. 팔이 잘린 뒤에 비로소 아상(我相)과 갖가지 세상의 모습, 즉 갖가지 허세를 두 손으로 받쳐 들지 않을 수 있었다고 말하였습니다. 자신의 팔을 잘라 낸 사람을 너그럽게 받아들일 수 있거나 이처럼 자신을 해친 사람을 용서 할 수 있다면 어떤 것을 너그럽게 받아들이지 못하거나 용서할 수 없겠습니까? 부처님의 자비가 끝이 없다는 것은 아마 무엇보다도 먼저 끝없는 마음을 말하는 것입니다. 《금강경》의 내용과는 달리 생각해 봅시다. 네가 나의 팔을 잘랐다고 분개한 나머지 적개심이 발동하여 가리왕의 한 쪽 팔을 잘라 버렸다면 부처님 또한 복수의 논리에 빠져들었을 것입니다. 이러한 논리를 거부하였기 때문에 부처님의 위대한 영혼은 영원히 인간세상을 감화시키고 빛이 되는 것입니다.

부처님은 파벌 속의 인간이 아니었습니다. 그러나 제자와 문하생들에게서는 파벌이 많이 생겨났습니다. 부처님은 '중생을 널리 구제하라(廣度衆生)'고 말했고, 어느 성자는 '모든 사람을 사랑하라'고 했으며, 어느 성자는 '세계 전체가 모두 형제다'라고 말했습니다. 이것은 모두 파벌을 뛰어 넘으라는 힘찬 메시지입니다. 그러나 종교사를 살펴보면 그들의 문하생들은 오히려 너 죽고 나 살자는 식으로 투쟁하였습니다. 배운 데로 실천한다는 것이 이렇게 어렵다는 사실을 세삼 느끼게 하는 것입니다.

송(頌)

금까마귀 옥토끼가 날고 치닫듯

데격 받은 그 대답 누가 깔보랴

동산에게 부처를 묻다니 병신이구나

꽃과 비단 눈부시다.

남쪽에 대나무 북녘에는 나무숲

문득 떠오른다, 장경과 육대부가

도를 아는 이들이라 웃고 울지 않는다네.

주검에는 가가대소, 부처에겐 마삼근! 이(咦)!

금오급옥토속(金烏急玉兎速)은 해와 달이 바뀌는 것이 빠르듯이 시간이 빨리 흘러 간다는 뜻으로 중국의 전설에 태양속에는 금까마귀가 있고 달 속에는 옥토끼가 있다고 합니다. 그래서 금오는 태양이고, 옥토는 달을 뜻합니다.

장경육대부(長慶陸大夫)에서 육대부란 남전보원(南泉普願) 스님의 법사(法嗣)인 육긍(陸亘)을 말하며 자(字)가 경산(景山)입니다. 장경대안(長慶大安)은 백장회해 스님의 제자이고 육긍대부는 남전보원의 제자입니다. 육긍대부가 스승 남전이 입적했을 때 육긍은 선주(宣州)의 관찰사였습니다. 곧장 남전사로 달려가 통곡하며 애도할 줄 알았더니 관 앞에서 한바탕 크게 웃었습니다. 주지스님이 이 꼴을 보자 노발대발하면서 "자기 스승의 입적에 관 앞에서 가가대소(呵呵大笑)가 무슨 짓이오!"라고 꾸짖었습니다. 그러자 육긍대부는 이번에는 대성 통곡을 하며 "하늘이여! 하늘이여! 우리 스승께서 멀리 떠나셨습니다.(蒼天創天 先師去世遠矣)"라고 소리쳤습니다. 나중에 장경대안 스님이 이 육긍의 행동을 듣고 "육긍대부는 웃기도 하고 울기도 하네(大夫合笑不合笑)"

라고 했다고 합니다. 설두중현 스님은 이 사실을 시적으로 표현하여 "사리(事理)를 이해하는 자라면 그런 경우에는 의당 웃어야 한다. 통곡을 하다니 너무 평범해"하면서 은근히 "부처와 마삼근"을 "죽음과 가가대소"에 대응시킨 것입니다.

이(咦)는 한 숨쉴 이 자(字)입니다. 선문에서는 사가(師家)가 법어나 인도문(引導文)을 말한 뒤, 도저히 글이나 말로 표현할 수 없는 깊은 뜻을 표현하기 위해 쓰는 말입니다. "자, 봐라", "주의하라" 등의 뜻이 있습니다.

'동산 마삼근, 이!' 라고 법사는 메시지를 전합니다. 동산 스님이 입고 있는 삼베옷의 무게는 서 근이라네, 알겠소!

여러분! 언구에 걸리지 마십시오!

麻谷兩處振錫
: 마곡 스님이 석장을 덜그럭 거렸다

원오 선사가 수시하기를, 마음이 흔들리면 망상이 나타나고 깨달았다고 한다면 자유자재의 마음이 얼어 버린다. 그렇게 되면 여우가 굴속에 들어가 버리는 꼴이 된다. 참된 자기를 깨닫고 중생이 본래불(本來佛)이라는 확신을 얻게 되면 가로막는 것이란 티끌만큼도 없게 된다. 그러면 용이 물을 얻은 듯, 호랑이가 산에 의지한 듯이 된다. 그런 인물은 적극적으로 행동하면 기왓장이나 자갈에서도 빛이 나게 하고 또 소극적으로 행동하면 진짜 금도 빛을 잃게 한다. 이런 사람의 입장에서 보면 옛 사람의 공안 따위는 공연한 수작들에 지나지 않는다. 자 말해보라. 본칙에 나오는 이야기는 무엇을 말한 것인지를!

마곡(麻谷) 스님이 석장(錫杖)을 들고 장경(長慶) 스님에게 갔습니다. 방장(方丈)으로 들어가더니 장경 스님이 앉아 있는 선상(禪床) 둘레를 세 번 돌고는 석장을 덜그럭 하고 한 번 흔들어 세우며 뻣뻣이 섰습니다. 그 때 장경 스님이 말했습니다. "됐다, 됐어". 훗날 설두중현 스님은 장경 스님이 "됐다, 됐어"라 한 것을 부정하며 "아, 실수다."라고 평했습니다. 그러자 그때 마곡 스님은 "장경 스님은 됐다고 하셨는데 스님께선 어째서 틀렸다고 하십니까?" 하고 물었더니 남전 스님이 말했습니다. "장경 스님이 됐다고 한 것은 옳다. 하지만 네가 한 짓은 틀렸다. 그렇게 선상을 빙빙 돌거나 석장을 덜그럭 거리는 따위 풍력(風力)으로 돌아가는 짓은 결국 파멸로 끝날 뿐이다."

—《벽암록》제31칙

마곡 스님은 마조도일 스님의 법을 이었고, 산서성 포주(蒲州)의 마곡산에 살았습니다. 스님의 휘는 보철(寶徹)이며 속성은 알 수 없습니다. 《조당집》제15권에 선사의 면면을 볼 수 있습니다.

선사가 행각(行脚)을 할 때에 삼각산(三角山)에 이르니, 삼각 스님이 상당하여 다음과 같이 말했습니다.

"이 일은 눈썹만 까딱해도 벌써 어긋나 버린다."

이에 선사가 물었습니다.

"듣건대 화상께서 말씀하시기를 '이 일은 눈썹만 까딱해도 벌써 어긋나 버린다' 하셨는데, 어떤 것이 이 일입니까?"

삼각 스님이 대답했습니다.

"벌써 어긋났다."

이에 선사가 승상(繩床)을 거꾸로 메고 나가니, 삼각 스님이 때렸습니다.

하루는 단하(丹霞) 스님과 산 구경을 하다가 물속의 고기를 보고 손으로 단하 스님 쪽을 가리키니, 단하 스님이 말했습니다.

"천연(天然)입니다."

이튿날 선사가 다시 물었습니다.

"어제의 그 뜻이 무엇이던가?"

단하가 벌렁 눕는 시늉을 하니, 선사가 말했습니다.

"아이고 하늘이시여, 아이고 하늘이시여."

마곡 스님이 석장을 들고 장경 스님에게 갔다고 했습니다. 석(錫)은 석장(錫杖)을 말합니다. 범어로는 khakkhara이며 명장(鳴杖)이나 성장(聲杖)이라고도 합니다. 인도의 스님들이 산야를 다닐 때 흔들어 울려서 독사나 해충을 쫓았던 도구입니다. 머리 부분은 석제(錫製)나, 탑형(塔型)으로 여러 개의 금속 고리를 붙였습니다. 가운데 부분은 나무, 아랫부분은 어금니뿔로 되어 있습니다. 비구18물(比丘十八物)의 하나이기도 합니다.

마곡 스님은 장경 스님의 선상을 세 번 돌았다는 삼잡(三匝)은 세 번 돎을 말합니다. 돌기는 도는데 어느 방향으로 도느냐가 궁금해집니다. 원래 삼잡은 부처님을 예경하는 작법인데 오른쪽 어깨를 부처님 쪽에 가까이 하여 도는 것입니다. 인도인들은 오른쪽은 정갈하다고 생각하기 때문입니다. 공양물을 받을 때에도 오른손으로 받고 오른손을 이용하여 공양을 합니다. 반면에 왼손은 부정하다고 봅니다. 그래서 좌선을 할 때 수인(手印)도 오른손은 위에 왼손은 아래에 놓기도 합니다.

풍력소전 종성패괴(風力所轉 終成敗壞)라는 표현이 나옵니다. 너의 행동은 풍대(風大)에 움직여짐에 지나지 않다고 남전 스님은 일갈하고 있습니다. 사대분리(四大分離)하여 죽으면 그것으로 끝장이다. 즉 우리의 육체를 구성하는 것은 지·수·화·풍의 4원소인데 선상(禪床)을 돌거나 석장을 흔드는 짓은 그 중 풍대라는 원소의 작용에 지나지 않다고 보았던 것입니다. 그런 것은 절대적 주체가 아니라는 것입니다.

한단지보(邯鄲之步)라는 말이 있습니다. 자기 본분이나 분수를 잊고 공연히 남의 흉내를 내다보면 이것도 저것도 아닌 얼치기가 되고 만다는 것을 비유해서 나온 말입니다.《장자》〈추수편(秋水篇)〉에 나오는 이야기인데 장자의 선배인 위모(魏牟)와 명가(名家 : 논리학자)인 공손용(公孫龍)과의 문답형식으로 된 이야기 가운데, 위모가 공손용을 보고 이렇게 말했습니다.

"당신은 수릉(壽陵 : 연나라 수도)의 젊은 사람이 조나라 서울 한단으로 걸음걸이를 배우러 갔던 이야기를 알고 계시지요. 그 젊은 사람은 아직 조나라 걸음걸이를 다 배우기도 전에 원래 걷고 있던 걸음걸이마저 잊고 설설 기며 겨우 고향으로 돌아갔다지 않습니까?"

조나라는 큰 나라이고, 연나라는 작은 나라였습니다. 한단은 대도시이고, 수릉은 작은 도시였습니다. 그 작은 시골 도시 청년이 대도시를 동경한 나머지 격에 맞지 않는 걸음걸이를 배우려다가, 자기가 걷던

걸음걸이마저 잊고 엉금엉금 기는 시늉을 하며 돌아왔다는 것입니다.

선에서는 모방을 허용하지 않습니다. 살아 숨 쉬려면 독창적이고 항상 생동감이 넘치는 삶이어야 합니다. 꼭 그와 같았다고 하는 말은 공산품에서나 통하는 말입니다. 누가 오른쪽으로 갔다 하여 나도 따라가다 보면 되돌아오기 일쑤이고 계속 고집부리고 가다보면 나락으로 떨어지기도 합니다. 스승의 길을 열심히 따라 가다보면 결국은 스승의 버금가는 사람이 되고 맙니다.

근세 한국불교의 선승으로 수많은 활안 납자를 배출한 만공 스님의 말씀 한 구절이 생각납니다. "나는 너희들이 쓸어놓은 길로는 안 가련다.(我不行汝等掃路)"라는 구절입니다. 견성암 비구니들이 공양 청반(請飯)하기 위해 정해사에 올랐습니다. 견성암으로 내려가 눈길을 말끔히 쓸어놓고 스님을 모시러 와 말했습니다.

"노스님, 눈길을 깨끗이 쓸었습니다. 어서 가시지요."

그런데 만공 스님은 제자리에서 꼼짝도 하지 않았습니다.

재차 "내려가는 눈길을 쓸어 놓았다고요. 어서 가시지요."

그러자 만공 스님은 말했습니다.

"나는 너희들이 쓸어놓은 길로는 안 가련다."

그러자 모시러 간 비구니들이 어리둥절하여 물었습니다.

"그럼 스님께서는 어느 길로 가시겠습니까?"

이에 만공 스님은 딴전을 부리면서 말했습니다.

"너희 절 부처님의 모양이 하얗더구나."

이 짧은 선화에서 알 수 있듯이 평생을 남이 '쓸어 놓은 길'로는 다니지 않던 만공 스님은 우리가 경외하는 스님으로 마음의 귀의처로 자리하고 있습니다.

선사들은 항시 "남의 활은 당기지 말고 남의 말을 타지마라.(他弓莫挽 他馬莫騎)"고 가르치고 있습니다.

소동파의 시구가 생각나는 봄입니다. 소동파는 선비이면서 도교와 불교에 조예가 깊은 시인이었습니다. 특히 자연을 사랑하는 가운데 인생의 허무를 내다보는 그의 시는 말이 지닌 이상의 깊은 뜻과 맑은 향기를 풍기고 있습니다.

春宵一刻値千金

花有淸香月有陰

歌管樓臺聲細細

鞦韆院落夜沈沈

봄밤의 한 시각은 값이 천금

꽃에는 맑은 향기가 있고 달에는 그늘이 있다.

노래와 피리의 누대는 소리가 가늘고 또 가늘어

그네 뛰던 안뜰에는 밤이 깊고 또 깊다.

〈춘야(春夜)〉라는 칠언절구의 시에서 봄밤은 한 시각이 천금을 주어도 아깝지 않은 즐거운 시간이고, 꽃은 그윽한 향기를 풍기고, 달은 얼굴을 발사이로 몽롱하게 지켜보고 있구나. 누각에서 피리소리와 노랫소리가 멀리 가느다랗게 들려오고, 그네를 뛰며 즐기던 안마당에는 소리 없이 밤만 자꾸 깊어간다는 내용입니다. 시가 유명해지자 '춘소일각치천금'은 마침 얻게 된 즐거운 시간을 아끼는 뜻으로 쓰이고, 시간을 보람 있게 즐겁게 보내자는 말로도 쓰이고 있습니다.

선조 때 문과에 급제하여 뒤에 형조판서를 지냈던 허균(許筠, 1569~1618)은 사우제기(四友齋記)에서 '내가 사랑하는 이는 진나라 처사 도연명이고 그 다음이 당나라 한림 이태백이다. 또 그 다음은 송나라 학사 소동파라고 열거하고 있습니다. 소동파는 허심탄회하여 남과 경계를 두지 않았으므로 현명한 사람이나 어리석은 사람, 귀한이나 천한 이를 가리지 않고 모두 더불어 즐기니, 유하혜가 자기의 덕을 감추고 세속을 좇는 풍모와 같은 데가 있다고 하였습니다. 내가 본받으려 하나 아직은 그리 되지 못하고 있다'고 쓰고 있습니다.

앞에 열거한 세 분의 군자는 문장이 천고에 떨쳐 빛나지만 문장은 그들에게 취미 정도에 지나지 않았고, 내가 취하는 바는 그들의 인품에 있지, 그들의 문장에 있는 것이 아니라고 하였습니다.

송(頌)

마곡의 소행을 보고 장경은 됐다고 하고 남전은 안됐다고 했는데

이것도 저것도 모두 잘못일세.

그런자의 소행을 놓고 이러쿵저러쿵할 것 없단 말이네.

사해가 고요하고 백천(百川)이 잔잔하니 천하태평을 노래하세.

고금을 통해 우뚝 세운 열 두 고리의 석장은

그대로 천상천하유아독존의 자성(自性)이니

열 두 고리마다 휑하니 드넓은 길이 열려 있네,

휑하니 드넓다고 결코 쓸쓸하지는 않다네,

저 마곡 같은 자가 멋대로 가서 광기(狂氣)가 낫는 약을 구해야 할 걸세.

송의 내용 가운데 고책풍고(古策風高)가 있습니다. 채찍 책(策)자는 석장을 말함이며 본래 지팡이의 뜻이 있기도 합니다. 고책은 예부터 전해져 내려오는 석장으로 우리가 지니고 태어난 본성적인 주장(拄杖)이란 먼 옛날부터 있어 온 것이란 뜻이고 풍고는 고고(孤高)하고 고대(高大)함을 뜻합니다.

십이문은 석장에는 열 두 개의 고리가 달려 있는데 12인연을 뜻하며 이것은 우리가 태어날 때부터 지녀온 천상천하유아독존의 자성을 말하며 고금을 통해 이것은 높다랗게 돋보이는 것입니다.

비단 봄의 향연에 주빈인 꽃이 아니라 해도 우리는 아름답다는 말을 곧잘 쓰고 있습니다. 인고의 세월을 견디고 피어나는 매화의 향기에서 잎보다 꽃을 서둘러 선 보이는 개나리의 노오란 꽃술에서도 봄의 체취를 흠뻑 느끼게 됩니다. 그러면 아름다운 영혼은 깊음에 속하는 것일까? 아니면 얕음에 속하는 것일까? 갓난아기의 마음은 깊지 않지만 아름답고 티가 없습니다. 낯선 어린 아기의 얼굴을 대면하면 이쪽도 웃지만 그쪽도 스스럼없이 웃기 마련입니다. 갓난아기의 마음이 깊지 않음은 천박하다는 뜻은 아닙니다. 깊지 않다는 것은 사량 분별심이 고도화 되지 않았다는 말입니다. 부처님의 마음도 어린이의 마음같이 깊은 마음이 아니었습니다. 공양물을 받으실 때에도 친소에 개의치 않고 받으셨고 분별하지 않으셨다는 말입니다. 선사의 경우도 매한가지로 일거수일투족이 법 아님이 없으셨던 것입니다. 인위적인 것이 불편해 보이듯이 깊은 마음에서 나온 행동은 거추장스럽기 일수입니다. 우리 현대인이 문명의 이기를 한껏 누리고 살면서도 질박한 것에 대한 향수에 젖어드는 것은 어린 시절의 꾸밈없던 날들에 대한 동경에서가 아니겠습니까?

모략가의 마음은 아주 깊습니다만 정말 두렵기 그지없습니다. 영혼은 깊은 것보다 얕은 것이 값지지만 두뇌는 깊은 것이 좋을 듯합니다. 깊은 두뇌는 인류의 삶을 윤택하게 합니다. 젠너가 그렇고 에디슨과 아인슈타인과 뉴턴의 삶이 인류의 삶의 질을 높여 놓았습니다.

인간 사회에는 빈부의 차이가 있기 마련입니다. 그 빈부가 영혼의 깊이를 측정하는 바로미터가 될 수 없듯이 아무리 빈천하다 하더라도 자신의 인격을 팔지 않으면 그 사람의 인격이 고매하다고 합니다. 지위가 높고 가진 것이 많다고 하더라도 물질이나 더 높은 지위 앞에서 자신을 저버리는 사람의 행위를 보고 마음이 내키지 않아 외면해 버리는 경우가 있습니다. 이런 상황을 보고 있노라면 전자의 삶보다 후자의 삶이 초라하게 보이는 것을 어찌하겠습니까.

책의 언어도 있지만 행위의 언어도 있습니다. 책의 언어보다 행위의 언어가 인간의 마음을 감동시키고 뒤흔들기도 합니다. 성인들의 삶의 모습을 보십시오. 부처님께서 길에서 나시고 길을 가다가 길에서 열반에 드신 일생의 모습은 그 어디에서도 찾아볼 수 없는 행위의 향기 그 자체가 아니겠습니까. 그렇습니다. 그러기에 부처님의 삶은 우리에게 쇠락하지 않고 영원한 향기를 머금고 잠자는 영혼을 일깨웁니다. 생성된 그 무엇도 영원하지 못합니다. 소멸한다는 것이지요. 그러나 부처님의 행위의 언어는 청사에 길이길이 여울져 가슴속에 자리하고 있습니다.

현대인은 한 이불 속에서도 다른 꿈을 꾸는 경우가 많습니다. 한 이불 속에서 다른 꿈을 꾼다는 것은 몸만이 통하는 것입니다. 다른 꿈이란 이상이 같고 가치 추구가 같고 지향하는 바가 각기 다르다는 것입니다. 서로 영혼이 소통하기란 매우 힘들다는 말입니다. 영혼은 영영 다른 세계를 꿈꾸며 살고 있습니다. 백년해로나 일편단심이란 사전에서나 볼 수 있는 단어가 되어가고 있습니다. 만물의 영장이라는 인간은 스스로 그 영역을 허물어가고 있지나 않는지 반문해봅니다. 언젠가 인간은 그저 먹고 배출하는 동물의 범주에서 벗어나기란 어렵지 않을까 작은 우려를 해봅니다.

부처님이 위대한 까닭은 다른데 있지 않습니다. 인재를 소중하게 여겼다는 것입니다. 뿐만 아니라 인재가 아닌 사람도 소중히 여겼으며, 일체중생을 평등하게 대했습니다. 마침내 일체중생실유불성이라는 말로 가르치고 있습니다. 모든 생명 있는 것들은 모두 깨달을 수 있는 씨앗을 지니고 있다는 말입니다. 부처님과 같은 생명 존귀사상은 출행 시에 석장을 들고 덜그렁 거림으로써 미물하나라도 발 밑에서 신음하지 않게 하려는 사려 깊은 배려가 따랐던 것입니다.

상대를 보면 배려보다 경계심이 앞서고 이해보다 타산이 앞서는 현대인의 모습에서 마곡 스님의 석장을 음미해보면 좋겠습니다.

金剛經 罪業消滅
: 금강경의 모든 죄가 소멸된다

원오 선사가 수시하기를 집어 들기도 하며 내버리기도 하며 자유자재로 활동할 수 있다 해도 아직 솜씨 있는 선자(禪者)라 할 수는 없다. 또 하나를 보면 셋을 아는 영리한 자라 하더라도 아직 선을 터득했다고 할 수가 없다. 천지를 갑자기 뒤덮고 온 세상을 사로잡을 말을 하며 우레같이 달리고 번개처럼 치달으며 구름인양 내딛고 빗발같이 퍼부어서 못을 기울이고 산을 쓰러뜨리며 항아리 물을 쏟아 놓고 동이를 쓰러뜨리는 재주가 있다 해도 그 정도로는 아직 선의 반도 터득했다고 할 수가 없다. 그럼 과연 하늘의 관문(關門)을 돌려 열 줄 알고 지축(地軸)을 옮겨놓을 만한 역량을 지닌 자가 있느냐?

《금강경》에 말하기를 "《금강경》 같은 경을 믿고 독송했다 하여 남에게서 멸시를 당했다면 그것은 그 사람이 전생에서 지은 죄 때문에 의당 지옥에 떨어질 처지였기 때문인 것이다. 지금 세상에서

《금강경》을 지니고 다닌다 해서 멸시를 받는 것으로써 전생의 죄는
모두 말끔히 없어지고 마는 것이다."고 하고 있다.

—《벽암록》제97칙

《금강경》제 16 〈능정업장분(能淨業障分)〉에 나오는 내용의 글을 그
대로 공안으로 삼았습니다.《금강경》은 본래 무아상(無我相), 무인상(無
人相)의 진리를 가르치는 글입니다. 언제나 무상의 상(相)을 상으로 삼
고, 무념의 념(念)을 념으로 안다면 죄업의 조그만 그림자 하나 깃들지
않고 말끔히 사라져 버린다는 것입니다. 왜냐하면 본래 무아이기 때문
입니다.

"다음으로 수보리야, 선남자 선여인이 금생에 이 경전을 수지독송
하였는데도 다른 사람에게 업신여김과 천대를 받는다면 이 사람은 전
생에 지은 죄업 때문에 응당 삼악도에 떨어져야 하겠지만, 지금 세상
사람들에게서 업신여김과 천대를 받았기 때문에 전생에 지었던 죄업
들이 바로 소멸하고 그는 앞으로 아뇩다라삼먁삼보리를 얻게 되리라."

여기에서 반야는 모든 고통과 번뇌의 장애로부터 벗어나는 이익이
있음을 찬탄하고 있습니다. 단지 죄를 소멸할 뿐만 아니라 수승한 불
과(佛果)까지 얻는다고 하였습니다.

어떤 중생이 인과의 이치를 모르고 과거 생에 극악한 일을 행하였
다면 그는 응당 오는 세상엔 고통으로 가득 찬 삼악도에 떨어져서 한
없는 고통을 받아야만 하는 것입니다. 그러나 다행히도 그가 어떤 선

근에 의해서 《금강경》을 만나서 지극한 마음으로 수지독송한다면 지혜의 힘이 나타나서 그가 지었던 과거생의 죄업을 소멸하게 된다는 것입니다. 이윽고 현생에서 다른 사람에게 업신여김과 천대를 받았기 때문에 그 결과 과거의 죄업을 보상하고 다시는 삼악도에 떨어지지 않게 되는 것입니다.

바로 이것은 엄청난 죄업이 전환되어 새털같이 가벼워지는 것입니다. 《금강경》을 수지 독송하여 아상, 인상, 중생상, 수자상이라는 사상을 모두 없애면 무명번뇌의 장애가 다하게 되고, 업의 장애가 다하며 삼악도에 떨어지지 않게 되니 괴로움의 과보 또한 다한 것이 됩니다.

"수보리야, 나는 기억해 보았더니 과거 한량없는 아승지겁에 연등 부처님 앞에서 팔백사천 나유타나 되는 모든 부처님을 만나서 그 모든 부처님들께 빠짐없이 공양 올리고 받들어 섬기면서 한 부처님도 부질없이 지나치는 일이 없었다.

가령 다시 어떤 사람이 후말세에 이 경전을 수지독송할 수만 있다면 그가 얻은 공덕은 과거에 내가 모든 부처님들께 공양 올렸던 공덕 정도로는 백분의 일에도 미치지 못하며, 천만억분의 일 내지는 산수나 비유로써는 도달하지 못한다.

수보리야, 가령 선남자 선여인이 후말세에 이 경전을 수지독송하고 그가 얻은 공덕을 내가 만일 빠짐없이 갖추어서 말한다면 혹은 어떤 사람이 그 말을 들으면 마음에 광란을 일으켜 의심하면서 믿지를 않으

리라. 마땅히 알아라. 이 경전의 의미는 불가사의하며 과보 또한 불가
사의하다는 것을."

　여기에서는 반야의 이치를 깨달은 사람은 어떠한가를 가르치고 있
습니다. 반야의 이치를 깨달으면 부처님 집안에 태어나 세세생생토록
영원히 부처의 경지에서 떠나지 않는다고 찬탄을 하고 있습니다. 그러
기에 이 반야의 공덕이 가장 수승한 것입니다. 후세의 말법시대에 이
법을 믿을 수 있는 중생이 있다면 그 공덕이 불가사의하므로 그 과보
또한 불가사의하기 때문이라고 합니다.

　불교에서는 아집(我執)을 없애야 한다고 합니다. 아집이라는 말 속
에는 인아집과 법아집을 합해서 하는 말입니다. 그러나 이 두 집착은
모두가 육진(육경과 동일한 말. 색성향미촉법. 사람 몸에 들어 본래의 맑은 마음을
더럽히기 때문에 티끌 진(塵)이라고 한다) 경계로 드러난 거친 모습을 집착하
고 있습니다. 때문에 대승법에서 발심하였으나 아직은 반야의 실제인
반야의 이치를 깨닫지 못한 자의 의심을 타파하여 '제도할 만한 중생
이 따로 있다는 견해를 갖지 않는다'는 의미를 나타내고 있습니다.

　아집에는 분별아집과 구생아집이 있습니다. 분별아집(分別我執)은
현재 의식인 제6식으로 인식하기 쉽게 드러나 있습니다. 그러나 구생
아집(俱生我執)은 현재의식의 인식으로는 인식하기 어려운 지극히 미세
한 잠재의식인 제7말라식에서 일으킵니다.

　세상을 살다보면 어느 경우에 이해관계에 얽혀 따지는 경우도 있
고 시비에 말려 시시비비를 가리게도 됩니다. 그러다 보면 당연히 목

청이 높아지기도 하고 핏대가 서기도 합니다. 여기서 더 나가면 이성을 잃고 사안과는 영 딴판으로 흘러가기도 합니다. 면전에서 상대의 기분이나 감정의 척도를 능히 감지할 수 있는데 이리한 상태가 분별아집이라 하겠습니다. 그런가 하면 격한 감정을 억제해가며 결별선언까지 합니다. 일이 종결되었다는 의미가 아니고 후에 두고 보자는 뜻입니다. 기기묘묘한 술수를 써서 다음에 분풀이를 해야겠다는 다짐을 하기도 합니다. 이것이 바로 구생아집입니다. 겉으로는 전혀 드러나지 않지만 내면세계의 곳곳에는 가시가 도사리고 있습니다. 내면세계의 것들은 육안으로 보이지 않습니다. 마치 주파수가 공중에 무수히 떠돌아다니지만 보이지 않듯이 비단 육안으로 드러나지 않았다 해도 어느 경우에 다른 형태로 나타나기를 봄에 솟아나는 새싹과도 같이 어느 날 불쑥 드러나기도 하고, 쏜살같이 금세 눈 앞에 닥치기도 합니다.

보이는 세계의 현상보다 보이지 않는 세계의 묘용이 엄청난 작용을 합니다. 질병은 보이지 않는 세계의 산물이므로 병이 보이는 세계의 작용들이었다면 어느 누가 병에 걸려 고생하겠습니까? 만약 보였다면 호미로도 막아보고 안 되면 가래로도 막았으련만 말입니다. 세상은 보이는 세계보다 보이지 않는 세계가 훨씬 넓고 많다는 것을 여러 형태나 언어로 가르치고 있습니다.

농부가 봄에 씨앗을 뿌리기 위해 땅을 갈기도 하고 개간하기도 합니다. 만일 농부가 게으름을 피우다 그만 시기를 놓쳐 파종시기를 실기했다면 가을이 되어도 수확은 기대할 수 없습니다. 남의 논밭에 익어가는 곡물을 보고 지난 날의 게으름을 한탄만 한들 무슨 소득이 있겠습니까.

한 사람의 허황된 행동을 보고 '저 사람 의식이 있는 거야'라고 말하기도 합니다. 의식의 세계는 도덕률에 의한 세계가 아닐까 합니다. 사회질서를 유지하고 경로효친 사상이 배어있으며 그러기에 노약자를 보면 손을 내밀어 부축해주기도 합니다. 무의식의 세계도 의식의 세계와 별반 다를 바 없다고 봅니다. 참회의 말이나 참회의 눈물을 흘리는 광경을 보는 경우가 더러 있습니다. 그 주인공은 잃어버린 자아를 되찾은 것입니다. 본인은 상대와 싸웠던 것이 아니고 아마 예전에 있었던 좋지 않았던 상황을 기억해가며 기억과 싸우고 있는 것입니다. 기억이 되살아 날 적마다 불에 기름을 끼얹듯이 걷잡을 수 없는 흥분의 도가니에 빠져 들곤 합니다. 초의식을 개발해야 합니다. 초의식은 누구나 원하지만 쉬 얻을 수 있거나 경험하기가 쉽지 않습니다. 진주나 다이아몬드는 인간이 귀히 여깁니다. 어디에나 없기 때문이 아닐까요. 값진 물건을 얻으려면 많은 값을 치러야만 얻을 수 있습니다. 그러나 초의식의 경우는 얻는 방법이 간단합니다. 부처님 말씀대로 사는 것입니다. 성전에서 초·향 공양 올리고 기도하는 동안에 그 곱고 순결하고 티없던 마음이 산문밖에 발을 디디면 이내 중생심으로 물들고 맙니다. 경을 읽을 때 마음, 부처님 전에서 합장할 때의 마음, 이 봄에 꽃송이에 눈길이 머물렀을 때의 마음을 지속시켜 나갈 수 있다면 우리는 이미 초의식 속에 살고 있는 것입니다.

자연은 모든 것을 지니고 살지 않습니다. 자연은 모든 것을 놓고 살아갑니다. 눈에 보이고 좋아 보이는 것이 다 지니고 싶은 대상들이라면 무거워서 어떻게 살겠습니까. 창가에 벚꽃의 흰 꽃부리가 춤추며 날아옵니다. 아름다움을 전하다가 마지막 순간에 그 아름다운 자태마저 분해하여 먼 창에까지 아름다움을 선사하다니……, 자연! 그대는 정녕 인간의 영원한 스승으로 말이 아닌 행으로 가르치고 있는가!

우주의 기운이 모여 꽃송이를 만들었고 저 연약한 꽃잎은 에너지를 발산하여 다음 생명체를 잉태하기 위해 영혼을 불사를 것이 아닌가.

예전에 서양의 점성학에서 두 개의 유파가 있었습니다. 그 하나는 인간 세상의 모든 일은 '미리 정해져 있다'는 것입니다. 행성이 보여주는 하늘의 현상들을 나중에 필연적으로 발생할 사건에 대한 예고라고 주장하는 사람들입니다. 아마 '만사예정파'라고 부를 수 있습니다. 다른 하나는 인간 세상의 모든 일들 가운데 일부만 미리 정해져 있는 것이라고 합니다. 나머지는 그렇게 정해진 것이 아니기 때문에 인간이 미래를 통제할 수 있는 최소한의 여지가 있다고 주장하는 이들입니다. 이들을 '비예정파'라고 할 수 있습니다. 이런 비숙명론적 관점으로 말미암아 인간의 주관적 노력의 유효성은 적극적인 인생관으로 이끌어지기 쉬울 것입니다. 고대 동양의 점성가들은 '모든 일이 미리 정해졌다'는 관점은 거의 가져본 적이 없습니다. '하늘과 사람이 감응한다'는 것을 굳게 믿어 숙명론적 관점은 설 자리가 아주 좁아졌던 것입니다.

불교는 당연히 비예정파의 입장을 따릅니다. 세상 만물이 만사예정파의 견해에 집착하면 어찌 되겠습니까. 신분상승도 없고 일할 것도 없고 그저 해가 뜨고 지는 모습 속에 인간은 꼭두각시 마냥 연출만 하고 있을 것입니다. 옥이 옥이 되기 전에는 벽(璧)이라고 하는 볼품없고 거칠기 그지 없는 채석장의 돌덩이에 지나지 않았습니다. 그 돌덩이를 다듬고 갈고 깎아냄으로서 누구나 지니고 싶은 옥으로 탄생되는 것입니다. 한 인간의 삶도 마찬가지로 노력하지 않으면 쓸모없는 사람으로 전락하고 말지만 부단한 노력은 그에게 미래를 보장하게 됩니다. 생명력이 강하다는 회향목이나 사철나무의 경우에도 열악한 박토에 심어 놓고 수분까지 없다면 영 견디지 못하고 생명을 잃고 마는 것입니다. 인간의 변신에 몸짓은 처음에는 어설프고 가련하기까지 하지만 그러나 반복하여 향상된 삶으로의 노력은 아름다운 자태로 바뀌게 마련입니다.

죄 많은 땅위의 중심에 서 있는 불쌍한 영혼이여.
육욕의 반란군에 제압되었다.
어째서 너는 외벽을 사치스럽게 장식하면서
안쪽에서는 마르고 쇠약해져 굶주림에 괴로워하는가?
— 셰익스피어, 《소네트》 146편

대문호 셰익스피어는 인간 내면세계의 황폐함을 여실히 지적하고 있습니다. 보통 인간은 항상 외벽을 사치스럽게 장식하려고 합니다. 안

쪽이야 누가 보겠느냐는 것입니다. 안쪽이 부실하고 쇠약해지면 신경 써서 치장했던 외벽도 지탱될 수 없습니다. 인간이 부유해져도 어리석음을 떨쳐버리지 못함은 무엇 때문입니까? 외벽만 단속하고 내벽은 그냥 그대로 놔 두었기 때문입니다. 부와 인간의 삶의 질이 비례하지 못하는 것도 이 때문입니다.

예전에 소달구지를 보면 바퀴가 크고 그 겉에는 얇은 쇠로 바퀴를 씌워 썼습니다. 비포장도로를 지나는 모습을 보고 있노라면 자갈이 튀어 나가기도 하고, 자갈은 쇠바퀴에 뽀얀 속살을 드러내며 부서져 나옵니다. 일의 능률이 오르지 않자 고무타이어로 바퀴를 바꾸게 되었습니다. 당연히 많은 짐을 싣고도 빠른 시간에 목적지에 당도하기도 하였습니다. 저항을 줄였다는 말입니다. 깊은 우물물을 긷는데도 장대를 넣어 길어 올리려면 힘이 들고 물이 엎질러져 손실이 크게 됩니다. 도르래를 이용하면 힘도 덜 들고 물도 손실이 적어집니다. 저항을 줄이기 위해 자동차 바퀴에는 베어링 장치를 합니다. 문명의 손길에는 편안함이 따르기 마련입니다.

인간이 겪는 저항은 불안, 초조, 망설임, 육체적·정신적 궁핍 상태로 내몰리고 있습니다. 인생은 주문하면 금방 나오는 햄버거와 같지 않습니다. 햄버거와 같이 주문하는 족족 나오는 것이라면 인생살이를 누가 고단하다 하겠습니까. 인생은 쉬 풀 수 없는 퍼즐게임이라고 해야 맞는 말인 듯 합니다. 그러기에 닦고 닦아야 합니다. 영혼을 닦아야 합니다.

부처님의 삶은 참 위대하기 그지 없으며 일생동안 영혼 마케팅을 하였고 종족을 가리지도 않았으며 지역을 분별하지도 않았습니다. 패거리를 지어 집단을 형성해가지도 않았고 오직 빈약한 영혼의 방랑자를 제일 먼저 챙기셨습니다. 그들에게 구원의 손길을 살포시 내밀었던 것입니다. '외부를 바라보는 자는 꿈을 꾸고, 내면을 바라보는 자는 깨어난다.'고 칼 융은 말했습니다. 부도 권세도 다 누렸다 해도 내면을 바라보기란 어렵습니다. 가르침대로 배우고 실천하는 길 밖에 없습니다. 영혼에 참 빗질을 합시다. 그러면 영혼은 정제될 것이며 영혼은 질서를 알게 될 것입니다. 그리고 영혼은 우리 삶의 질을 한층 더 고매하게 높여 놓을 것입니다.

송(頌)

손바닥에 있다네
금강경의 밝은 구슬
누군들 공(功)있으면 선뜻 내어 주련만
어중이 떠중이들 그런 자 하나 없네.
악마인들 어쩌랴 이것 저것 다 없으니
석가여, 아 석가여 구슬 든 날 아는가?
암 알지, 알고 말고.

大隋劫火洞然
: 대수 스님의 겁화통연

원오 선사가 수시하기를 물고기가 헤엄치면 물이 흐려지고 새가 날면 깃털이 떨어진다. 이렇듯 평범한 사실을 세상 사람들은 알지 못한다. 주인과 손님을 확실하게 분별하고 흑과 백을 환히 나누어 본다면 바로 맑은 거울에 사물이 비치듯이 진상을 있는 그대로 보고 손바닥 안에 야광주가 있듯이 원전자재(圓轉自在) 구르게 되어 한인(漢人)도 호인(胡人)도 다 비치고 소리나 빛깔로 야광주의 진짜를 알아낸다. 자, 말해 보라. 어찌해서 그렇게 되는지를!

한 납자가 대수법진 스님에게 물었다. "이 세계의 종말이 와서 겁화가 일어나 삼천대천세계의 모든 것이 파멸될 때 이것, 즉 영원 불멸의 불성은 어떻게 될까요? 파멸됩니까, 안 됩니까?"

대수 스님이 대답했습니다. "그야 파멸되지." 납자가 "불성만은 영원 불멸이라 믿었는데도 객관세계를 따라 함께 파멸되어 없어집니까?" 하고 다시 묻자, 대수 스님이 대답했습니다. "암, 세계와 함께 파멸되어 버리는지를!"

—《벽암록》 제29칙

　대수(大隋)란 사천성 성도에 있는 절 이름입니다. 법진(法眞)은 장경대안의 법사(法嗣)이며 대안은 백장회해의 제자이므로 대수법진은 백장 스님의 법손이 됩니다. 대수법진 스님은 사천성 동주부(潼州府) 염정현에서 태어났고 속성은 왕씨입니다. 어려서 혜의사(慧義寺)에 들어가 출가한 뒤, 운수 행각을 떠나 약산(藥山)·운암(雲巖)·도오(道吾)·동산(洞山) 스님 등 60여 명의 선지식을 친견한 뒤 대위산에 이르러 대안 스님 밑에서 깨달음을 얻었습니다. 그 후 천하의 명산을 순례한 뒤 고향으로 돌아가 서촉(西蜀) 천팽(天彭)의 용회사에 3년 동안 머물다가 후산(後山)의 한 고원(古院)을 발견하여, 거기 큰 나무 밑동에 커다란 공동(空洞)이 있고 그것이 저절로 암실처럼 되어 있어 기꺼이 거기 들어가 살기 시작하였습니다. 그리고 산 이름을 대수라고 붙였습니다. 당시 사람들은 그를 목선암주(木禪庵主)라 부르며 그를 따라 모여들어 이윽고 3백명의 대중이 되자 그의 이름은 널리 알려지게 되었던 것입니다. 촉왕(蜀王)이 그를 갖가지로 불러들이려 했으나 끝내 받아들이지 않고 그 곳을 떠나지 않았다고 합니다. 왕은 자의(紫衣)를 보내왔고, 법호를 신조(神照) 대사라고 하사하였습니다. 그는 오대(五代)인 후량(後梁)의 끝 임금대인 정명(貞明) 5년(919)에 86세로 적멸하였습니다.

《조당집》제 19권에서 대수 스님의 면모를 살펴볼 수 있습니다.

어떤 스님에게 물었습니다.

"어디로 가려는가?"

스님이 대답했습니다.

"아미산(峨嵋山)에 가서 보현 보살께 예배를 드리려 합니다."

대수 선사가 불자를 들어 세우면서 말했습니다.

"문수와 보현이 모두 이 속에 있느니라."

스님이 원상(圓相)을 그려 뒤로 던지는 시늉을 하니, 선사가 시자를 불렀습니다. 시자가 대답하자, 다음과 같이 말했습니다.

"차 한 잔을 달여다가 이 스님에게 주어라."

한번은 선사가 세상을 뜰 즈음에 입이 비뚤어지는 병을 앓았습니다. 선사가 대중을 모으게 하고는 법상에 올라 다음과 같이 말했습니다.

"누가 나의 병을 고쳐 주겠는가? 고칠 수 있으면 나오라."

두세 번 물어도 대답하는 이가 없자, 선사가 대답하였습니다.

"아무도 고칠 줄 아는 이가 없으니, 내 스스로 고치리라."

선사가 마침내 당신의 손으로 입을 밀어 바로잡고 이내 열반에 들었습니다.

겁화통연대천구괴(劫火洞然大千俱壞)라는 말이 있습니다. '겁화가 일어나 삼천대천세계의 모든 것이 파멸될 때 영원 불멸의 불성은 어떻게 될까요?'라는 말입니다. 겁은 겁파(kalpa)의 약자입니다. 바라문교에서는 범천왕의 하루에 해당하고, 인간세계의 시간 단위로는 43억 2천만년에 해당되며 무한한 시간을 뜻합니다. 인도의 옛 세계관에 의하면 이 세상은 성·주·괴·공의 변화를 되풀이한다 하였습니다. 성(成)은 사물이 성립되었다는 말입니다. 생성을 뜻하며, 사물이 생성되면 한동안 그 현상을 유지하는데 그것이 주(住)입니다. 이윽고 낡아져서 무너져버리고, 무너져버리면 본래의 공으로 돌아가 버리며 모든 것은 이 성·주·괴·공의 사이클 속에서 되풀이한다고 생각되었던 것입니다. 그 중 주겁(住劫)을 파괴하며 괴겁(壞劫)을 생성하는 원동력인 화(火)·수(水)·풍(風)의 삼재(三災) 가운데 화재를 여기서 겁화라고 한 것입니다. 물론 수재나 풍재도 여기에 포함되어 있습니다. 괴겁이 되면 먼저 대풍(大風)이 불고 대수가 넘치며 아울러 일곱 개의 태양이 나타나 그 열로 온 세계가 타서 없어진다고 합니다.

남송시대의 시인 육유(陸游, 1125~1210)의 시가 있습니다.

산 서쪽 마을로 나들이가다(游山西村)

산첩첩 물겹겹이라 길이 없는 줄 알았는데
버드나무 그늘의 환한 꽃처럼 마을 하나 또 있구나.
山重水複疑無路
柳暗花明又一村

　내가 오르는 인왕산 길에는 산 첩첩 물 겹겹은 아니라 해도 진달래 분홍 꽃을 송림이 가려도 나를 반겨 맞아주고 계곡의 벚꽃은 자태를 뽐내고 길손을 맞습니다. 꽃 숲인가 아니면 어느 가련한 여인의 손끝이 만들어 낸 카펫 한 장을 펼쳐 놓았는가. 어느 누구의 눈길을 한번 마주하지 않았다 해도 꽃은 자기의 본분을 다하고 조악한 오솔길에 몸을 던지는가. 물 또한 풍족하지 않습니다. 돌산의 특징이라고 풀이해야 할런지도 모릅니다. 그러나 물가에 사는 작고 귀여운 요정 스프라이트(sprite)는 있음직합니다. 쉼없이 흐르는 유수가 더 보고 싶어 작은 연못을 마련했으니 말입니다. 귀여운 요정은 밤낮을 가리지 않고 나에게 메시지를 전할 것입니다. 그러나 의식의 한계는 메시지를 읽기에 너무 초라합니다. 우리 주변에서 천 오백만 비트(bit)가 발생하고 있지만 우리 의식은 고작해 봐야 15비트만 의식할 수 있다니 말입니다. 그러기에 쇼펜하우어(Schopenhauer, 1788~1860)는 인간은 누구나 자기 상상력의 한계를 세상의 한계라고 생각한다고 말했습니다.

　우리는 이미 소크라테스의 유명한 통찰을 기억하고 있습니다. "너 자신을 알아라." 기억은 잘하고 있지만 자기 자신을 알고 행하는 사람은 극히 드문 듯합니다. 진정 자신을 알고 행하는 자가 많은 세상이라면 법이 필요없을 것이며 간단한 도덕률에 의해 세상은 풍요롭게 될 것입니다. 창공을 나는 새떼를 봅니다. 저 무리들은 법을 배우지 않았으련만 질서를 알고 상하를 구분할 줄도 압니다. 안항(雁行)은 기러기의 행렬이란 뜻입니다만 그 안항에서 만물의 영장이라는 인간은 질서를 배우게 됩니다.

"의사들이여, 너 자신부터 고쳐라.(Physicians, heal thyself!)"라는 말이 있습니다. 남의 허물이나 잘못을 지적하고 고치기 이전에 자신부터 돌아보라는 언명일 것입니다. 인간은 안보다 밖을 더 잘 보는 속성이 있는 듯합니다. 그러기에 '누구누구가 어떻더라' 라고 쉽게 말하는 것입니다. 나는 이러이러한 점이 고치기가 어렵다고 속내를 드러내는 경우는 아주 드뭅니다. 소유의 문제에서도 나의 것은 작고 상대의 것은 크게 보이는 것도 인간이 떨치기 어려운 소유욕의 발동에서 생긴 문제가 아닐까 합니다.

허공은 메아리를 수용해 주며 텅 빔은 만물을 받아주고 순수는 온갖 물감을 받아들입니다. 자신을 알면 대 자유를 얻게 됩니다. 자유! 자유! 왜 이렇게 부자연스러울까 자신에게 묻고 개탄합니다만, 누구 하나 개탄하고 있는 자신을 속박하지는 않았습니다. 스스로 오랏줄을 가져다 묶고 속박당한 것입니다. 자유는 허공이요, 텅 빔이요, 순수입니다. 올되는 것을 부러워합니다만 그럴 것도 없습니다. 부지런을 떨며 일찍 핀 꽃송이가 영하의 기온을 견디지 못하고 그냥 시들어 흐느적거리고 말았습니다. 다른 동료 꽃송이는 꽃봉오리만 맺고 있다가 온화한 날씨에 활짝 꽃을 피웠습니다. 시든 꽃에게 빨리빨리는 상춘(賞春)의 의미를 상실하고 말았습니다.

어행수탁(魚行水濁)이고 조비모락(鳥飛毛落)이라고 했습니다. 물고기가 지나가면 물이 흐려지고 새가 날면 깃털이 떨어진다는 말입니다.

무형무상(無形無相)의 우리 마음의 움직임이 아무리 미묘한 것이라도 반드시 어딘가에 자국이 남는다는 것입니다.

언제부터인지 모르겠으나 머리에 자주 연상되는 단어가 있습니다. 흔적(痕迹)이라는 말입니다. 잘 아시는 바와 같이 뒤에 남은 자취나 자국을 의미합니다. 아마 도량에 돌아다니는 몇 마리의 고양이 때문인지도 모르겠습니다. 고양이는 자기 배설물을 남이 보지 못하게 땅에 묻고 사는 습성이 있다고 들었습니다. 또한 그런 광경을 목격하기도 하였습니다. 시대가 바뀌어서인지 요즘 고양이는 그렇지 않습니다. 잔디밭에 그냥 실례하고 마니 쇠파리나 냄새는 가히 견디기 어려울 지경입니다.

인간이 무분별하게 저지르고 남긴 흔적의 자취는 어떨까 생각해 봅니다. 이름이 클수록 그가 남기고 간 자리에는 변명할 수 없는 어지러움이 남아 있습니다. 자리가 클수록 주변이 산만하기만 합니다. 그렇다고 흔적의 속성은 불결한 것만은 아닙니다. 성인이 살다간 흔적에서는 향기가 납니다. 지워지지 않는 향기가 천향(天香)으로 남습니다. 그리하여 후세인들에게 자양분이 되고 고단한 삶의 원천으로 쓰이기도 합니다. 부처님의 삶이 그렇습니다. 흔적의 부정적 요소는 찾아볼 수 없으며 오직 향기 그 자체입니다. 태어남도 향기요, 삶도 향기요, 가르침 또한 영원한 향기입니다. 부처님의 가르침이 있는 곳에는 고요와 편안함이 묻어나는 향기가 있기 때문입니다. 향기는 취각으로만 느끼는 것이 아니고 촉각으로도 시각으로도 충분히 느낄 수 있어 안이비설신의에는 각각의 세포가 원활한 운동을 하고 있기 때문입니다.

거울은 흔적이 없습니다. 허공도 흔적이 없습니다. 수행한 마음도 흔적이 없습니다. 삼라만상이 거울에 비쳤다가도 일순간에 지워지고 말듯 거울에는 머뭇거림을 허용하지 않듯 허공에도 모든 것을 수용하지만 흔적만은 용납하지 않습니다. 도인의 마음은 갓난 아기의 마음과 같다고 하는 것도 분별심을 모두 여의었다는 말입니다. 시비선악이 끊어진 자리에 무슨 분별심이 자리하고 있겠습니까?

하루 생활을 분주히 하다 보면 때를 놓치고 나면 허기(虛飢)를 느끼기 마련이고 이 허기는 육신이 배고픔을 느낀다는 것입니다. 그런 경우, 얼른 음식물을 섭취하여 허기와 갈증을 해소하게 됩니다. 배고픔과 목마름, 대지도 느끼고 있습니다. 그런데 이상하리 만큼 우리 영혼은 배고픔이나 목마름에 둔감하여 시든 영혼을 일깨우기 위해 만사 제쳐두고 성전으로 달려가고 경전의 말씀에 시선이 쉽게 가는 경우는 흔한 일이 아닙니다. 목마름을 느꼈을 때 음료수를 찾듯이 영혼이 목타할 때 성인의 말씀에 귀 기울이는 경우도 흔치 않습니다. 참신하고 싶고 신비로운 것을 찾는 사람은 항상 영혼이 깨어 있어야 합니다. 내 감정의 깊은 곳에 충동을 유지할 수 있다면 영혼은 깨어 있는 것입니다. 내 정신의 깊은 곳에 충동을 유지할 수 있다면 그 또한 영혼이 깨어있는 것입니다. 이러한 사람에게 고관대작이 무슨 의미가 있으며 세상에서 부러워하는 교수나 박사도 별 효용없는 한 덩어리의 술지게미가 아닐는지요. 그들은 관성의 법칙에서 벗어나기 힘든 존재입니다. 높은 자리, 대접받는 자리에 앉으면 앉을수록 사는 즐거움이 솔솔 재미나기 마련입니다. 중독은 마약에만 있지 않고 우리 사는 세상 도처에 도사리고 있습니다.

문학작품을 보면 영혼을 힐난하는 경우가 많이 나옵니다. 셰익스피어 4대 비극 가운데《맥베스》가 있는데 맥베스가 던컨왕을 죽인 이후의 양심에 대한 공포감이 그를 엄습했습니다. 도스토예프스키의《죄와 벌》의 주인공이 고리대금업자를 죽인 이후 범죄와 속죄 사이에서 서성대는 공포감은 영혼을 힐책하고 있습니다. 쫓기는 영혼이 아니라 항상 유유자적하는 영혼이 되기 위해서 깨어 있어야 하겠습니다. 깨어 있는 영혼은 감로수이지만 잠자는 영혼은 인류의 독소가 되고 맙니다. 정신의 고향을 찾읍시다.

《반야심경》에서 이미 불생불멸의 이론을 습득한 바 있습니다. 생기는 일도 멸하는 일도 없다는 말이지요. 현상계에서 보면 태어나는 것이 분명 눈에 보입니다. 그런가하면 소멸되는 것도 역시 뚜렷이 보입니다. 그러나 진리계에서 보면 생도 멸도 둘이 아니라는 것입니다. 겁화가 일어나 삼천대천 세계가 파멸이 오면 불성은 어떻게 되느냐고 묻는 납자의 마음에 두 문이 있기에 한쪽으로 기운 문을 택하여 멸하는 것이라고 힘주어 대수 스님은 말했던 것입니다.

초학자들에게 있어 불생불멸의 이치를 터득하는데 얼마나 어려움이 많았던가 경험을 통하여 이해가 갑니다. 왜 이 이치를 이해하는데 어려움이 있었을까 곰곰이 생각해 보았습니다. 우리는 이미 무시 이래로 저절로 몸에 익고 의식에 녹아든 요소들이 있습니다. 그것이 이분법의 논리입니다. 이것이든지 아니면 저것이다, 밤이 아니라 낮이다, 선이 아니면 악이다, 진실이 아니면 거짓이다 등입니다. 그러니, 생이면 생이고 멸이면 멸이지 불생불멸이 어디 있느냐고 반문하게 됩니다. 상대란 개념만 지우고 나면 쉽게 이해할 수 있는 일입니다.

《열반경》에 불생불생불가설(不生不生不可說)이 있는데 4불가설(四不可說) 가운데 하나입니다.《열반경》〈덕왕품〉에서 4종의 불가설을 말하고 있습니다. 이것이 4교의 이치를 나타낸 것이라 하여 장교·통교·별교·원교로 분류합니다. ① 감출 장(藏) 자 장교는 삼장교(三藏敎)라고도 하며 소승을 말합니다. ② 통할 통(通) 자 통교는《제대승경(諸大乘經)》을 통털어 일컫는 말입니다. ③ 나눌 별(別) 자 별교는 소승에서 통하지 않는 대승 특유의 가르침입니다. ④ 둥글 원(圓) 자 원교는 완전한 가르침을 이르며 화엄의 가르침이기도 합니다.

4불가설의 첫째는 생생불가설이고, 둘째는 생불생불가설이며, 셋째는 불생생불가설이고, 넷째는 불생불생불가설입니다. 이 불생불생불가설은 원교에서 진여의 이체(理體)와 10계의 모든 현상이 아무런 차별이 없다고 하면서도, 그 이치는 말과 글자로써 나타내기 어렵다고 합니다.

《열반경》〈사자후보살품〉에 의미심장한 내용이 있습니다.

왕이 하루는 한 대신을 불러 명령했습니다.

"코끼리를 끌어내어 시각장애인들에게 보여주어라."

대신은 왕에게, "임금님의 명령대로 코끼리를 시각장애인들에게 보여주었습니다."라고 보고하였습니다.

그러자 왕은 그 시각장애인들을 불러내어 물었습니다.

"그대들은 코끼리를 알았는가?"

그들은 입을 모아 "네, 알았습니다."라고 대답하였습니다.

왕은 다시 물었습니다.

"코끼리는 무엇과 비슷하게 생겼다고 생각되는가?"

① 이빨을 만져본 시각장애인은, 코끼리는 큰 무처럼 생겼다고 했습니다.

② 귀를 만져본 이는 키처럼 생겼다고 했습니다.

③ 머리를 만져본 이는 돌처럼 생겼다고 했습니다.

④ 코를 만져본 이는 절굿공이처럼 생겼다고 했습니다.

⑤ 다리를 만져본 이는 절구통처럼 생겼다고 했습니다.

⑥ 등을 만져본 이는 평상처럼 생겼다고 했습니다.

⑦ 배를 만져본 이는 독처럼 생겼다고 했습니다.

⑧ 꼬리를 만져본 이는 밧줄처럼 생겼다고 했습니다.

"선남자들이여, 이 시각장애인들은 코끼리의 몸뚱이를 제대로 말하고 있지는 않지만 그렇다고 말하고 있지 않는 것도 아니다. 그들이 말하고 있는 것은 코끼리는 아니지만, 이것을 떠나서 또 달리 코끼리가 있는 것도 아니다."

여기서 '군맹상평(群盲象評)' 혹은 '군맹무상(群盲撫象)'이라는 고사가 생겼습니다.

여기에 나오는 코끼리는 불성(佛性)을 비유해서 말한 것입니다. 시각장애인은 모든 어리석은 중생을 비유해서 말한 것입니다. 그리고 이 이야기는 중생이 불성을 부분적으로 이해하고 있다는 점과 모든 중생에게는 다 불성이 있다는 것을 보여주고 있습니다.

불성은 허공이 빈 곳 없이 가득 차 있듯이 변만(遍滿)해 있습니다. 다만 중생이 인식하지 못할 뿐입니다. 눈앞에 있어도 보지 못하면서 '어디, 어디'라고 외치며 두리번거리기 일쑤입니다. 귀가 있어도 듣지 못하는 경우가 한 두 번입니까? 무수히 많습니다. 자신의 귀나 눈을 의심하는 경우는 드뭅니다. 오히려 상대를 의심하기 일쑤입니다.

巖頭黃巢過後
: 암두 스님이 황소의 난이 평정되었으니
그럼 칼을 주워 왔겠군

원오 선사가 수시하기를 어떤 경우, 어떤 인물을 만나도 즉석에서 호랑이를 함정에 빠뜨려 버릴만한 솜씨를 지니고 상대방을 정면으로 또는 측면으로 공격하여 도둑을 사로잡을 만한 책략을 펼수 있으며 밝건 어둡건 적극적이어야 할 때건 소극적이어야 할 때건 자유자재로 독사까지도 손쉽게 다룰 수 있는 능력을 지녔다면 그는 이미 역량 있는 인물이다.

어느 날 암두 스님은 찾아온 납자에게 물었습니다. "어디서 왔느냐?" 납자는 "장안에서 왔습니다."라고 대답하니까 "황소의 난이 평정되었으니 그럼 칼을 주워 왔겠군."하고 암두 스님이 다시 물었습니다. 납자는 "네, 주워왔습니다"라고 대답했습니다. 그러자 암두 스님은 그 칼로 목을 치라는 듯이 불쑥 고개를 내밀고 다가가며 "악!" 하고 크게 할을 하였습니다. 납자가 그래도 지지 않으려는 듯이 "스님의 목은 이미 떨어졌습니다."라고 말하니까, 암두 스님은 껄껄껄 한바탕 웃었습니다. 납자는 나중에 설봉 스님에게 찾아갔습니다. 설봉 스님은 물었습니다. "어디서 왔느냐?" "암두 스님 화상에서 왔습니다."라고 대답하자 설봉 스님은 "무슨 말씀을 하더냐?"라고 물었습니다. 납자가 거기서 있었던 이야기를 사뭇 자랑스러운 듯이 했습니다. 그러자 설봉 스님은 주장자로 30대나 치고는 내쫓아 버렸습니다.

—《벽암록》제 66칙

암두 스님은 덕산 스님의 법을 이었습니다. 악주(鄂州) 당녕주(唐寧州)에 있었습니다. 휘는 전활(全豁)이고, 속성은 가(柯)씨이며, 천주(泉州) 남안현(南安縣) 사람입니다. 영천사(靈泉寺) 의공(義公)에게서 공부하였고, 장안 서명사(西明寺)에서 구족계를 받았으며,《열반경》을 강의하는 것으로 업을 삼다가 나중에 덕산 스님을 참문 하였습니다.

처음 참문 하러 가서 자리를 펴고 절을 하려는데, 덕산 스님이 주장자로 방석을 당기어 멀리 섬돌 밑으로 던져버렸습니다. 그로 인해 암두 스님은 섬돌 밑으로 내려가 방석을 들고 방으로 들어갔습니다. 덕산 스님이 한참 동아 그런 암두 스님을 보다가 혼잣말로 다음과 같이 말했습니다.

"저 객승은 마치 행각하는 사람 같구나."

그리고는 개인적으로 선사를 가슴에다 잘 기억해 놓았습니다.

이튿날 아침에 선사가 법당에 올라 덕산 스님을 뵈니, 덕산 스님이 물었습니다.

"그대는 어제 저녁에 새로 온 그 사람이 아니던가?"

"예, 그렇습니다."

"어디서 그런 허탕을 배웠는가?"

"저는 한 번도 스스로를 속이지는 않았습니다."

이에 덕산 스님이 크게 꾸짖으면서 말했습니다.

"저 친구가 후일에 내 머리 위에다 똥을 갈길 것이다."

암두 스님이 절을 하고 물러가서 기묘한 근기를 숨기고 머문 지 몇 해 동안에 현묘한 뜻을 모두 깨달았습니다. 암두 스님은 처음에 와룡산(臥龍山)에서 살다가 나중에 암두(巖頭)로 옮겼습니다.

대언(大彦) 상좌가 처음 암두 스님에게 참문 하러 오니, 마침 선사가 문 앞에서 풀을 뽑고 있었습니다. 이에 대언 상좌가 삿갓을 쓴 채 당당하게 와서 곧장 선사의 앞에 이르러 손으로 삿갓을 두드리고는 손을 들어 말했습니다.

"기억하시겠습니까?"

암두 스님이 풀 한 움큼 쥐어다 그의 얼굴에 던지면서 말했습니다.

"생각을 품지 마라, 생각을 품지마라."

그가 말이 없자 암두 스님이 빰을 세 대 갈겼습니다. 그제야 위의를 갖추고 방으로 막 오르려는 데, 암두 스님이 말했습니다.

"이미 만나보았으니, 올라 올 필요 없다."

대언 상좌가 그대로 몸을 돌려 돌아갔습니다. 이튿날 죽을 먹고 다시 올라와 방장 문턱을 넘어서려 하자 암두 스님이 평상에서 뛰어내려 가슴을 움켜쥐고 말했습니다.

"속히 말해라, 속히 말해라."

대언 상좌가 대답이 없자, 선사가 내 쫓았습니다. 이미 대언 상좌가 개탄하면서 말했습니다.

"나는 평소 천하에 사람이 없다고 여겼는데, 이제 보니 늙은 호랑이가 있었구나."

《조당집》제 7권에 기술된 내용을 살펴보았습니다.

일찍이 역사에서 공부했던 황소의 난이 나옵니다. 황소의 난은 신라의 학자 고운 최치원이 글을 지어 물리쳤다고도 배웠습니다. 그렇습니다. 신라말기의 학자 고운(孤雲), 혹은 해운(海雲)은 자이고 문창후(文昌候)는 시호입니다. 사량부에서 태어나 12세에 당나라에 유학하여 17세 때 당나라 과거에 급재 한 수재였습니다.

고운 선생은 어릴 적부터 숱한 일화를 남겼습니다. 어느 날 하늘의 선비 수십 명이 그가 글을 읽고 있는 정각에 내려와 어린 그에게 여러 가지 문리를 틔워주었습니다.

고운이 글씨 공부를 할 때 바닷가 모래밭에 쇠막대기로 글씨를 썼습니다. 어찌나 열심이었던지 석자나 되는 쇠막대기가 반자쯤 닳아버렸습니다. 시도 잘하여 당나라 시인들의 시를 달달 외우고 흉내 내어 시를 짓기도 했습니다.

어느 날 달 밝은 밤에 어린 고운이 시를 읊었습니다. 그 소리가 어찌나 맑고 청아한지 바람결에 멀리 당나라까지 날아갔습니다. 당 황제가 궁궐 후원을 거닐다가 시 읊은 소리를 듣고 따르는 내관에게 물었습니다.

"어디에서 들려오는 시 읊은 소리가 저리도 낭랑하고 명쾌하냐?"

내관이 어디에서 들어 알고 있었는지 선뜻 대답하였습니다.

"폐하, 멀리 신라국의 어린 유생(儒生)이 읊는 소리이옵니다."

황제가 깜짝 놀라 말했습니다.

"신라는 바다 건너 작은 나라이거늘 저렇듯 시를 읊는 어린 선비가 있다니 참으로 가상한 일이로다."

그 후 황제는 글재주가 뛰어난 유생 둘을 뽑아 영을 내렸습니다.

"그대들은 곧 신라로 들어가 그 나라의 유생이 얼마나 문재에 뛰어난지 알아보고 오라!"

치원을 만나 중국 유생들은 말을 걸었습니다.

"예야! 우리와 글짓기를 한번 해보겠느냐?"

먼저 당나라 유생이 운을 떼었습니다.

　　　　노는 물밑의 달을 꿰도다.　　　棹穿波底月

시의 대구를 소년이 망설임 없이 받았습니다.

배는 물 속의 하늘을 누르도다.　　　船壓水中天

당나라 유생이 다시 운을 떼었습니다.

물새는 떴다 다시 잠기도다.　　　水鳥浮還沒

소년이 냉큼 받았습니다.

산 구름은 끊어졌다 다시 잇는 도다.　　　山雲斷復連

이쯤 되니 당나라 선비들은 혀를 내둘렀습니다. 코를 싸 메고 돌아가 귀국 보고를 하였습니다.

신라의 어린 유생 하나 제대로 꺾지 못했더란 말인가?

황제는 부화가 치밀어 제압하고픈 마음이 들었습니다. 한 가지 꾀를 내었습니다. 솜으로 달걀을 싸서 돌로 만든 상자 속에 넣고 다시 밀초를 끓여 상자 속에 부어 달걀이 움직이지 못하게 했습니다. 거기에 구리와 쇠를 녹여 상자 뚜껑에 부어 열지 못하게 만들었습니다.

황제는 이 상자를 들려 신라에 사신을 보냈습니다. 사신이 말했습니다.

"신라에서 이 상자 속에 무엇이 들어있는지 알아맞히고 또 그 속에 들어 있는 것으로 시를 지어 황제께 올리시오. 만약 행하지 못하거나 틀리면 신라를 칠 것이라 하오.”

신라 조정이 발칵 뒤집혔습니다. 조정의 문무백관의 머리로 해결 방안이 나오지 않았습니다. 이 난제를 어린 고운은 쉬 풀이내었고 시를 지어 답했습니다.

둥글고 둥근 돌 가운데 물건이여	團團石中物
반은 구슬이고 반은 황금이로다.	半玉半黃金
밤마다 때를 아는 새로되	夜夜知時鳥
뜻만 머금고 아직 소리는 내지 못 하도다.	含情未吐音

황제가 수수께끼를 푼 시를 보고 눈이 휘둥그레졌습니다.

“신라에는 과연 문재들이 많은가 보구나. 헌데 이 마지막 시구가 좀 수상쩍구나.”‘함정미토음’은 아무래도 상자속의 삶은 달걀과는 거리가 멀었습니다. ‘뜻만 머금고 아직 소리를 내지 못하는 것’이 아니라 아예 ‘소리 없이 죽어 있다’고 해야 맞는 시구였던 것입니다.

“그 상자를 쪼개 보아라!”

상자를 열어보니 이 무슨 조화인가. 삶은 달걀이 부화되어 병아리가 깨어나고 있었습니다.

“신라의 선비는 도통한 천재로다! 실로 놀라운 일이 아니냐!”

황제는 감탄을 연발했던 것입니다.

광명 2년 7월 8일에 제도도통검교태위(諸道都統檢校太尉) 아무개는 황소(黃巢)에게 고한다. 바른 것을 지키고 떳떳함을 행하는 것을 정도(正道)라 하는 것이요, 위험한 때를 당하여 변통할 줄 아는 것을 권도(權道)라 한다. 슬기로운 사람은 이치에 순응하는 데서 성공하고, 어리석은 사람은 이치를 거스리는 데서 폐하게 되는 것이다. 비록 인생 백 년을 살더라도 죽고 사는 것은 기약 할 수가 없으나, 만사는 마음이 주창하는 것이므로 옳고 그른 것은 충분히 판단할 수가 있는 것이다.

사람의 일 가운데서 자신을 아는 것이 제일이다. 내가 헛말을 하는 것이 아니니, 너는 모름지기 살펴들어라.《도덕경》에 "회오리바람은 하루아침을 가지 못하는 것이요, 소나기는 하루 동안을 채우지 못한다." 했으니, 천지도 오히려 오래 가지 못하거늘 하물며 사람이랴. 옛말에 이른바 제비가 장막위에다 집을 지어놓고 불이 장막을 태우는 데도 방자히 날아드는 것이나, 물고기가 솥 속에서 희희낙락하다가 바로 삶겨지고 마는 것과 같은 꼴이다.

생각하건대, 동탁의 배를 불로 태울 때처럼 너를 불사르는 지경에 이르러서 후회해 봐야 소용이 없을 것이다. 너는 모름지기 진퇴를 참작하고 잘된 일인가 못된 일인가 잘 판단하라. 배반하여 멸망하기보다 귀순하여 영화롭게 되는 것이 낫지 않겠느냐. 다만 바라는 것은 반드시 그렇게 하라.

〈격황소서(檄黃巢書)〉가 원제목이고 그 내용을 요약하여 소개 하였습니다. 황소는 당 희종(僖宗) 때 일어났던 군사적 약탈단의 두목 이름입니다. 고병(高騈)이 도통사로 토벌하는데 최치원이 그의 종사관으로 대신하여 격문을 지어 황소에게 보냈던 것입니다.

"황소의 난이 평정되었으니 그런 칼을 주워 왔겠군."하고 물었는데 여기에는 고사가 있습니다. 당나라 말기에 세상이 어지러워져서 인심이 극도로 불안정하게 되었습니다. 그 무렵 조주(曹州)의 본래 소금장수였던 황소라는 자가 어지러운 세태를 틈타 친구인 왕선지(王仙芝)와 함께 약탈단을 조직하여 이내 수만 명의 민중을 규합하게 되었습니다. 어느 날 그는 길에서 칼 한 자루를 주웠는데, 자세히 살펴보니까 천사황소(天賜黃巢)라는 넉 자가 새겨져 있는 것입니다. 황소는 여기서 자신을 얻어 스스로 충천장군(衝天將軍)이라 부르며 장안을 쳐서 함락시켰습니다. 그리고 대제황제(大齊皇帝)라 자칭하고 년호도 금통(金統)이라고 고쳤습니다. 그러나 4년 만에 멸망하고 말았습니다.

암두 스님이 말한 것은 하늘이 황소에게 내린 검뿐이 아니라 우리 누구나가 태어나면서부터 지니고 있는 개개 원성(圓成)의 지검(智劍)을 말한 것입니다. 즉 '어떠냐, 너는 그 지견(知見)으로 일체를 잘라버리고 견성했느냐?'라는 뜻입니다.

이 푸르름이 더해가는 5월의 아침에 누구나 지니고 있는 지혜의 검을 발견합시다. 지혜의 검은 나태함에서는 녹슬고 맙니다. 진(晉)나라에 도간(陶侃)이란 근검의 표상이 되는 사람이 있습니다. 그는 여러 벼슬을 역임했으며 훌륭한 언행을 많이 남기기도 했습니다. 도간이 광주자사(廣州刺史)로 있을 적에 고을에 일이 없었습니다. 그러자 그는 아침에 100개의 동이를 집 밖으로 날랐다가 저녁이 되면 도로 집안으로 나르는 일을 억지로 만들어 하였습니다. 사람들이 그 까닭을 묻자 자기가 장차 중원(中原)에서 큰 힘을 쓰려 하므로 나태함에 빠지지 않기 위해 스스로를 수고롭게 하는 것이라고 대답했다고 합니다.

지혜의 검을 발견하고자 한다면 도간과 같이 미래에 대한 준비를 철저하게 해야 합니다. 그렇지 못하면 막상 보검이 주어져도 쓸 줄 모르고 무용지물이 되고 말 것입니다. 인간의 속성은 무엇인가를 지닐 때 흡족해 합니다. 그보다 더 큰 만족은 지니지 않았을 때가 아닐까 합니다. 지니게 되면 상대와 비교가 따르게 됩니다. 그러다보면 상대가 많고 내 것은 적다는 결론에 도달하면 한없이 허전할 뿐입니다. 그러나 저 크나큰 허공은 그 무엇과도 비교의 대상이 없으니 항상 넉넉하고 여유롭습니다. 자연 또한 그 무엇과도 비교 대상이 되지 않습니다. 모두를 품에 안는 위대한 자연일 뿐입니다.

우유병을 아기에게 물리고 있는 애기엄마를 봅니다. 엄마는 우유병의 눈금을 자주 살피는 것입니다. 몇 cc라도 과식하면 곧 체하거나 토하거나 설사를 할까봐 조절을 하는 것입니다. 인간에게는 음식조절보다 더 중요한 것이 있습니다. 털끝만큼이라도 욕심을 내게 되면 삶의 리듬이 깨지게 되고 찾고자 하는 지혜의 검은 무디어져 쓸모없는 쇳덩이가 되고 말 것입니다.

南泉一圓相
: 남전 스님이 땅에 동그라미를 그리다

원오 선사가 수시하기를, 무슨 수로도 파고들 수가 없는 조사의 심인(心印)은 마치 무쇠 소와 같다. 망념(妄念)·망상(妄想)의 가시숲을 헤치고 나온 선승이라면 무슨 활동을 해도 자취를 남기지 않고 평탄한 대지 위에서 자유자재로 활동한다. 그러나 그런 것은 잠시 제쳐두고 말이나 글에 사로잡히지 않으면 어떻게 해야 하는가?

남전 스님·귀종(歸宗) 스님·마곡(麻谷) 스님 세 사람이 함께 혜충 국사(慧忠國師)를 찾아뵙기 위해 길을 떠났습니다.

도중에 갑자기 남전 스님이 땅에다 동그라미를 하나 그리고는 "말해보라, 그러면 가겠다."고 했습니다. 그러자 귀종 스님은 그 동그라미 속에 펄썩 주저앉아 버렸습니다. 마곡 스님은 허리를 조금 굽혀 절을 했습니다. 이 거동들을 본 남전 스님이 "너희가 그렇다면 가지 않겠다."고 하니까 귀종 스님이 "이제 와서 그게 무슨 소리야?"

라고 받았습니다.

—《벽암록》제69칙

남양혜충 국사는 6조 혜능 스님의 법을 이었습니다. 성은 염(冉)씨이고, 월주(越州)의 제기현(諸曁縣) 사람입니다.

일원상이란 본래 무한한 반경(半徑)으로 그린 무한원(無限圓)이며 불성이나 우리 본래 면목(面目), 즉 모든 형상을 초월한 무상절대(無相絶對)의 본체를 상징한 것입니다. 이 일원상은 혜충 국사가 맨 먼저 그렸다고도 하고 또 운문 스님이 창시자라고도 합니다. 어쨌든 일원상의 드라마는 마조도일 스님의 제자들인 남전보원(南泉普願)·귀종지상(歸宗智常)·마곡보철(麻谷宝徹) 셋이 광택사(光宅寺)의 혜충 국사를 찾아가는 도중에 벌어진 이야기입니다. 혜충 국사는 광택사에 주석하기 전에 남양(南陽) 백애산(白崖山)에서 40여 년 동안 수행하였습니다. 숙종 황제의 부름을 받아 수도에 있는 천복사(千福寺) 서선원(西禪院)에서 주석하기도 하였습니다.

국사가 하루는 망중한을 즐기고 있는데 숙종임금이 물었습니다.

"국사가 어떤 법을 얻으셨습니까?"

"폐하께서는 허공의 한 조각 구름이 보이십니까?" 국사가 대답했습니다.

"보입니다."

"못으로 박아 놓았습니까, 줄로 걸어 놓았습니까?"라고 국사가 말했습니다.

인공봉(璘供奉)이 물었습니다.

"어떤 것이 실상(實相)의 뜻입니까?" 여기서는 실상이란 '빈 것'의 반대로 '채워진 것'을 뜻합니다.

국사가 대답했습니다.

"허상을 가져오너라."

인공봉이 대답했습니다.

"허상(虛相)은 없습니다."

"허상이 없는데 실상은 물어 무엇에 쓰려는가?"

국사가 한 번은 또 스님이 오는 것을 보고 손으로 원상(圓相)을 그린 다음, 그 속에다 날 일(日)자를 써 보이니, 스님이 대답이 없었습니다.

어느 해 10월 중순에 여러 좌주(座主, 강사스님)들이 국사에게 예배하러 왔는데, 국사가 물었습니다.

"성 밖의 풀이 어떤 빛깔이던가?"

좌주들이 대답했습니다.

"푸른 빛이었습니다."

국사가 곧 어린 동자를 불러 물었습니다.

"성 밖의 풀이 어떤 빛깔이더냐?"

"푸른 빛이었습니다."

국사가 말했습니다.

“좌주들은 경을 알고 논을 안다면서 이 어린애의 견해와 무엇이 다른가?”

이에 좌주들이 물었습니다.

“스님께서는 성 밖의 풀이 어떤 빛깔이라고 여기십니까?”

국사가 대답했습니다.

“하늘 위의 새를 보았는가?”

좌주들이 이해하지 못하고 쩔쩔매고 있었습니다. 바라건대 저희들에게 말씀해 주십시오.

국사가 대답했습니다.

“보려면 곧 보아야지, 보지 못하는 이에게 말을 하여도 보지는 못할 것이니라.”

남방에서 온 선객이 물었습니다.

“어떤 것이 옛 부처님의 마음입니까?”

국사가 대답했습니다.

“담·벽·기와 조각 같은 무정물(無情物) 모두가 옛 부처님의 마음이니라.”

“경전의 말과는 매우 어긋나는군요. 왜냐하면 《열반경》에서 말하기를 ‘담·벽·기와 조각 등 무정물을 여의었으므로 불성’이라고 했는데, 지금 말씀하시는 것은 ‘온갖 무정물이 모두가 부처의 마음’이라 하시니, 마음과 성품이 같은지 다른지 모르겠습니다.

"미혹한 사람에게는 다르지만 깨달은 사람에게는 다르지 않느니라."

선객이 또 물었습니다.

"이것도 경과 어긋납니다. 경에서 밀하기를 '선남자야, 내 마음은 불성이 아니니 불성은 항상 함이요, 마음은 항상 하지 않다' 했는데, 오늘 다르다 말씀하시니, 그 이치를 모르겠습니다."

국사가 말했습니다.

"그대는 말에만 의지하고, 뜻에는 의지하지 않는구나, 마치 겨울에 물이 얼어서 얼음이 되었다가 봄이 되면 얼음이 풀리어 물이 되는 것 같이, 중생이 미혹할 때에는 성품을 묶어 마음을 이루고, 중생이 깨달을 때에는 마음이 풀려 성품을 이룬다. 그대가 만일 무정물에는 불성이 없다고 집착한다면, 경전에서도 '삼계가 마음일 뿐이요, 만법이 식(識)일 뿐이다'라고 하지 않았을 것이다. 그러므로 《화엄경》에서 '삼계의 모든 법이 모두가 오직 마음으로 지어진 것일 뿐이다'라고 하였느니라.

이제 그대에게 묻노니, 무정물은 삼계의 안에 있는가, 삼계의 밖에 있는가? 그것은 마음인가, 마음이 아닌가? 만일 마음이 아니라면 경전에서 '삼계가 마음일 뿐이다'라고 하지 않았어야 할 것이요, 만일 마음이라면 '무정물은 불성이 없다'하지 말았어야 할 것이니라. 그러므로 그대 자신이 경을 어겼을지언정 내가 어긴 것은 아니니라."

선사가 말했습니다.

"무정물에도 마음이 있다면 설법도 할 줄 알겠습니다."

"그들은 열심히 설하고 항상 설하며 계속 설하되 잠시도 쉬는 일이 없느니라."

"저는 어째서 듣지 못합니까?"

"그대는 듣지 않을 뿐, 다른 이가 듣는 것을 방해해서는 안 된다."

"그러면 누가 듣습니까?"

"성인들이 듣느니라."

"그렇다면 중생은 들을 자격이 없겠습니다."

"나는 중생을 위해 말했을지언정 성인들을 위해서 말한 것이 아니니라."

"저는 어리석고 둔해서 무정물의 설법을 듣지 못하지만 스님께서는 인간과 하늘의 스승으로서 반야바라밀다를 설법하시니, 무정의 설법을 들으셨습니까?"

"나도 듣지 못했느니라."

"스님께서는 어째서 듣지 못하셨습니까?"

"내가 무정의 설법을 듣지 못한 것을 다행으로 여겨야지, 내가 만일 무정의 설법을 듣는다면 성인들과 같아질 것이니, 그대가 어떻게 나를 보거나 나의 설법을 들을 수 있으리."

선객이 물었습니다.

"모든 중생은 끝내는 무정설법을 들을 수 있습니까, 없습니까?"

국사가 말했습니다.

"중생이 듣는다면 중생이 아니니라."

"무정의 설법이란 말이 근거가 있습니까?"

"말이 전거에 맞지 않으면 군자의 이야기가 아니니라. 그대는 보지 못했는가?《아미타경》에서 '물·새·나무·숲이 모두가 부처님을 생각하고 법을 생각하고 스님들을 생각한다.'하였으니, 새는 유정이지만 물과 나무는 어찌 유정이라 하겠는가? 또《화엄경》에 '국토의 말씀과 중생의 말씀이 3세 일체의 마음이다'하였으니, 중생은 유정이지만 국토야 어찌 유정이겠는가?"

선객이 물었습니다.

"모든 사람들의 불성은 한 종류인가요, 아니면 차별된 종류인가요?"

국사가 대답했습니다.

"똑 같을 수가 없느니라."

"어째서 차별이 있습니까?"

"어떤 사람의 불성은 전혀 생멸하지 않고, 어떤 사람의 불성은 반은 생멸하되 반은 생멸하지 않느니라."

"누구의 불성은 생멸하지 않고, 누구의 불성은 반은 생멸하고 반은 생멸하지 않습니까?"

국사가 말했습니다.

"나의 불성은 전혀 생멸하지 않지만, 남방의 불성은 반은 생멸하고 반은 생멸하지 않느니라."

선객이 다시 물었습니다.

"화상의 불성은 어찌하여 전혀 생멸하지 않고, 남방의 불성은 어찌

하여 반은 생멸하고 반은 생멸하지 않습니까?”

“나의 불성은 몸과 마음이 한결 같아서 몸 밖에 다른 것이 없나니, 그러므로 전혀 생멸하지 않거니와, 남방의 불성은 몸은 무상하다 하고 마음은 항상 하다 하니, 그러기에 반은 생멸하고 반은 생멸이 없느니라.”

“화상의 몸은 색신(色身)인데 어찌 법신(法身)과 같이 생멸하지 않을 수 있겠습니까?”

“그대는 어째서 사도(邪道)에 빠졌느냐?”

“제가 언제 사도에 빠졌다고 그러십니까?”

《금강경》에 ‘만일 색으로 나를 보려하거나 음성으로써 나를 구하고자 한다면 이 사람은 삿된 도를 행하는 것이니, 능히 여래를 볼 수 없느니라.’하였는데, 그대가 색으로 나를 보니, 어찌 사도에 빠진 것이 아니겠는가?”

그리하여 절을 하고 찬탄하였습니다.

“화상의 이 말씀은 사법(事法)으로도 다하지 않음이 없고, 이법(理法)으로도 치밀하지 않음이 없습니다. 제가 만일 국사를 만나지 못했더라면 일생을 헛되이 보낼 뻔 하였습니다.”

남전 스님이 땅에다 동그라미를 하나 그리고는 ‘말해보아라, 그러면 가겠다.’고 했습니다. 일행 중 맏형격인 남전 스님이 ‘그럴듯한 대답이라면 일원상의 본종(本宗)인 혜충 국사를 예배하러 가겠지만 그렇지만 가 봤자 헛수고니까 돌아 갈 테다'라고 했습니다. 원오 스님은 이 남전 스님의 거동에 대해 무풍기랑 야요인지(無風起浪 也要人知)이라고 착어를 붙이고 있습니다. 즉 '심술궂은 짓을 하는 군, 하지만 많은 사람들이 그걸 알고 싶어하지'라는 뜻입니다.

인디언들의 전통 가운데 원을 그리고 앉아 대화를 나누는 것입니다. 원은 우주의 상징이며, 모든 생명체를 이끌어 가는 힘을 상징하기도 합니다. 원은 삼각형의 불안정이나 불균형을 극복할 수 있고 사각형의 딱딱하고 도식화된 형태도 뛰어넘습니다. 인간은 언제부터인가 진실보다 거짓을 말하여 상대방을 속여 왔습니다. 진실을 말하는 것이 당연한데도 진실을 말한다는 것이 왠지 이방인이 된 듯하기도 하고 내 몸에 맞지 않는 옷을 입고 어색해 하듯 불편해 합니다. 거짓을 말할 때는 핏대가 서고 말이 많아지지만 진실을 말할 때는 말 수가 적고 음성도 안정되고 낮은 목소리가 됩니다. 진실하면 그만이지 자기 말로 상대를 설득할 필요가 없기 때문입니다.

남방불교 경험이 있으신 분들이 많으실 것입니다. 바릿대를 들고 이른 아침 탁발을 하여 숲을 거닐고 있는 남방의 수행자의 모습에서 평화로움을 느끼셨을 것입니다. 강가 풀밭에 둥글게 앉아 법담을 나누고 있는 모습에서도 마음의 안식을 누리셨을 것입니다. 불교의 삼점(三点)은 마음 심(心)의 세 점을 말합니다. 때로는 마음을 뜻하기도 합니다. 법신·반야·해탈의 3덕이 부즉불리(不卽不離)하다는 것을 비유하기도 합니다. 한국 전통 강원의 학인들이 잔디밭에 둥글게 앉아 논강

하는 모습이란 가히 어디에서도 볼 수 없는 한국불교의 진면목을 보는
듯합니다. 그 모습에서 한국불교의 저력이 이런데 있구나 하는 환희심
이 나기도 합니다. 대학생들의 워크숍이나 세미나에서 전혀 느껴볼 수
없는 모습입니다.

《과정록(過庭錄)》이란 책이 있습니다. 자식이 아버지의 언행과 가르
침을 기록한 글이라는 뜻입니다. 연암의 아들 박종채는 4년여 동안 심
혈을 기울여 집필했습니다. 그 내용을 보면

하루는 연암 박지원 선생이 벗과 거리를 지나가다 어느 집 사립문
안에 조그만 수레가 있는 것을 발견했습니다. 수레를 만든 솜씨가 자
못 정교하여 다가가서 살펴보고 있었습니다. 그 때 그 집 주인이 마루
에서 내려와 웃으면서 맞았습니다.

"그대는 혹 박연암이 아니시오? 나는 이광려(李匡呂)라 합니다."
대청에 올라 자리에 앉자마자 문장에 대해 토론을 시작했습니다.
연암은 이광려에게 이렇게 물었습니다.
"그대는 평생 독서를 했는데 아는 글자가 몇 자나 되지요?"
그 자리에 있던 사람들이 모두 깜짝 놀라며 마음속으로 비웃었습
니다.
"이광려가 글을 잘하고 박식한 선비라는 걸 누가 모른단 말야!"
이공은 한참 생각하더니 말했습니다.
"겨우 서른 자 남짓 아는 것 같군요."
좌중의 사람들이 또 한 번 깜짝 놀랐지만, 그 말이 무슨 뜻인지 알

지 못했습니다.

이공은 이 한마디 말로 단박에 연암과 지기(知己)가 되었다고 합
니다.

연암이 말하고자 하는 아는 것이란 어떤 글자가 가리키는 대상인
사물의 생생한 움직임과 그 미묘한 내적 본질을 꿰뚫어 볼 때 그 글자
를 아는 것이라고 생각했던 것입니다. 그러나 이는 결코 쉬운 일이 아
니며, 사물에 대한 창조적·예술적 인식이 수반 될 때에만 가능한 일
입니다. 단순히 한자의 음과 훈(訓)을 아는 것만으로는 그 글자를 진정
으로 아는 것이라고 할 수 없다고 여겼던 것입니다.

조선이 나은 걸출한 선비가 자기학문에 철저했듯이 마음을 찾는
나그네들도 철저한 자기반조가 요망됩니다.

盤山三界無法
: 반산 스님의 삼계가 모두 공하다

원오 선사가 수시하기를, 번갯불을 낚아채는 뛰어난 선기(禪機)를 지닌 사람을 만나면 바보는 공연히 멍하니 서서 생각에 잠긴 채 어쩔 줄을 모르고 하늘에서 천둥소리가 갑자기 쾅하고 울리면 미처 귀를 막을 틈도 없다. 또 머리위로는 높이 우승기를 치켜들고 뒤에서는 쌍검을 휘두르면 밝은 눈과 뛰어난 수단을 지니지 못한 자는 도저히 그와 대적하지 못한다. 대개의 사람들은 그만 고개를 푹 떨구고 멍하니 서서 생각에 잠긴 채 눈앞의 일에 사로잡혀 이것저것 망설인다. 그렇게 되면 해골 앞에서 유령들이 우굴거리 듯 어쩔 줄 몰라 하는 것과 같다. 그럼 말해보라. 이것저것 망설이지 않고 이해득실에 구애되지도 않는 눈뜬 자가 홀연히 여기 나타난다면 어떻게 대하겠느냐?

어느 날 반산 스님이 좌하의 대중에게 설법했습니다. "3계란 본래 모두 공인데 어디서 마음을 찾겠느냐?"

반산보적(盤山宝積) 스님은 마조도일 선사의 법을 이었습니다. 스님이 유주(幽州)에 살았다는 것 외에는 출신지도 경력도 전혀 알려진 바없습니다. 저 유명한 진주(鎭州)의 보화(普化) 스님이 제자입니다. 반산 스님이 젊었을 때의 일화 가운데 다음과 같은 일이 있었습니다. 반산 스님이 탁발하고 다니다가 한 푸줏간 앞에서 목탁을 두들기고 있는데 손님이 와서 '좋은 고기로 주게!'했습니다. 그러자 푸줏간 주인이 '우리가게엔 좋은 고기밖에 없소!'라고 골이 나서 퉁명스레 내뱉었습니다. 이것을 듣는 순간 반산 스님은 문득 크게 깨달은 바가 있었다고 합니다. 좋은 것, 도처에 깔려있는 이 좋은 것, 선이 바로 이 좋은 것이 아니고 무엇이겠습니까!

반산 스님이 언젠가 대중에게 다음과 같이 말했습니다.《조당집》제15권의 내용입니다.

"마음에 일이 없기만 하면 만법이 나지 않는데, 경계가 끊어진 현묘한 기틀에 미진(微塵)이 어찌 일어나리오. 도는 본래 바탕이 없지만 도로 인하여 이름이 생기고, 도는 본래 이름이 없지만 이름으로 인하여 호가 생긴다. 만일 마음 그대로가 부처라 한다면 지금 당장 현미(玄微)에 들지 못한 것이고, 만일 마음도 아니요 부처도 아니라 한다면 이 역시 발꿈치를 가리키는 지극한 묘칙일 뿐이다. 위로 향하는 한 가닥 길은 천명의 성인도 전하지 못하는 것인데, 학자들이 헛수고를 하는 것은 마치 원숭이가 달그림자를 건지려는 것과 같다. 대도는 중간이 없는데 무엇이 앞이고 뒤겠으며, 넓은 하늘은 끝이 없는데 무엇이 앞이고 뒤겠으며, 넓은 하늘은 끝이 없는데 무엇으로 헤아릴 수 있으리오. 허공도 이렇거늘 도는 말해 무엇하리오. 마음의 달이 뚜렷이 밝아 그 빛이 만상을 머금었으나 광명이 경계를 비추지도 않고, 경계 또한 있는 것 아니니, 광명과 경계가 모두 없으면 다시 무엇이겠는가?

선덕(禪德)들이여! 비유하면 검을 휘둘러 허공에 던지는 것처럼 미치거나 미치지 못함을 따지지 못하나니, 이는 허공에 자취가 없고 칼날이 상하지 않는 경지이니라. 만일 이와 같이 할 수 있다면 마음과 마음이 알음알이가 없어서 마음 전체가 부처요, 부처 전체가 사람이다. 사람과 부처가 다르지 않아야 비로소 도라 할 수 있다.

선덕들이여! 중도를 배워야 하나니, 마치 땅이 산을 받들고 있되 산의 높음을 알지 못하고, 돌이 옥을 머금고 있되 옥의 티를 알지 못하는 것과 같아야 한다. 만일 이렇게 할 수 있다면 비로소 출가한 이라 하느니라. 그러므로 도사(導士)께서 말씀하시기를 '법은 본래 걸림이 없나니, 과거·현재·미래도 역시 그러하다'하셨다. 함이 없고 일없는 사람도 여전히 금쇄(金鏁)에 묶인 것이니라. 금쇄는 철쇄(鐵鏁)의 반대말입니다. 금쇄는 깨달음의 사슬에 묶인 것이나 철쇄는 미혹의 사슬에 묶인 것입니다. 그러나 금과 무쇠가 귀천의 차이는 있으나, 묶인 것은 같다 하겠습니다. 그러므로 옛사람이 말하기를 '신령한 근원이 홀로 빛나니, 도는 본래 남이 없고, 큰 지혜는 밝음이 아니며 진공(眞空)에는 자취가 끊겼다. 진여와 범성이 모두가 잠꼬대요, 부처와 열반이 모두 군소리다’ 하였느니라.

선덕들이여, 스스로 살펴라. 아무도 대신할 이가 없느니라. 삼계에 법이 없는데 어디에서 마음을 구하며, 4대가 본래 공한데 부처가 어디에 의지하리오. 움직이던 고동이 움직이지 않으니, 고요하여 근원이 없어졌고, 마주 보면서 서로 드러내나니 다시 다른 일 없도다.”

삼계무법이라 했습니다. 여기서 삼계는 불교에서 흔히 말하고 있는 욕계 · 색계 · 무색계를 말하고 있습니다. 욕계는 식욕과 색욕을 저버리지 못한 세계를 말하며 범부가 사는 세계입니다. 뿐만 아니라 탐욕과 성냄과 어리석음 등 삼독심이 치성한 욕망의 세계입니다. 색계는 삼독심은 초월했지만 아직 물질이라는 개념 속에 살고 있는 물질의 세계입니다. 색이라는 인도 말이 루빠(rūpa)입니다. 이 루빠는 물체이고 형상이 있는 것을 말합니다. 무색계는 삼독과 물질의 개념을 초월한 정신의 세계입니다. 다만 철학이니 예술이니 하는 마음의 문제로 사는 정신의 세계입니다. 이러한 모든 것은 인연에 의하여 생기며 그 자체에 고정된 자성이란 없는 것입니다. 일체는 그래서 유동적이고 무이며 공이여서 필경 삼계는 무법입니다. 삼계가 공이라면 삼계를 삼계라 인정하는 주관(主觀)의 마음도 없을 것입니다. 그런데 ‘어디서 마음을 구하겠느냐?’고 하게 되는 것입니다. 결국 이 짤막한 반산 스님의 시중(示衆)은 《금강경》의 내용과 일치한 점을 볼 수 있습니다. “만약 모든 현상은 현상이 아닌 것으로 볼 줄 안다면 곧 여래를 볼 수 있느니라.(若見諸

相非相卽見如來)"라고 제5품 〈여리실견분(如理實見分)〉에서 사구게로 가르치고 있습니다.

불교에서 28천을 말하고 있습니다. 이 28천은 욕계 6천, 색계 18천, 무색계 4천으로 구성되어 있습니다. 욕계 6천은 사천왕천·도리천·야마천·도솔천·화락천·타화자재천입니다. 그리고 색계 18천은 초선천이 3, 제2선천이 3, 제3선천이 3, 제4선천이 9곳이 있어 18천을 이루고 있습니다. 무색계 4천은 수·상·행·식이라는 구성요소만으로 되어 있는 세계인데 공무변처·식무변처·무소유처·비상비비상처입니다.

그런데 28천과 33천을 혼돈하는 경우가 더러 있는 듯합니다. 33천은 욕계 6천 가운데 하나인 도리천을 세분하여 말한 것입니다. 수미산 정상에 있는 하늘입니다. 중앙에는 제석천이 있고, 정상 4방으로 8명의 천인이 있으므로 합해서 33천이 됩니다. 도리천의 도리(忉利)는 뜨라야스뜨링사(Trāyastriṃśa)로 33의 음역입니다. 일찍이 베다(Veda) 성전에 있던 천·지·공의 삼계에 걸쳐 33신이 있다고 하였습니다.

요사이 십여 년 가꾸던 잔디를 밭으로 일구어 푸성귀나 얻으려고 터앝을 마련하였습니다. 이들이 자라는 것을 보고 있노라면 재미가 쏠쏠하고 배움이 많습니다. 석양이 되면 갈증을 해소시켜 주려고 조리에 물을 채워 보슬비 마냥 뿌려 줍니다. 아침에 보면 이슬을 머금고 있는 넓적한 아욱 잎에 눈길이 머무르기도 합니다. 이 식물들은 무슨 선업을 쌓았기에 이렇게 천공(天供)을 매일 받는단 말일까. 이태 전에 심은 작은 대나무가 자리를 잡아 땅심을 보았던지 금년에 죽순이 7개나 솟아 어미 나무보다 더 굵고 크게 튼실히 자라고 있습니다. 마디마디에서 곁 가지의 껍질의 보호막을 떨치고 뾰족히 잎을 드러내기 시작했습니다. 우리가 흔히 삶의 덧없음을 말할 때 초로인생(草露人生)이라는 말을 쓰곤 합니다. 해뜨기 전 동틀 무렵에 활엽수에 맺혀있는 영롱한 이슬방울은 흔히 보아왔습니다만 여린 대나무 잎에 맺힌 영롱한 이슬방울은 요즘 처음 경험하고 있습니다. 긴박한 상황이라는 게 이를 두고 하는 말일 것입니다. 어느 결에 떨어지고 말까 염려가 되어 숨을 멈추며 지켜 볼 뿐입니다. 새로운 발견이 또 하나 있습니다. 서재에는 활엽수 화분이 하나 놓여 있습니다. 창가에 햇살이 세기에 고개를 돌리다 우연히 활엽수의 뒷면을 보니 이게 웬일입니까. 앞면에는 볼 수 없던 이슬이 맺혀 있는 것이 아닙니까? 산야 지천에 있는 활엽수들은 널따란 잎 위에 안전하게 이슬방울을 담고 있습니다. 그러나 실내에 벗 하나 없이 독야청청하고 있는 나무 잎은 화분 밑에 맺혀 미동도 하지 않고 중력의 억센 힘을 견뎌내고 있다니 말입니다. 기구하기 그지없는 초로의 모습에서 터득한 바가 있습니다.

사람들이 매사가 어렵고 힘들다고 합니다. 물론 쉬운 일이 어디 있겠습니까. 그러나 절박하고 절박한 상황이 어찌 이 식물들만 할까 생각해 보았습니다. 비가 온다는 일기예보를 듣고 우산을 들고 외출하는 행인의 모습에서 행복을 느낍니다. 영하의 날씨가 되겠다고 하면 목도리와 두툼한 외투를 입고 출타하는 사람들의 삶에서 부러움을 느끼기도 할 것입니다. 식물은 온갖 비바람 폭풍에도 그냥 그대로 견뎌야 하고 살을 에는 엄동설한에도 벌거 벗겨진 상태에서 견뎌야 하니 말이지요.

연전에 수학자를 만나 얘기를 나눈 적이 있습니다. 어린 시절 초등학교 산수시간에 가감승제(加減乘除)을 공부합니다. 더하기 · 빼기 · 곱하기 · 나누기를 아울러 이르는 말이지요. 학교 교육에서는 더하기부터 배우는 게 첫 번째 순번입니다. 그런데 실제 생활에서 더하기보다 빼기가 더 필요하다고 합니다. 과자를 놓고 형제자매가 몇 개씩 나누어 먹을까 궁리가 필요하다는 것입니다. 뿐만 아니라 가게에 가서 물건을 사고 받는 거스름돈이 얼마일까도 빼기의 이론이 적용된다는 것이라고 알고 나면 덜어낸다는 원리는 삶의 큰 몫을 차지함을 느끼게 되었습니다. 덧셈의 행복과 뺄셈의 불행을 음미해보았습니다. 덧셈은 내가 지닌다고 하니까 항상 기쁘고 주머니가 두둑하여 콧노래가 나오기 일수 일 듯합니다. 그렇지만 실제로 그렇지 못한 경우가 허다합니다. 또 다른 행복이론이 있기 때문입니다. 뺄셈의 불행이 아니라 뺄셈의 행복 말입니다. 내손에서 타인에게 주어지는 것들은 순순히 빠져나가는 것만이 아닙니다. 부메랑 효과로 나에게 다시 돌아오기도 하고 제삼자에게 더 크고 많은 양이 되어 전달되기도 합니다. 뺄셈의 행복은 둔탁한 영혼을 일깨우는 빛이 됩니다. 잠자는 영혼을 일깨우는 자명종이 되기도 할 것입니다. 아주 늙어서 사람 구실을 못하는 사람을 미랭시(未冷尸)라고 합니다. 육신의 미랭시는 얼마든지 있을 수 있으나 영혼의 미랭시는 마음먹기에 따라 전혀 다를 수 있습니다. 뺄셈의 행복을 터득하면 말입니다.

인도가 낳은 시성 타고르는 그의 유명한 시 〈기탄자리〉에서 노래했습니다.

"나의 모든 존재, 나의 모든 것, 나의 소망과 사랑의 전부는 늘 당신을 향해 조용히 흘러갔다. 당신이 마지막으로 단 한 번의 눈짓을 보내면 나의 생명은 영원히 당신 것이 되리라."

송(頌)

삼계가 모두 공인데 어디서 마음을 찾으랴.

흰 구름 머흘 머흘 머리 위를 덮고,

흐르는 물 오묘한 거문고 가락을 타건만,

한 가락 두 가락 아는 이 없구나.

가을 밤비에 불은 물이 둑에 넘친다.

三界無法 何處求心

白雲爲蓋 流泉作琴

一曲兩曲無人會

雨過夜塘秋水深

'흰 구름 머흘머흘 머리 위를 덮고, 흐르는 물 오묘한 거문고 가락을 타건만'이란 구절은 반산 스님의 탈속적 경지를 시적으로 표현한 절묘한 구입니다. 백운위개는 삼계를 해탈한 대자연의 백운 밑에서 덮었다는 것이고, 유천작금의 오묘한 가락을 들을 수 있는 사람이 몇이나 되겠는가? 아마 반산 스님 말고는 없을 것이라는 말입니다. 즉 반산 스님의 '삼계가 모두 공인데 어디서 마음을 찾으랴'를 알아들을 사람은 없으리라는 뜻입니다. 가을 밤비에 못 물이 불었다고 하는 자연의 비범한 이 사실, 이 이치가 바로 삼계무법의 모습입니다. 둑 위로 넘쳐 흐르는 저 물 소리, 저것이 곧 삼계무법의 소리임을 알아야한다는 것입니다.

이 성하의 계절에 삼계무법의 이치를 터득할 수 있는 길은 열려 있습니다. 외길이 아닌 사방팔방에 말입니다. 자연의 모습에 눈길을 주시고 자연의 소리에 귀 기울일 때 가능한 일입니다.

長沙逐落花回
: 장사 스님이 하늘하늘 떨어지는 꽃잎을
  좇아 돌아왔다

장사 스님이 하루는 산놀이를 갔다가 돌아와 문 앞에 이르니까 한 수좌가 물었습니다. '스님께서는 어딜 다녀오십니까?' 장사 스님은 '산에 좀 올라갔다 왔지'라고 대답했습니다. 수좌가 '어느 산에 갔다 왔습니까?'라고 다시 물으니까, 장사 스님은 '처음에는 향긋한 봄풀을 따라 갔다가 다시 하늘하늘 떨어지는 꽃잎을 좇아 돌아왔지'라고 매우 시적으로 대답했습니다. 그러자 이에 질세라 하고 수좌도 한마디 했습니다. '봄기운이 물씬 풍깁니다.' 장사 스님이 그 말을 받아 '그래도 시든 연잎에 가을 이슬이 뚝뚝 떨어지는 쓸쓸함 보다야 낫다네.'라고 대답했습니다. 설두 스님이 나중에 '정말 훌륭한 말씀, 고맙습니다.'라고 덧붙였습니다.

—《벽암록》제 36 칙

장사(長沙)란 호남성에 있는 지명이며 가까이에는 동정호(洞庭湖)도 있어서 경승지로 유명합니다. 여기 살았던 경잠(景岑, ?~868) 스님이 이 공안의 주인공입니다. 경잠 스님은 남전보원 스님의 제자이므로 조주 스님과는 사형사제지간입니다. 평창(評唱)에 '장사녹원(長沙鹿苑)의 초현 대사(招賢大師)'라 되어 있는 것으로 보아 장사의 녹원사에 있었던 것으로 짐작됩니다. 또 '기봉민첩'이라고도 한 것을 보면 스님은 매우 예민한 인물이었던 것으로 생각됩니다. 상대방이 이론으로 나오면 이론으로 대하고 게송을 요구하면 게송으로 답했습니다.

어느 날 앙산 스님과 둘이서 달 구경을 나갔다가 앙산 스님이 달을 가리키며 '모두 저런 마음을 지니고 있으면서도 다만 쓰지 못하는 것뿐 일세'라고 했습니다. '당신더러 써 달라고 할 것도 없지'하고 장사 스님이 받으니까 앙산 스님이, '그럼 당신이 써 보시지, 어떤 솜씬지 구경 좀 해야겠군'이라고 말했습니다. 그 말이 채 끝나기도 전에 내가 쓰는 방법은 이렇다는 듯이 앙산 스님을 냅다 걷어차 버렸습니다. 이렇듯 격렬한 기봉(機鋒)이 있어서 세상에서는 '잠대충(岑大虫) 혹은 잠대호(岑大虎)라고 불렀다고 합니다. 그리고 시적인 면도 풍부한 선승으로 무한대한 우주 속의 조그만 한 곳에 머물러 공연한 선풍(禪風)이나 풍기는 것을 싫어하였다고도 합니다. 그리하여 항상 자연을 벗 삼아 지냈다고 합니다. 또, 경잠 스님은 화엄철학의 체험자여서 《경덕전등록》 제 10권에 시 17수가 실려 있고 그 시상은 모두 화엄철학에 의거한 것이라고 합니다.

상당(上堂)하여 말했습니다.

"내가 만일 한결같이 종교만을 선전하면 법당 앞에 풀이 한길이나 자라게 된다. 그러므로 나는 어쩔 수 없어 그대들에게 말하노니, 시방세계가 온통 사문의 눈이요, 시방세계가 온통 사문의 전신(全身)이요, 시방세계가 온통 자기의 광명이요, 시방세계가 온통 자기의 광명속의 것이며, 시방세계가 온통 자기 아닌 사람이 없다. 내가 항상 그대들에게 말하기를 삼세제불과 법계의 중생들이 모두가 마하반야의 광명이라 하였는데 광명이 나기 전엔 그대들이 어디에 있었는가? 광명이 나기 전에는 부처와 중생의 징조도 없거늘 산하와 국토는 어디서 생겼는가?"

그때 한 수좌가 물었습니다.

"어떤 것이 사문의 눈입니까?"

경잠 스님이 대답했습니다.

"길고 길어서 드러낼 수 없느니라. 부처나 조사가 되어도 드러낼 수 없고, 육도 윤회하여도 드러낼 수 없느니라."

"드러낸다는 것이 무엇이기에 하지 못한다 하십니까?"

"낮에는 해를 보고 밤에는 별을 보는 것이다"

한번은 어떤 수재(秀才)가《불명경(佛名經)》을 보다가 물었습니다.

"백 천 부처님이 다만 이름만 있고, 어(語)는 국토에 살았다는 말은 없으니, 그들도 중생을 제도하였습니까?"

"황학루(黃鶴樓)의 시를 최호(崔顥)가 쓴 뒤에 수재도 지은 적이 있는가?"

"지은 일이 없습니다."

“한가해지거든 한 편 지어보는 것이 무방하겠군.”

한 스님이 또 물었습니다.

“어떤 것이 다라니(陀羅尼)입니까?

경잠 스님이 선상(禪床)의 오른쪽 귀를 가리키면서 말했습니다.

“저 스님이 외울 줄 안다”.

“그 밖에도 외우는 이가 있습니까?"

경잠 스님이 다시 왼쪽 귀를 가리키면서 말했습니다.

“저 스님도 외울 줄 안다.”

“저에게는 어찌하여 들리지 않습니까?”

“수좌는 듣지 못했는가. 참된 외로움은 메아리가 없고, 참된 들음은 들림이 없다는 말이 있다.”

“그러면 음성은 법계의 성품에 포함되지 않습니까?”

“빛을 떠나서 보려는 것은 바른 관찰이 아니요, 소리를 떠나서 들으려는 것은 삿된 들음이다.”

“어찌하여 빛을 여의지 않는 것이 바로 보는 것이며, 소리를 여의지 않는 것이 바로 듣는 것입니까?”

경잠 스님이 게송을 지어 보였습니다.

눈에 가득한 것이 빛이 아니요

귀에 가득한 것이 소리가 아니니

문수가 항상 눈에 띠이고

셋을 알면 원래 일체요

넷을 깨치면 본래 동일한 진(眞)이니

당당한 법계의 성품에는

부처도 중생도 없다.

《화엄경》을 강의하는 한 강사스님이 말했습니다.

"허공이 결정적으로 있는 것입니까, 없는 것입니까?"

"있다 하여도 되고, 없다 하여도 되나니 허공이 있을 때엔 거짓 있음만이 있고 허공이 없을 때엔 거짓 없음만이 없다."

"스님께서 말씀하시는 내용은 어떤 경전에 있는 말씀입니까?"

"그대는 듣지 못했는가.《수능엄경》에 말씀하시기를 시방의 허공이 그대의 마음 안에서 난 것이 마치 조각구름이 푸른 하늘에 떠 있는 것 같다 하였으니, 이 어찌 허공이 날 때에 거짓 이름만이 나는 것이 아니겠는가. 또 말씀하시기를 너희들 한 사람이 참 마음을 일으키어 근원에 돌아가면 시방 허공이 몽땅 무너진다 하였으니, 이 어찌 허공이 사라질 때에 거짓 이름만이 사라지는 것이 아니겠는가. 그러므로 내가 말하기를 있음은 거짓 있음 뿐이요, 없음은 거짓 없음 뿐이라 하노라."

요즈음 너 나 없이 산에 오르고 있습니다. 대도시의 길에서나 있음 직한 행인의 혼잡이 산 위에서도 허다하게 볼 수 있습니다. 등산객들이 산에 오르는 것은 산을 좋아해서냐 아니면 산을 사랑해서인가 반문해 보기도 합니다. 좋아한다는 것과 사랑한다는 것은 엄연히 구분이 됩니다. 좋아함은 거래와 같은 것입니다. 효용가치가 떨어지면 이내 관계를 접고 맙니다. 대부분 남녀 간의 관계가 그 모델이 될 것입니다. 작년까지만 해도 좋았다가 오늘은 이내 소원해지고 말기도 합니다. 아마 보답 받는 것을 전제로 하는 에로스적인 면면을 엿 볼 수 있습니다. 그러나 사랑함은 거래가 아닙니다. 사랑은 헌신이 바탕을 이루고 있습니다. 부모님의 자식에 대한 사랑, 애국지사의 구국을 위한 나라사랑은 단 하나 뿐인 목숨과도 맞바꾸는 경우가 있습니다. 아들을 잃은 슬픔을 말할 때 상명지통(喪明之痛)이라고 합니다. 상명지통은 이 말의 내력이 있습니다. 《사기》에 보면 공자의 제자 자하(子夏)는 말년에 아들을 잃고 지나치게 애통해 한 나머지 너무 울어 눈을 실명하게 되었던 것입니다.

눈을 실명한 자하는 육안을 잃었으나 그로인해 심안(心眼)은 더욱 밝아졌던 것입니다. 사람들이 찾아와 '당신의 스승 공자는 어떤 사람이었습니까?'라고 물으면 그는 기쁜 얼굴로 다음과 같이 말했습니다.

"군자는 세 가지 변함이 있습니다. 멀리서 바라보면 엄숙하고, 가까이서 보면 온화하고, 말을 들어보면 정확합니다. 내가 아는 스승께서는 이처럼 세 가지의 변함을 모두 갖고 계시던 분이셨습니다."

반면에 부모를 잃은 자식의 슬픔을 천붕지통(天崩之痛) 혹은 망극지통(罔極之痛)이라고 합니다. 하늘이 무너지는 슬픔이라는 말이겠지요.

일생을 해로하던 아내가 먼저 가면 고분지통(鼓盆之痛)이라고 했습니다. 이는 아내가 죽었을 때 물동이를 두드리며 한탄하였던 《장자》〈지락편〉의 고사에 나온 용어이기도 합니다. 형제를 잃으면 할반지통(割半之痛)이라고 합니다. 나의 몸을 둘로 나눈 아픔이라는 말입니다.

주기만 하고 전혀 보답을 바라지 않는 사랑이 아가페적 사랑이라고 합니다. 요즘 세상에는 꼭 아가페적 사랑만이 있는 것 같지 않습니다. 부모자식 간에도 물질적 거래가 있어야 만이 의사소통이 원활해지는 경우도 있는 듯합니다.

사람이 하루 일을 아침에 설계합니다. 그런데 하루 일이 아침에 계획했던 대로 실행되기가 무척 어렵습니다. 너무 무의미하게 하루가 지나갔다고 하기도 하고 갈등을 일으키지 않을 일도 왜 그리 핏대를 세웠던가 뉘우치기도 합니다. 법사도 갈등이 참 많습니다. 아침에 이러저러한 거창한 계획을 세우지 않아도 말입니다. 순간순간 섬광처럼 지나간 생각을 글로 담아내기란 여간 어려운 일이 아닙니다. 읽었던 책을 다시 들추면 생소하게 느껴지는 것 또한 갈등의 한 요인이 되기도 합니다. 망각이 원망스럽기까지 합니다. 장사경잠 스님과 같이 미려한 문장을 짓지 못함을 자탄하기도 합니다. 유한한 인생이 방대한 서적을 읽고 앞뒤로 모두 꿰고 산다는 것 또한 큰 짐이 될 거라고 스스로 위로하기도 하는 일상사가 되었습니다.

세상에서 주지시키고 있는 경고문구가 그대로 실천된 일도 흔하지 않습니다. 사회가 예정한대로 된 일도 많지 않습니다. 석탄이 머지않아

매장량이 없어 공급 물량이 없을 것이라고 했지만, 지금도 지하갱도를 오가는 작업장의 숨결이 가쁩니다. 석유의 매장량도 그렇습니다. 대체 에너지를 개발하고자 부단한 노력이 있습니다만 여전히 석유를 쓰는 현장이 많습니다. 원자폭탄이 떨어졌던 일본의 나가사키 히로시마에 75년간 풀 한포기 나지 않는다고 했지만 그 폐허의 땅에 생명의 싹이 솟아났습니다. 사회의 규약도 촛점을 잃기가 십상이듯이 개인의 계획이 어긋나는 것 또한 꼭 채근(採根)할 일 만은 아닌 듯합니다.

역사적으로 일가를 이루신 분들이 모두 출발부터 좋았던 것은 아닙니다. 후한 시대에 재상을 지낸 도겸(陶謙)은 열네 살 될 때까지 죽마(竹馬)만 타고 놀았던 개구쟁이였습니다. 그 후 서주자사(西州刺史)가 되어 황건적을 토벌하여 큰 공을 세우고 후에 율양후(溧陽候)에 봉해지기도 했습니다. 당나라에 진자앙(陳子昻)은 열여덟 살이 되어서야 경사(經史)를 읽기 시작하였습니다. 독실하게 공부에 매진하여 문장에 능하게 되었습니다. 송나라의 대문호 소순(蘇洵)은 서른 살에 독서를 시작하였습니다. 당송팔대가의 한 사람이며 소식·소철의 아버지이기도 합니다. 당나라 현종 때 명신이었던 요원숭(姚元崇)은 마흔 살에 공부를 시작하기도 하였습니다. 진(晉)나라의 문장가요, 명필이었던 왕희지(王羲之)의 글씨도 쉰세 살이 되어서야 완성을 보았던 것입니다.

앞산을 언제 오르랴 하고 발길을 떼지 않으면 도저히 오를 수 없는 것입니다. 마음먹었으면 작은 걸음으로라도 발을 내디딜 때만이 정상에 오를 수 있을 것입니다. 이러한 망설임의 광경을 보고 옆 사람이 뻘

쭉인다하더라도 뚜벅뚜벅 걸어가는 것입니다. 차마 소리 내어 웃지 못하고 입을 막고 웃고 있는 사람보다 월등히 나은 삶을 살터이니 말입니다. 인생은 방관자의 삶보다 실천하는 자의 삶이 훨씬 풍요롭기 마련입니다. 경잠 스님과 같이 유유자적하며 자연과 더불어 사는 삶이 부럽습니다. 내 주변에 말동무가 없다하지 마십시오. 자연이 있으니까요. 자연은 마임(mime)입니다. 몸짓과 표정으로 하는 연기가 마임 아닙니까. 무언극이라고도 합니다. 귀가 있어도 속삭임을 듣지 못하고 눈이 있어도 청맹과니가 되어 보지 못함을 경책하는 하루가 되었으면 좋겠습니다. 오늘도 청산녹수는 장광설을 하고 있습니다.

長慶二種語
: 장경 스님의 두 가지 말씀

　원오 선사가 수시하기를, 부처다 깨달음이다 하는 데에 머물지 말아야 한다. 머물면 머리에 뿌리가 생기고 만다. 부처도 깨달음도 없다는 경지도 재빨리 지나쳐 버려야 한다. 지나치지 않으면 무성한 망상의 숲에 빠지고 만다. 그렇다고 말갛게 씻어낸 듯한 아무것도 없는 경지에서 몰아일여(沒我一如)의 세계에 있다는 것도 토끼가 나무 그루터기에 부딪쳐 주기를 기다리듯 어리석은 짓이다. 자, 말해보라. 이것도 저것도 다 안 된다면 어떻게 해야 하는지를!

　언젠가 장경 스님이 "아라한(阿羅漢)에게 세 가지 독이 있을 리가 없지만, 가령 있다고 한 대도 여래(如來)에게는 방편과 진실 같은 두 가지 말이란 없다. 물론 여래도 일자불설(一字不說)은 아니지만 그러나 두 가지 말을 하지는 않는다."라고 말하니까 보복(保福) 스님이 "그럼 여래의 말이란 어떤 거요?"라고 물었습니다. 장경 스님이 대답했습니다. "너 같은 귀머거리는 말해줘도 듣지 못할 게

다.”“흥 공연히 쓸데없는 소리만 늘어놓는 걸 보니 여래의 말을 모르는 모양이군요.”라고 보복 스님이 받자, 장경 스님은 “그럼 여래의 말이 뭐냐?”라고 되물었습니다. 보복 스님이 대답했습니다. “가서 차나 마시지요!”

—《벽암록》제 95칙

《조당집》제 10권에서 장경 스님의 면면을 살펴 볼 수 있었습니다. 장경 스님은 설봉의존 스님의 법을 이었고, 복주(福州)에서 살았습니다. 선사의 휘(諱)는 혜릉(慧稜)이고, 항주(杭州) 해염현(海鹽縣)사람으로 속성은 손(孫)씨입니다. 13세에 출가하여 설봉 스님을 처음 뵙고 학업에 힘썼으나 그다지 영리하지 못했습니다. 이런 전말을 눈여겨 본 설봉 스님은 단안을 내렸습니다.

“내가 너에게 사마의법(死馬医法)을 쓰려는데, 그대는 기꺼이 받아들이겠는가?”

장경 스님이 대답했습니다.

“스님의 처분에 따르겠습니다.”

설봉 스님이 말했습니다.

“하루에 세 차례 다섯 차례 올라오지 말고 그저 산속에서 불에 탄 나무 둥치처럼, 알아서 몸과 마음을 쉬거라. 멀면 10년 중간은 7년, 가까우면 3년 안에 반드시 실마리를 찾을 것입니다.”

스승의 처분대로 2년 반을 지낸 어느 날 마음이 앉아 있기 어려운 상태에 이르러 선원 밖으로 나아가 차밭을 세 바퀴 돌고서 나무 밑에 앉아 졸다가 잠이 들었습니다. 깨어나서 다시 방으로 돌아가기 위해 동랑(東廊) 아래로부터 올라갔습니다. 승당(僧堂)에 들어서면서 등불을 보자마자 느낀 바가 있었습니다.

이에 곧장 스승에게 갔으나 스승께서 아직 일어나지 않았으므로 물러나와 법당 기둥에 기대서서 자기도 모르게 소리를 질렀습니다.

스승 설봉은 그 소리를 듣고 물었습니다.

"누구냐?"

제자 장경이 자기 이름을 말하니, 스승이 말했습니다.

"그대는 한 밤중에 거기서 무엇을 하는가?"

장경 스님이 대답했습니다.

"제가 나름대로 본바가 있습니다."

스승이 일어나 문을 열어 손을 잡고서 간곡히 심정을 물으니, 제자인 장경 스님도 간곡한 심정으로 말하고 게송을 읊었습니다.

대단히 어긋났다 대단히 어긋났다

발을 걷어 올리니 천하에 가득 하여라

누군가가 나에게 무엇을 알았는가 물으면

불자를 들어서 이내 입을 쥐어박으리라.

也大差也大差 卷上簾來滿天下

有人問我會何宗 拈起拂子驀口打

　　스승 설봉 스님은 제자 장경에게 분부를 기다리게 하고는 시자에게 지시하여 장경 스님에게 죽을 쑤게 하였습니다. 설봉 스님이 죽을 먹고 난 후 시자에게 승당에서 두 번째 죽이 돌려졌는지 어떤지 보고 오게 하였습니다. 시자가 가서 보고 설봉 스님에게 와 보고하였습니다. 그러자 설봉 스님은 장경 스님을 승당으로 오라하고는 종을 치면서 말했습니다.

　　"내가 여기에서 주지한 뒤로 1천 7백 대중을 모았는데, 오늘에야 겨우 반쪽의 성인을 얻었노라."

　　다음 날 아침, 상당의 법문을 준비하고 자리에 오른 뒤 장경 스님을 불렀습니다. 스승이 말했습니다.

　　"어제 저녁의 일을 가지고 대중이 그대를 의심하여 모두 '두 노장이 선지(禪智)의 시비를 가려서 꿰맞추는 짓을 하리라'고 말하니, 그대가 본 바가 있다면 대중 앞에서 한마디 하라."

　　이에 장경 스님이 곧 게송 하나를 읊었습니다.

만상 가운데 우뚝 드러난 몸

오직 스스로 긍정하는 사람만이 가까이 할 수 있으리

지난날에는 잘못하여 길 가운데서 배웠는데

오늘 다시 보니 불 속의 얼음일세.

萬像之中獨露身 唯人自肯乃能親

昔日謬向途中學 今日看來火裏氷

장경 스님이 물었습니다.

"예로부터 여러 성인들이 전하신 한 가닥 길을 지시해 주십시오."

설봉 스님이 양구(良久)로써 대답하니, 장경 스님은 절을 하고 물러나왔습니다.

이에 스승이 말하기를 "넓고도 크다." 이리하여 제자 장경 스님은 초경사(招慶寺)에 주석하게 되었습니다.

원오 선사의 수시에서 '물아일여의 세계에 있다는 것도 토끼가 나무 그루터기에 부딪쳐 주기를 기다리듯 어리석은 짓이다'고 하였습니다. 수주대토(守株待兎)라는 말이 있습니다. 이 말은 《한비자(韓非子)》〈오두편(五蠹篇)〉에 나옵니다. 내용인 즉 주(株)는 나무를 베고 남은 그루터기를 말합니다. 그루터기를 지키며 토끼가 나오기만을 기다린다는 말로 어떤 착각에 사로 잡혀서 안 될 일을 고집하고 있는 어리석음을 비유해서 하는 말입니다.

한비는 요순임금을 이상으로 하는 왕도정치를 시대에 뒤떨어진 생각이라고 주장했습니다. 그는 시대의 변천을 돌고 도는 것이 아니라 진화하는 것이라 보고 복고주의를 진화에 역행하는 어리석은 착각이라고 주장했던 것입니다. 그는 이러한 주장 끝에, 그의 주장에 반대하는 사람들을 다음과 같은 이야기로 비유하고 있습니다. 송(宋)나라에 한 농부가 있었는데 하루는 밭을 가는데, 토끼가 한 마리 달려가더니 밭 가운데 있는 그루터기에 머리를 들이 받고 목이 부러져 죽었습니다. 그것을 본 농부는 토끼가 또 그렇게 달려와 죽을 줄 알고 쟁기를 놓아둔 채 그루터기만을 지켜보고 있었습니다. 그러나 토끼는 다시 오지 않았습니다. 결국 온 나라 사람들에게 웃음거리만 되고 말았습니다.

이 우화에서 낡은 관습을 지키며 새로운 시대에 순응할 줄 모르는 것을 가리켜 수주니 혹은 수주대토라고 말합니다.

'아라한에게 세 가지 독이 있을 리 없다'고 하였습니다. 아라한은 소승불교도가 최고 이상으로 삼는 사람입니다. 세 가지 독이란 탐·진·치의 독소로서 사물을 탐내는 마음(貪心), 화를 잘 내는 마음(嗔恚心), 도리나 사리에 어두운 어리석은 마음(癡心)을 말하며 이는 수행에 있어 악덕이 됩니다. 그리고 '여래에게는 두 가지 말이란 없다'고 하였는데 이종어(二種語)란 진실과 방편이란 두 가지 말을 합니다.

송에 끝 구절에 삼월우문조점액(三月禹門遭點額)이라고 하였습니다. 삼월우문이란 춘삼월 꽃 필 때 우문, 즉 용문(龍門)에서라는 말인데 중국 하남성 용문산의 폭포를 우왕(禹王)이 3단으로 나누어 물길을 가로막아 홍수를 면하게 했는데, 3월 3일 꽃 피는 계절이 되면 잉어가 그 3단의 폭포를 오른다는 전설이 있습니다. 그 3단을 다 오르고 나면 그 잉어는 용이 되어 승천하지만, 채 못 오른 잉어는 오히려 바위에 머리를 부딪쳐 이마에 상처만 남기게 된다고 합니다. 그래서 조점액이라고 한 것입니다. 등용문이니 낙제니 하는 말은 이러한 옛 전설에서 나온 것입니다.

일생을 교단에서 보낸 저에겐 '시간이란 무엇인가?'에 대해 곰곰이 생각해 보곤 합니다. 시간은 누구에게나 고르게 24시간이 주어지는 것이고 우리 마음대로 조작이 가능한 일도 아닙니다. 시간은 최고의 성실을 요구하기도 합니다. 분침이 왠지 께름칙하여 초침을 보고 수업에 들어가 교단에 서게 됩니다. 언젠가 학생들이 제 별명이 있다는 것입니다. 궁금하기도 하고 의아스러운 말이기에 물어 보았지요. '면도날'이라고 했습니다. 그게 무슨 뜻을 지닌 별명인지 몰라 물어 보았더니 너무나 수업시간에 정확히 시간을 맞추어 들어오기 때문에 학생들이 지어낸 별명이라고 들었습니다. 아마 학생들은 시간은 최고의 성실을 요구한다는 명제를 이해하기에 미흡했던 게 아닌가 생각합니다.

'돈이란 무엇입니까?' 위진시대에는 돈만 있으면 귀신도 부린다(有錢使鬼神)고 했습니다. 재미있는 서양의 속담이 있습니다. '황금만능'이란 말을 서양에서는 '돈은 암말이 숫말에게 가게 한다(Money makes the mare to go)'라고 합니다. 그 무소불위의 돈도 한 가지에 쓰면 금액이 축이나 다른 쪽에 쓰기에 부족하기 마련입니다. 두루두루 아쉬울 것 없이 척척 쓰고 살기가 쉽지 않는 일입니다. 시간이나 돈을 쓸 때 항상 우선순위를 정하여 어느 것 하나는 포기 하던가 뒤로 미루게 되는 현실을 실감하게 됩니다.

그러나 마음을 생각해 봅시다. 예전에 헤프게 쓰는 상태를 표현 할 때 물 쓰듯 한다 하였습니다. 그러한 물도 오늘날에는 물 부족 현상이 현실로 목전에 당도하였습니다. 무공해 식품이 아닌 게 없던 시절에 살던 우리 선조들은 모진 질병이 없었습니다. 그러나 오늘 날 온갖 불치의 병은 공해의 만연 속에 우리의 삶의 질을 잠식해 오고 있습니다.

마음을 옆 사람에게 나누어 주어도 내 마음이 줄지 않습니다. 인류를 향해서 아무리 퍼주기를 한다한들 줄어들지 않습니다. 마음이란 여의주는 잃어버린 시간을 마음먹기에 따라서는 찾을 수 있습니다. 육신은 쇠잔했다 해도 마음은 젊으면 됩니다. 노화란 당사자의 죄가 아닙니다. 생명이 있는 것들이 겪어야 할 통과의례이니까요. 돈도 그렇습니다. 돈은 없는 것보다 있는 것이 좋을 것 같지만 많이 있는 사람일수록 재물의 화가 엄청 큰 것을 이따금 보고 듣습니다. 돈이 없거나 적은 사람의 경우 그저 불편하다거나 배고픔이 있을 뿐입니다. 이러한 문제는 개인의 문제로 국한되기 일 수이지만, 있을 경우는 사회적인 문제로 크게 비화되곤 합니다.

희로애락의 감정을 전하고자 할 때 빈부의 격차가 없습니다. 재산의 많고 적음에 따라 감정이 전해진다고 하면 가진 자의 희로애락은 감당하기 어려울 것입니다. 가진 것이 변변치 못하다 하여 감정의 농도가 옅은 것도 아닙니다. 감정은 빈부의 격차와는 상관없는 일이고 마음의 컨트롤 문제인 것입니다.

'걷다'라는 말을 그리스어로 peripateo라고 합니다. 이는 '걸어 돌아다니다', '그 사람답게 처신하다'를 가리키는 말입니다. 걷지 못하는 사람은 그 사람답게 처신하지도 못하고 생활할 수도 없다고 그리스인들은 생각했던 것입니다.

일상생활에서 걷는다는 사실을 감사하지 못하고 살다가 어느 날 노쇠과정에서 일어서는 것, 걷는 것을 제대로 혼자 힘으로 할 수 없을 때 겪는 충격을 생각해 보셨습니까. 걷고 뛰는 것을 전혀 의식하지 않고 생활하다가 어느 날 스틱에 의지하여 걷든가 휠체어에 몸을 싣고 도움을 받아 이동하게 될 경우 말입니다.

이런 생각조차 이내 지워버리고 싶고 절대 나에게는 있을 수 없는 일이라고 부정하고 싶지요. 그러나 누구나 겪어야 하는 일이고 보면 그저 거부하고 회피만 할 일은 아니라고 봅니다. 물질이란 사용하면 반드시 낡고 연약해지기 마련입니다. 낡은 시계를 바꾸거나 휴대전화나 컴퓨터, 전구의 경우도 금속 피로가 있기에 물건을 교환하는 일이 일어나는 것입니다.

百丈野鴨子
: 백장 스님의 들오리

원오 선사가 수시하기를, 지도(至道)는 온 세계에 두루 미쳐 있으므로 어느 한 곳에 묻혀 있지 않다. 있는 그대로를 모두 드러내고 있어서 어떤 경우에도 막히지 않는다. 무엇에나 자유자재로 응할 수 있는 해탈의 경지에 있는 사람이어서 그의 말에 사견(私見)이 없고 누구에게나 활살자재(活殺自在)의 묘용을 발휘한다. 자, 말해보라. 옛 사람은 필경 어떤 경지에서 편히 머물러 있었는가!

마조 대사(馬祖大師)가 백장 스님을 거느리고 길을 가다가 들오리가 날아가는 것을 보자 마조 대사가 말했습니다. "저게 뭐냐?" "들오리입니다."라고 백장 스님이 대답하니까 마조 대사는 다시 "어디로 갔지?"라고 물었습니다. "저쪽으로 날아가 버렸습니다." 백장 스님의 이 대답에 마조 대사는 느닷없이 백장 스님의 코끝을 잡아 힘껏 비틀었습니다. 백장 스님은 너무 아파 참을 수가 없어서 울음을 터뜨리니 마조 대사가 "가긴 어딜 가! 여기 있지 않으냐!"

라고 말했습니다.

—《벽암록》제53칙

《조당집》제14권에 백장 스님의 행장을 볼 수 있습니다. 백장 스님은 마조도일 스님의 법을 이어 강서에서 주석했습니다. 백장 스님의 휘는 회해(懷海)이며 복주 장락현(長樂縣)사람입니다. 속성은 황(黃)씨입니다. 어릴 적에 어머니를 따라 절에 가서 부처님께 절을 하고 나 불상을 가리키면서 어머니에게 물었습니다.

"저게 무엇입니까?"

"부처님이니라."

"형상이 사람과 같아서 나와 다름이 없으니, 후일에 나도 부처님이 되겠습니다."

그 후 출가하여 최상승(最上乘)을 흠모하여 바로 대적(大寂)의 회상으로 가니, 대적이 백장을 한번 보고 맞이하여 입실하게 하여 더 이상 다른 곳으로 가지 않았습니다.

한 납자가 물었습니다.

"지금 계를 받고 몸과 마음이 청정하고 온갖 착한 법을 이미 다 갖추었다면 해탈을 얻을 수 있겠습니까?"

백장 스님이 대답했습니다.

"조금은 해탈할 수 있으나 심해탈(心解脫)을 얻지 못했고 일체의 해탈도 얻지 못했느니라."

"어떤 것이 심해탈입니까?"

"부처도 구하지 않고 알음알이도 구하지 않아서 더럽고 깨끗한 생각이 다한 뒤에도 구함없는 경지를 옳다고 고집하지 않고, 경지에도 머무르지 않으며, 지옥의 속박도 두려워하지 않고, 천당의 즐거움도 즐겨하지 않으며, 일체 법에 구애되지 않아야 비로소 해탈하여 걸림이 없다 하나니, 몸과 마음 등 일체를 모두 해탈해야 하느니라. 그대들은 조그마한 계행이나 선행으로 다 되었다고 생각하지 말아라. 항하의 모래와 같이 수많은 무루의 계·정·혜를 가졌다 하더라도 전혀 쓸모가 없으니, 노력하여 용맹정진하여라. 귀 먹고 눈 어두워서 늙음의 고통이 몸에 미치기를 기다리지 말아라. 눈에서는 눈물이 흐르고 마음은 두려움에 떨면 갈 곳이 없으리라. 그러한 때에 가서 행동을 정리한다면 설사 복과 지혜와 지식이 있다 하여도 전혀 구제할 수 없으리라. 마음의 눈이 열리지 않고 오직 모든 경계를 반연하여 돌이킬 줄 모르고 도를 보지 못한다면 일생 동안의 악업이 모두 앞에 나타나 혹은 기쁘고 혹은 두려우며, 6도와 5욕이 눈 앞에 나타나면 모두가 훌륭한 집과 배와 수레로 그 빛이 찬란하게 보이는데, 이는 마음껏 탐욕과 애착을 따랐기에 보이는 것이 모두 좋은 경계로 변하여 중하게 여기는 바를 따라 태어나서 전혀 자유가 없게 된다. 따라서 용이 될지, 축생이 될지, 양반이 될지, 천민이 될지 전혀 예측하지 못한다."

"어찌하여야 자유로워집니까?"

백장 스님은 대답했습니다.

"지금 5욕과 8풍을 만나 버리거나 취할 마음이 없고, 더럽거나 깨끗함이 모두 없어져서 마치 해와 달이 하늘에 떠서 반연하지 않고 비추는 것 같이 되어, 마음이 목석과 같고 코끼리가 강을 건너는 것 같이 하여 전혀 의심이 없으면, 이 사람은 천당이나 지옥에 걸리지 않으리라."

들오리를 야압자(野鴨子)라고 합니다. 자(子) 자는 구자무불성(狗子無佛性)·주장자(拄杖子)와 같이 명사에 붙이는 접미사입니다. 십마처거야(什麼處去也)는 들오리가 어디로 갔는가? 인데 방거사호설편에서 방 거사가 약산을 떠날 때 마침 내리는 눈을 가리키며 호설편편불락별처라, 즉 '송이송이 내리는 눈발마다 다른 곳에 떨어지지 않는구나'라고 하니까 전선객이 '그럼 어디로 떨어집니까?'라고 반문했습니다. 방 거사는 전선객(全禪客)의 따귀를 갈겨서 눈송이가 떨어지는 곳을 가리켰다는 이야기가 있는데 아주 비슷한 경우라 하겠습니다.

인왕산의 이른 아침은 고요함이 물씬 묻어납니다. 이 적막을 깨는 것은 나의 가쁜 숨소리입니다. 대자연이 우주의 현(絃)으로 켜는 화음을 들어보십시오, 코로 맡는 풀냄새의 향기와 우주의 음악소리의 어우러짐은 어느 오케스트라에서도 느낄 수 없는 비경의 화음이 됩니다. 오케스트라는 그리스극에서 무대와 관객석의 중간 위치를 말하며, 어의(語義)는 춤추는 장소를 의미합니다. 코러스의 무용과 기악 연주자를 위한 자리였습니다. 눈부신 햇살이 숲을 파고 들어 점령군이 되어도 두려운 움츠림도 없고 싫어하는 기색하나 없습니다. 아름드리 소나무에 안겨도 싫은 내색을 하지 않는 자연의 포용력은 인간에게 무언의 교훈을 줍니다. 북한산에 눈을 띄우면 장관을 보게 됩니다. 문수봉·보현봉은 안개와 구름이 숄(shawl)을 두르고 있습니다. 인간의 힘으로는 도저히 저런 장관을 만들 수 없는 일입니다. 장맛비에 어깨가 시리다고 숄을 둘렀을까? 아니면 인간이 산에 권태를 느낄까봐 치장을 하고 선보인 것일까? 이 아침에는 유난히 진흥왕 순수비가 세워진 비봉까지, 형제봉에도 숄을 둘러줍니다. 인왕산에만 올라가야 볼 수 있는 경관이 아니고 나의 서재에 앉기만 하면 창밖으로 한 눈에 들어옵니다. 바다에만 밀물과 썰물이 있는 것 같지 않습니다. 산에는 시시각각으로 넘나드는 밀물과 썰물의 빛깔들이 질서정연하게 교차되고 있습니다. 흐르는 구름, 쉬어가는 바람결 하나 질서와 순리를 거역하지 않습니다.

새들은 날 수 있는 날개가 있습니다. 물고기는 헤엄칠 수 있는 지느러미가 있습니다. 맹수들은 발이 있어 달릴 수 있습니다 그러나 그 발로 인해 덫에 걸립니다. 지느러미는 그물에 걸립니다. 날개는 화살에 맞습니다. 바람과 구름은 날개도 지느러미도 발도 없습니다. 없어서 아주 불편할 것 같지만 전혀 그렇지 않습니다. 없다는 것은 불편할 것 같지만 없음은 자유를 노래할 수 있는 여유가 생깁니다.

팔등신이 뽐내는 계절이 되었습니다. 팔등신은 키가 얼굴 길이의 8배되는 몸을 말합니다. 멋쟁이의 대명사쯤 되었습니다. 우리의 할머니 세대에는 6등신 정도가 멋쟁이였을 것이고 어머니 세대에는 7등신 정도가 멋쟁이의 표준이 되었을 것입니다. 경국지색의 양귀비의 몸매도 8등신이 아니고, 오나라의 왕 부차(夫差)가 홀딱 반했던 서시(西施) 역시 분명 8등신이 아니었으니 말입니다. 오늘날은 이 8등신이 퇴물이 되고 9등신이 신모델로 등장한 듯 합니다. 얼굴은 작아지고 반면에 팔다리는 훨씬 길어졌으니 말입니다.

여배우나 패션모델들의 외모에서 뭘 느끼십니까? 마치 윤기가 좌르르 흐르는 경주용 말의 미끈하고 군더더기 없는 기품 있는 몸매를 닮았다고 생각하지 않으셨습니까. 이 멋진 경주용 말에 안장을 올려놓고, 짐마차를 끌게 한다면 어찌 되겠습니까. 아니면 논밭을 갈게 한다면 어찌 되겠습니까? 웃지 못할 광경을 연속적으로 연출할 것입니다. 우리에게는 경주용 말보다 더 소중한 말이 있습니다. 수레를 끄는 말입니다 무거운 짐을 지고 힘겨워 커다란 콧구멍에서 흰 입김을 뿜어내는 말, 이 말이야말로 삶의 진한 냄새를 느낄 수 있는 말이고 우리가 필요로 하는 산소같은 말인 것입니다.

인권이 주저앉고 약자가 그늘로 나앉는 광경에 방관하는 사람들이 있습니다. 그러한 현실에 타성에 깊이 물든 미디어의 안주도 발견할 수 있습니다. 이러한 무감각 증세는 프리즘 현상과 흡사합니다. 프리즘은 굴절되어 속에서 전혀 생각지도 못했던 색이 나타나게 됩니다. 처음 의도했던 것과는 다른 방향으로 끌려가고 있다는 것을 깨닫는 순간 역사는 몇 굽이를 감돌아 탁류가 되기도 합니다. 재난이 있을 때 비상식량이 긴요하게 쓰이듯 탁류를 정제해주는 마음과 육신의 비상식량이 필요할 것입니다.

마음의 비상식량을 어디서 배급받을 수 있으며 어디서 구할 수 있느냐고 물으시면 코끝이 얼얼함을 느끼게 될 것입니다. 마조 스님이 허공을 날으는 들오리를 보고 제자 백장 스님에게 '어디로 갔느냐'고 물었을 때 '저쪽으로 날아가버렸습니다'라고 하니 스승 마조 스님은 느닷없이 백장 스님의 코끝을 잡아 힘껏 비틀었습니다. 너무 아파 참을 수가 없어서 울음을 터뜨렸지요. '가긴 어딜 가! 여기 있지 않느냐!'라고 반문했듯이 비상식량은 앉고 선 자리에 가득합니다. 진리나 스승은 항상 내 가까이 있다는 말입니다.

저의 산행 길에 심심치 않게 산나리들이 미소를 지으며 반겨줍니다. 우람한 소나무나 높은 봉우리에 비하여 그 존재를 드러낸다는 것이 미미하기 그지없습니다. 그러나 절벽의 작은 틈바구니에 핀 한 송이 꽃도 산의 한 부분을 이룬다는 사실을 깨닫고 나면 한결 발걸음이 가벼워집니다. 꽃의 속성은 소박함인 듯합니다. 어찌나 소박했던지 신분이 낮고 삶이 고단한 사람들도 꽃을 뿌리고 거두어들일 수가 있습니다. 그러나 위대한 사람이라 해도 꽃을 창조할 수는 없습니다. 도랑에 만개한 봉숭아꽃이나 맨드라미, 과꽃들도 머지않아 꽃의 소박함을 잃지 않고 선보일 날을 기다리고 있습니다. 아차, 저 하늘거리는 배롱나무 가지에도 꽃이 필 것입니다.

어떤 사람은 휴식과 오락을 위해 산을 찾는다고 합니다. 또 어떤 사람들은 육체적인 에너지를 비축하기 위해서라고도 합니다. 그러나 나에게 있어 산은 생각하는 것보다 느끼는 대상이 됩니다. 인간이 만들어 놓은 어떤 조각품보다 뛰어난 대상이 되기 때문입니다. 그리고 빼놓을 수 없는 것이 시기심이 소멸된 평화로운 삶을 배우기 위함입니다. 산은 거대한 혼탕입니다. 적나라하게 속살을 드러내고 살아갑니다. 그렇다고 옆에 숲이나 나무가 킥킥거리며 흉보지 않습니다. 흉물스럽다고 고개를 돌리지도 않습니다. 그저 너는 네 모습대로 나는 내 모습대로 거리낌 없이 살아가고 있습니다. 산은 상대에게 불만을 실토하지 않습니다. 어떤 경우라도 안으로 받아들이고 안으로 녹여냅니다. 그러기에 산을 좋아합니다. 폭풍우도 이겨내고 폭설도 맞아주고 폭염도 받아주는 산의 인욕이야말로 인간이 배워야 할 큰 덕목이 되리라고 봅니다.

대중교통을 이용하는 출근길에서 옆 사람이 신발을 밟거나 몸의 중심을 잃어 약간 기대기라도 하면 상이 이내 찌푸려지기 일쑤입니다. 내일 출근길에 산의 넉넉함으로 옆 사람을 대해 보십시오. 그러면 상대편은 나보다 더 큰 마음으로 다가올 것입니다. 저는 지금까지 운전자의 입장이 되어보지 못했습니다. 운전을 못하니까 그럴 수밖에요. 소위 BMW를 타거든요. B는 bicycle 자전거, M은 metro 지하철, W는 walking 걷기를 풍자한 말입니다. 보행자의 입장에서 보면 풀리지 않는 일들이 있습니다. 왜 보도에다 행인들이 불편하게 차를 세워 둡니까? 파란 신호를 기다렸다 여유 있게 횡단보도를 건너가는데 차가 정지선에 서지 않고 행인 가까이 위협적으로 갖다 대는 소행은 어디서 나오는 것인지 이해가 가지 않습니다. 역지사지의 여유가 없어지고 맙니다.

송(頌)

들오리 어디로 가나? 마조는 다정하게 말해 주긴만
여전히 그 뜻을 모른 채 '날아간다'니
날으려다 오히려 코를 잡혔네
자 어디 말 좀 해 보라!
野鴨子知何許 馬祖見來相共語 話盡山雲海月情
依前不會還飛去 欲飛去 却把住 道道

'야압자 지하허(野鴨子知何許)' 들오리는 과연 어디로 가는 걸까? 마조 스님이 '십마처거야(什麼處去也)'라고 한 말에 대한 구입니다.《진서(晉書)》에 '산공출하허(山公出何許)'와 같으며 하처라는 뜻이 됩니다. 즉 들오리의 실체가 무엇인지 아는 자가 세상에 몇이나 될까? 아마 많지 않으리라는 뜻입니다.

'마조견래상공어 화진산운해월정(馬祖見來相共語 話盡山雲海月情)' 마조 스님은 우주의 한 구석에서 날아가는 들오리를 보고 그 들오리를 빌어 산운해월(山雲海月)의 정을 백장 스님과 함께 마음껏 이야기를 나누려 했던 것입니다. 산운해월정은 우주의 아름다움이요, 자연의 묘기(妙機)이며 지도(至道)의 활동이란 뜻입니다.

보여주어도 보지 못하는 사람이 있고, 들려주어도 듣지 못하며 주어도 받지 못하는 사람이 있습니다. 그렇다고 왜 보지 못하느냐, 듣지

못하느냐, 받지 못하느냐고 책망하지 않는 것이 자연이고 지극한 도의
묘용입니다.

雪峰是什麽
: 설봉 스님의 '이게 뭐냐'

원오 선사가 수시하기를 사물에 대해 조금이라도 분별심이 생긴다면 이미 마음의 정상적인 상태를 잃고 어지러워진다. 불도 수행의 단계 그럼 말해 보라. 멋대로 함이 옳은가 꼼짝 못하게 함이 좋은가를! 그러한 경우에 머리칼만큼의 좁은 길이 있다 해도 말에 구애되거나 상대자나 환경에 사로잡혀 있다면 숲 귀신과 같은 가련한 꼴이 되고 만다. 그러나 비록 아무것에도 의존하지 않고 홀로 깨달은 경지에 있다 해도 아직 진리란 만리 저편의 아득한 고향처럼 먼 것이다. 그래도 아직 내 말을 알아듣지 못하겠다면 잠시 이 눈앞에 놓인 생생한 공안을 터득하라.

설봉 스님이 암자에 살고 있을 때 수행 남자 두 명이 찾아와 예배를 했습니다. 설봉 스님은 그 남자들을 보자 손으로 문을 밀어 열고 활개치듯 달려 나가며 "그래, 무슨 일이냐?"라고 물었습니다. 남자들 역시 "그래, 무슨 일입니까?"라고 되물었습니다. 설봉 스님은 그만 고개를 숙이고 암자로 돌아가 버렸습니다. 두 스님은 그후 암두 스님에게 찾아왔습니다. 암두 스님이 물었습니다. "어디서 왔느냐?" "영남(嶺南)서 왔습니다."라고 두 스님들이 대답하니까 암두 스님은 "그럼 설봉은 만났느냐?"고 물었습니다. "네, 만났습니다."라는 두 스님의 대답에 암두 스님은 "뭐라고 하더냐?"라고 물었습니다. 두 스님은 거기서 있었던 이야기를 했습니다. 그러자 암두 스님이 "그러고 또 뭐라고 했느냐."라고 물으니까 "아무말 없이 고개를 숙인 채 암자로 돌아갔습니다."라고 대답했습니다. 암두 스님은 "아 애석하구나. 그때 그에게 말후(末後)의 한마디를 해주었어야 할 걸. 그렇게 했더라면 천하의 어느 누구도 설봉을 감당치 못했을 텐데!" 하고 탄식했습니다. 그 후 이곳에 머물고 있던 두 스님이 하안거가 끝날 무렵이 되자 다시 이전 이야기를 꺼내면서 물었습니다. 그랬더니 암두 스님은 "내 좀 더 일찍 묻지 않았느냐?"라고 나무라듯 말했습니다. "아무리 해도 알 수 없는 공안이어서 늦었습니다."라고 스님들이 실토하니까 암두 스님은 말했습니다. "설봉과 나는 함께 배우고 깨우쳤지만 방법은 다르다네. 설봉에게 들려 주고 싶었던 말후의 한마디를 알고 싶다지? 그게 바로 이거야!"

—《벽암록》제51칙

설봉의존(雪峰義存) 스님은 암두전활(巖頭全豁) 스님과 같이 둘 다 덕산선감 선사의 제자이고 태어난 고장도 같습니다. 복건성(福建省) 천주(泉州)이고 나이도 비슷합니다. 같은 시대에 출가하어 운수행각도 함께 했던 모양입니다.

원오 선사의 말씀 가운데 재유시비 분연실심(纔有是非 紛然失心)이 있습니다. 재(纔) 자는 겨우 재, 조금 재입니다. 이 구는 3조 승찬 스님의 《신심명》에 나옵니다. 그 뒤에 이유일유, 일역막수, 일심불생, 만법무구(二由一由, 一亦莫守, 一心不生, 萬法無咎)라고 나옵니다. 둘은 하나를 말미암아 있으나 하나마저도 지키지 말라. 한 마음이 나지 않으면 만상에 허물이 없게 된다. 인간의 고질적인 병인 이분법적 논리 구조에 대해 궁구하고 있습니다.

시비는 선악이라기 보다는 본래 하나인 것을 둘로 보는 분별심의 소산이라고 보아야 합니다. 즉 이 구의 뜻은 '사물에 대해 분별심이 생기면 그 사물에 사로잡혀 이미 마음의 정상적인 상태를 잃게 됩니다. 그렇게 되면 있는 그대로의 참모습을 볼 수 없게 됩니다.

옛날에 어떤 왕자가 있었는데, 갓난아이 때 왕궁에서 쫓겨나 숲속의 나무꾼에 의하여 길러졌습니다. 그는 이런 상태에서 어른이 되었는데, 스스로를 같이 사는 미개 부족의 한 사람으로만 생각하고 있었습니다. 그런데 어느 날 부왕(父王)의 신하가 그 젊은이를 발견하여 그의 신분을 알려주었으며, 그는 자신의 신분에 대한 오해를 풀고 자신이 왕자임을 알게 되었습니다. 이와 같이 영혼도 자신이 처해 있는 환경으로 인해 자기의 본성에 대하여 오해를 하는 것입니다. 그러다가 어느 거룩한 스승이 진리를 밝혀주면 그때서야 자신이 '브라마'라는 것을 알게 되는 것입니다.

인간은 무지합니다. 무지하기 때문에 우리가 본래불이고 우리가 진여불성을 지니고 있음을 망각하고 살아갑니다. 방황하고 폭풍우를 맞아가며 광야에서 헤매고 있는 것은 무지의 소산이고, 무엇이던지 나누어 보려는 분별심에 연유합니다. 손을 쥐면 주먹이 되고 손을 펴면 손바닥이 됩니다. 주먹이 좋다하여 항상 주먹 역할만 하게 한다면 일상생활이 상당히 불편할 것입니다. 손바닥의 경우도 같습니다. 신축성이란 삶을 편리하고 윤택하게 합니다. 불자님들은 집도 잘 정리정돈을 하시고 집안 가구도 정리정돈을 잘 해 놓으셨으리라고 짐작이 갑니다. 저의 경우는 판이하게 다른 면면이 있습니다. 가구라야 책상과 책장이 고작입니다. TV는 사치스럽다고 할 수 없는 필수품이 되었고 컴퓨터 또한 그렇습니다. 컴퓨터, TV, 책장이나 책상에 뽀얗게 내려앉은 먼지를 보고 있노라면 놀랍습니다. 사물이 있는 곳에는 먼지가 따르기 마련이구나. 청소하기가 그만큼 번거로워진다는 이치를 터득하게 되었습니다. 그렇다면 내면의 마음속 가구는 어떨까 생각해 보았습니다. 우리가 일상생활에서 갖추고 사는 가구보다 훨씬 많은 마음의 가구를 안고 살고 있습니다. 소위 욕망이라는 포대 속에는 별의별 잡동산이들이 자리하고 있어서 먼지가 앉을 경우 쓸고 닦고 털어내기가 여간 어려운 일이 아닙니다. 고층건물에 아스라이 매달려 유리창을 닦고 있는 사람들을 보신 적이 있을 것입니다. 유리창을 닦는 것이 한 직업이 되었는데 앞으로는 이 직업의 풍경을 보기가 어려울 것입니다. 먼지는 공간이 있기 때문에 앉을 것입니다. 이제 신제품 유리가 나와 이용하기 시작했습니다. 머리카락 굵기의 십만 분의 일이 나노(nano)라는 입자 단위입니다. 우리가 상상하기 어려운 미립자입니다. 먼지 보다 미세하니까 먼지가 앉을 공간이 없다는 말입니다. 부처님께서는 《숫다니빠따》에서 '송곳 끝에 겨자씨를 올려놓을 수 없듯이'라는 표현을 쓰고 있습니다. 나노가 없었던 시절의 말씀이셨을 것입니다.

송곳 끝에 올려놓을 수 없는 겨자씨처럼 분별심도, 번뇌도, 좌절도 모두 뒹구는 겨자씨마냥 굴려 버립시다.

간소하게, 간소하게 삽시다. 관혼상제의 간소화를 한 때는 캠페인을 벌린 적이 있습니다. 이러한 캠페인 못지않게 삶의 간소화가 절실히 요망되는 시대에 살고 있습니다. 다섯 손가락이 모자라면 다른 다섯 손가락을 빌려 쓰면 해결되는 삶은 어떻겠습니까? 혹자는 계산은 엄지손톱에 할 수 있도록 하라고 주장하고 있습니다. 문명사회에 살고 있는 현대인에게 가혹한 얘기라고 사시눈을 뜰지 모르겠으나 내가 간소화 되면 상대도 이웃도 간소화되지 않겠습니까.

인디언 가운데 푸리족이란 종족이 있는데 그들에 관한 이야기는 시사하는 바가 있습니다.

"이 사람들은 어제와 오늘과 내일을 나타내는 데에 한 가지 말밖에 없었습니다. 그래서 어제를 의미할 때는 등 뒤를 가리키고, 내일은 자기 앞을, 그리고 오늘은 머리 위를 가리켜서 뜻의 차이를 나타냈다."고 합니다.

영국의 시인 채프만(George Chapman, 1559~1634)은 노래했습니다.

그리스 신화에는 위대한 발명가였던 디달로스(Daidalos)의 아들은 이카로스(Icarus)가 나옵니다. 크레타 섬의 폭군에게 붙들려 있던 두 부자는 발명가 아버지가 만든 인조의 날개를 달고 탈출하게 됩니다. 아들 이카로스는 태양에 너무 가까이 다가갔기 때문에 날개의 아교가 녹아 바다에 떨어져 죽게 됩니다. 지금도 에게 해에 '이카로스의 바다'라는 해역이 있습니다.

인간의 욕망 해협은 끝이 없어 치닫고 치닫다가 그냥 나락으로 떨어지고 마니 개탄스러운 일입니다. 여기서 이 아침에 제가 한심스러운 모든 점을 떨치고 희망의 새아침을 맞는 방법을 제시하고자 합니다.

지금 여러분의 마음에 원을 하나 그려보십시오. 원의 중심에서 반경을 그어 놓으면 반지름이 생기지요. 그려 놓은 반경은 하나만 그을 수 있는 것이 아니고 그런 형태로 무수히 그릴 수 있습니다. 희망의 반경을 그어 보십시오. 행복의 반경을 그을 수도 있고 성공의 반경을 그을 수도 있습니다. 단 하나뿐이라는 단서 조항이 없으니 얼마든지 풍족하게 그릴 수 있습니다. 그리는 데 그치지 않고 누릴 수 있어야 합니다.

법사는 꿈꿉니다. 인생의 넓은 여백의 확장을 꿈꿉니다. 그리고 반경을 긋습니다. 영토의 확장은 번뇌를 더해갈 뿐임을 잘 알고 있기 때문입니다. 손톱을 싸고 있는 살에 작은 너스래미가 얼마나 불편합니까.

대패질을 잘하고 난 판자에 너스래미가 있으면 이내 알 수 있습니다. 이렇게 외경에는 민감한 반응을 보여 물건에 쓸데없이 붙어 있는 너스래미나 티끌같은 것은 누가 가르쳐 주지 않아도 잘 눈에 띄게 됩니다. 마음 속에 내재되어 있는 너스래미를 완전히 없애는 작업이 각자 인생의 넓은 여백을 확장하는 길이라고 봅니다.

암두 스님이 두 남자에게 어디서 왔느냐고 하니까 영남에서 왔다고 했습니다. 영남(嶺南)의 영은 광동성(廣東省)과 호남(湖南)·강서(江西)·복건(福建)의 경계에 있는 남영(南營)을 말합니다. 영남은 광동성 지방이지만 당(唐)의 행정구역상 영남도는 광서성(廣西省)·안남(安南)까지 포함하고 있었습니다. 설봉수여아동조생 불여아동조사(雪峰雖與我同條生 不與我同條死), 즉 설봉과 나는 함께 배우고 깨우쳤지만 방법은 다르다네. '동조생'은 같은 나뭇가지에 숱한 새들이 나란히 머물거나 그 둘레를 날아다닌다는 뜻입니다. 같은 고향, 같은 스승, 같은 수행을 했다는 뜻입니다. '불여아동조사'는 그렇듯 함께 있던 새들도 죽을 때는 각기 다르다는 것입니다. 즉 선기나 선풍이 각기 다르다는 말입니다. 설봉 스님에게 들려주고 싶었던 말후의 한마디는 바로 앞에서 말한 '설봉과 나는 함께 배우고 깨우쳤지만 방법은 다르다네.'입니다.

일반적으로 사람들은 자기의 잘못을 인정하려고 하지 않습니다.

그러나 성인들의 모습은 판이하게 다릅니다. 위나라의 현인으로서 유명한 대부 거백옥(蘧伯玉)이 있었는데 이름은 원(瑗)이요, 자는 백옥이였습니다. '나이 50에 49년의 잘못을 알았다.'고 했을 만큼 반성이 강했던 사람이어서 공자도 항상 경의를 표했다고 합니다.

어느 날 거백옥은 공자에게 사자를 보냈습니다. 공자께서는 그 사람을 청해 자리에 앉게 한 다음 물었습니다.

"그래. 거 선생께서는 무엇을 하고 계신가요?"

사자가 대답했습니다.

"우리 선생께서는 과실을 줄이려 애쓰고 계시지만, 아직 충분하지 못하십니다."

사자가 물러가자 공자께서 말씀하셨습니다.

"훌륭한 사자로구나, 훌륭한 사자로구나."

허물을 감추려고 하면 허물의 자취는 안 보일 수 있으나 그 무게는 몇 곱절더 무거워질 뿐입니다. 사람들은 눈에 보이는 세계만이 모두인 양 생각하기 일쑤이지만 무게를 측정하는 진실의 계기가 있습니다. 해마다 비가 오면 그 강수량을 재는 한강계기가 잠수교 아닙니까. 어느 눈금 어느 계기가 되면 차량을 통제하기도 하고 인도를 통제하기도 합니다. 진실의 계기를 보았다는 사람은 흔치 않습니다. 보았다 해도 몇몇에 지나지 않을 것입니다. 진실의 계기는 무색, 무취하며 손으로 만질 수 없고 육안으로 볼래야 볼 수 없는 불가사의한 존재입니다. 인간

세상의 낱낱의 일들이 고장없고 오차없는 진실의 계기로 모두 측정되고 있으니 하루의 생활이 어떠해야 할지 금새 답이 나옵니다.

송(頌)

진짜 선(말후구)의 뜻 말해주랴

차별과 평등이 하나가 되는 것.

함께 배우고 깨달았음은 다 알지만

방법이 틀리다니 정말 훌륭하구나!

그 훌륭함을 석가도 달마도 잘 살펴두라.

남북동서로 이젠 돌아가

깊은 밤 바위 위의 흰 눈이나 함께 보세.

末後句-君說 明暗雙雙底時節

同條生也共相知 不同條死還殊絶 還殊絶

黃頭碧眼須甄別

南北東西歸去來 夜深同看千巖雪

남북동서귀거래 야심동간천암설, 즉 '남북동서로 돌아갈거나 밤은 깊어 캄캄한데 천암의 흰 눈을 본다'고 했습니다. 캄캄한 밤에 그것이 보일까요. 보이는 것을 차별과 평등이 하나가 되는 경지라고 할 수 있을 것입니다. 원오 선사는 '환식득말후구마. 편타(還識得末後句麼. 便打)'

라고 착어하고 있습니다. 즉 어찌 터득했다고 할 말후의 일구가 있겠느냐. 터득했다 해도 안 맞고 터득치 못했다 해도 틀리며 차라리 한 대 쳐서 일체를 깨끗이 씻어 버리라는 뜻입니다. 이것이 곧 말후지구(末後之句)일까? 결국 이 칠언이구(七言二句)는 설두 스님이 암두 스님의 '불여아동조사(不與我同條死)'라 한 말을 윤리적으로 풀이한 말로서, 사람들 각자가 그 천품에 따라 해야 할 일도 달라지므로 각자의 일을 자각하고 실천하는 데에 말후지구를 알게 됩니다. 공연히 언제까지나 운수의 여로를 헤매일 필요는 없습니다. 어서 바삐 자기가 귀착되어야 할 곳에 돌아가 조용히 앉아서 말후지구의 실현을 위해 노력해야 한다는 뜻입니다.

인도의 한 수행승은 나그네에게 3개의 인형을 말했습니다. '돌로 만든 인형, 헝겊으로 만든 인형, 소금으로 만든 인형. 이 세 인형이 바다 속으로 들어갔는데, 돌로 만든 인형은 아무런 변화가 없었고, 헝겊으로 만든 인형은 물을 흡수해 잔뜩 부풀었고, 소금으로 만든 인형은 바닷물에 녹아 사라져 버렸다'고. 어떤 사람은 돌로 만든 인형처럼 진리의 세계에 살면서도 진리의 존재를 느끼지 못합니다. 또 어떤 사람은 헝겊으로 만든 인형처럼 자신의 에고만을 키워갑니다. 진정한 수행자는 소금으로 만든 인형과 같이 진리를 체험하는 순간, 진리 안에서 자신의 존재가 완전 용해되어야 할 것입니다. 설봉 스님이 들려주고 싶었던 말후의 한 마디가 세 인형이야기가 아니었을까요.

睦州掠虛頭漢
: 목주 스님의 '이 바보 녀석아!'

원오 선사가 좌하의 선승들에게 수시하기를, 세상에서는 시비·현우·선악·곡직 등으로 떠들썩하다. 구태여 이유를 댄다면, 각기 제 나름대로의 논거가 있기 마련이다. 그래서 옛 사람도 말하기를 '절대적인 방면, 즉 평등적인 입장에서 말한다면 그야말로 석가도 미륵도 문수도 보현도, 그리고 온갖 성인 현자와 천하의 종교가·조사도 모두 말문이 꽉 막힌다. 이와 반대로 만약 차별상 즉 우주의 상대적인 방면에서 말한다면, 초파리도 눈에놀이도 그 밖의 온갖 생물까지도 모두 절대적 가치를 갖추고 있어서, 낱낱이 부처요 미륵이요 문수·보현이므로 각기 대광명을 내뿜고 아무도 다가들 수 없는 높고 아득한 벼랑을 이룬다'고 한다. 만약 이 모두를 초월한 입장에서 말해야 한다면, 자 어떻게 생각해야 할까? 규정이 있으면 규정을 따르고, 규정이 없으면 선례를 따르라.

어느 날 한 스님이 목주도종(睦州道蹤) 스님의 절로 찾아와, 이절에 있게 해 달라고 했습니다. 목주 스님이 객승에게 "지금까지 어느 절에 있었나?"라고 묻자, 그 객승은 곧 "악!"하고 일할(一喝)했습니다. 목주 스님이 "허 내가 자네에게 한방을 맞았군!"하니 그 객승은 다시 또 "악!" 했습니다. 그러자 목주 스님은 "도대체 어쩌자는 거냐? 악! 악! 악! 할을 하고 나서 그 다음엔 어쩌겠단 말이냐? 그대로 계속 소리만 지르고 있을 셈이냐?"라고 꾸짖으니, 객승은 그만 기가 죽어 잠자코 말았습니다. 이때를 놓치지 않고 곧 목주 스님은 그 객승을 후려치며 "이 바보 녀석아!"라고 외쳤습니다.

—《벽암록》제10칙

목주(780~877) 스님은 황벽희운 선사의 법통을 이었습니다. 젊은 임제 스님을 독려하고 운문 스님의 다리를 분질러 주면서까지 접득한 스님입니다. 진존숙(陳尊宿)이라 불리우고 명리를 싫어하여 평생 은자로 숨어 살며 세상에 나타나지 않았고 또 매우 효심이 깊어 짚신을 삼다 팔아서 어머니를 봉양했기 때문에 진포혜(陳蒲鞋)라고도 불렀다고 합니다. 스님은 불학에 조예가 깊어 삼장에 능통하고 청엄(清嚴)이라고 할 정도로 근엄한 사람이었다고도 합니다. 이름은《오등회원》에는 도명(道明),《고존숙어록》에는 도종(道蹤)이라고 되어 있습니다.

원오 선사의 수시에서 보면 임마임마 불임마불임마(恁麽恁麽 不恁麽不恁麽)라는 표현을 하고 있습니다. 당·송시대의 속어로 임마임마는 사물을 긍정하는 것이고, 불임마불임마는 사물을 부정하는 것입니다.

세상일이란 무엇이건 이 긍정과 부정의 두 가지에서 벗어나지 않습니다. 즉 그것은 찬성이냐 반대냐, 사느냐 죽느냐, 버느냐 밑지느냐, 선이냐 악이냐, 밝음이나 어둠이냐 등이 상반되는 두 입장 사이에 다리를 놓고 걸어가는 게 인생이라 하겠지요.

향상전거(向上轉去)는 '절대적인 방면에서 입론하면'의 뜻입니다. 갈거(去)자는 '걸어서 가버린다'는 뜻이 아니고, 일종의 조동사이며, 동사의 어세를 강하게 하기 위한 조사입니다. 조주 스님의 화두 가운데 '끽다거(喫茶去)'가 있는데 이 경우의 갈거 자도 어세를 강하게 할 뿐 '간다'는 뜻이 전혀 없습니다.

혜계멸몽(醯雞蠛蠓)이 있는데 혜계는 초파리입니다. 즉 초 · 간장 · 된장 · 술 따위에 잘 덤벼드는 파리입니다. 멸몽은 눈에놀이입니다. 작은 곤충으로, 풀숲에서 서식하며 여름에 사람의 눈앞에 어지럽게 떼지어 날며 뱅뱅 돌기도 하고 아래위로 까불거리기도 합니다. 멸몽을 몽예(蠓蚋)라고도 합니다.

당혹불상불하(儻或不上不下)는 '만약 향상에 전거(轉去)하지도 않고, 향하에 전거하지도 않을 경우에는'의 뜻입니다. 여기서 당자는 만약 당(儻)자이지만, 만약 약(若) 자와는 뜻이 다릅니다. 만약 약 자는 '있을 수 있는 것, 할 수 있는 것이 만약 있다면, 또는 만약 할 수 있다면'의 뜻입니다. 《금강경》제3 〈대승정종분〉에서 '약난생 · 약태생 · 약습생 · 약화생' 등으로 표현하고 있음을 쉽게 생각할 수 있고 제29 〈위의적정분〉에서도 '수보리야 약유인이 언여래 약래 · 약거 · 약좌 · 약와라 하면……’이라고 표현된 경우입니다. 만약 당(黨)은 ‘있을 수 없는 것, 할 수 없는 것이 만약 있다면, 또는 만약 할 수 없다면’의 뜻입니다. 이백의 글에 “당급난유용(黨急難有用)이면 감효미구(敢效微軀)리라. 만일 급한 때에 쓰임이 있다면 미천한 몸이나마 감히 최선을 다 하겠습니다.”라고 표현하고 있습니다.

오늘날 학교 공부는 맹점이 있습니다. 자연과학의 경우 망원경이나 현미경으로 세계와 천체를 관찰하는 법을 가르치고 있습니다. 그러나 육안으로 세상을 보는 법을 가르쳐주는 데는 소홀합니다. 어린 시절에 ‘자연’이란 교재로 공부했습니다. 그 내용의 단면을 보자면 곤충도 생물도 행성의 운항도 나와 있습니다. 이러한 잡다한 교과 과정에 있는 낱낱의 내용보다 더 중요한 것이 있다고 봅니다. 자연이란 스스로 자(自), 그러할 연(然)인데 무엇이 스스로 그렇다는 것인지 포괄적인 의미 파악이 더 중요하다고 봅니다. ‘스스로 그러하다’는 것은 자연의 4계절 변화 같은 것이고 낮이 있으면 밤이 있다는 이치를 깨우쳐 주는 것이라고 봅니다. 법사의 경우만이었는지 모르겠으나 ‘자연’이라는 과목의 개념이 잡히지 않아 모호하게 지냈던 학창시절이 아련히 생각납니다.

자연은 순리를 따르지만 인간은 순리를 거역하는 경우가 허다합니다. 순리를 거역하므로 질서가 무너집니다. 집단에 혼란이 일기 일쑤입니다. 나의 이기심이 인류의 삶에 막대한 재앙을 부른다는 사실도 망각하고 삽니다. 떡을 찌면 시루 째 놓고 먹지 않고 떡을 잘게 썰어 상에 놓듯이 우리의 정신적인 떡을 썰어야 하겠습니다. 전기의 규정량을 초과하는 부하가 과부하(過負荷)이고 인구가 지나치게 많아, 주택·교육·공해·교통 등 여러 가지 사회문제가 일어나는 도시를 과밀도시(過密都市)라고 합니다. 과부하나 과밀도시의 경우 피부로 이내 느낄 수 있습니다. 반면에 과욕은 자각 증세가 없습니다. 누군가가 옆에서 간절히 만류해도 막무가내입니다.

그러기에 부처님께서는 "수행자들이여! 이와 같은 출가 수행자는, 사실은 집에 기대고 있는 사람이고, 빗나간 욕망에 사로잡혀 있으며 그릇된 생각과 행동을 하면서 나쁜 곳에 있는 사람인 줄을 알아라. 그대들은 힘을 합해 그런 사람을 물리치라. 쌀겨처럼 그를 키질하여 티끌처럼 날려 버려라. 그리고 사실은 수행자가 아니면서 수행자인 체하는 '쌀겨'들도 날려 버려라. 빗나간 욕망에 사로잡혀 있고 그릇된 행동을 하며 나쁜 곳에 있는 그들을 날려 버려라."라고 《숫타니빠따》에서 말씀하고 있습니다.

아침 산의 풍경은 낮과는 판이하게 다릅니다. 아침에 햇살이 쪼이기 전에 산새는 목욕하러 연못에 내려옵니다. 아마 아침 기도를 위한 몸단장인지도 모를 일입니다. 아니면 어제 밤의 잠자리가 불결하여 샤워라도 하는 모습인지도 모릅니다. 어느 산새의 경우에는 노래를 합니다. 산새는 모두 대형 무대가 체질에 맞는 모양입니다. 새들이 굴속에서 노래하는 것을 듣지 못했으니 말입니다. 고작 둥지에서 들을 수 있는 소리는 먹이를 물어다 날지 못하는 새끼들에게 먹일 어미 새의 나지막한 신호가 있고 둥지에 적이 침입할 때 경고의 소리를 내는 정도입니다. 몸집은 작지만 온 산을 무대로 아니면 최소한 한 계곡을 무대로 설정하여 대자유를 얻은 노랫소리는 아침시간에 대한 예매권을 잃어버린 우리 인간에게 무슨 메시지를 전하고 있습니다. 마음에도 얼굴에도 행동에도 잔뜩 궁기가 흐르는 인간이 되지 말고 당신의 마음 씀씀이를 이드거니 써보라고요.

매미의 울음소리는 향응의 주악소리가 아닙니다. 6년 11개월 넘는 긴 세월동안 땅 속에서 굼벵이로 인고의 세월을 보낸 후 몸을 바꾸어 매미가 되었습니다. 단, 한 달 동안만 매미의 몸으로 살 수 있습니다. 이 기간에 종족 번식을 해야 하므로 번식을 위해 이성을 찾는 간절한 절규인 것입니다. 이 사실을 알고 난다면 누가 감히 잠을 설치게 한다고 매미소리를 탓하지는 않을 것입니다.

사향쥐는 덫에 걸리면 자유의 몸이 되기 위하여 세 번째 다리라도 물어서 끊는다고 합니다. 자유의 편안함을 어디에서 터득했는지 참 궁금해집니다. 인간은 사향쥐의 생각과 향동과는 다른 듯합니다. 피부미용에 관한 얘기로 소일하다가 나이가 들어감을 한탄하고 잃어버린 탄력성을 한스러워 하기도 합니다. 결심한 듯 약물에 의존하여 젊음을 찾고자 보톡스 주사를 맞는다고도 합니다. 우리가 정작 잃어버린 것은 무엇일까? 탄력성도 아니고 젊음도 아니고 마음의 속박입니다. 순간순간 내 몸을 엄습해오는 번뇌를 주체하지 못합니다. 내가 속해 있는 집단이 짓누르는 제도의 속박은 제도권에서 벗어나야겠다는 충동으로 통제하기 어려운 경우도 있습니다. 아무리 부지런히 발을 놀려도 너와 나의 마음이 가까워지지 않는다는 사실이 큰 갈등을 일으키고 있습니다. 고요했고 맑고 찬란한 햇살이 있고 영롱한 샘물이 솟아나는 생명의 원천에 살기를 원합니다. 드라마의 한 장면 장면이 쉬 바뀌듯이 우주의 스크린에 나의 삶의 장면을 바꾸어 보십시오.

근리심처(近離甚處)라는 말이 있습니다. 객승이 와서 이 절에 있게 해달라고 했을 때 목주 스님의 질문이었습니다. '지금까지 어느 절에 있었느냐?' 혹은 '어젯밤은 어디서 묵었는가?'라는 뜻입니다. 심(甚) 한 자만으로도 '무슨'의 뜻으로 쓰입니다.《지월록(指月錄)》에도 유심난견(有甚難見)이 나오는데 '무슨 보기 어려운 것이 있으랴'라는 예가 있습니다.

주제가 '목주 스님의 이 바보 녀석'인데 약허두한(掠虛頭漢)을 바보 녀석이라고 했습니다. 이 말은 당·송시대의 속어로 두(頭)는 바로 위에 오는 말을 구체화하기 위해 붙여진 것입니다. 즉 허두의 두도 역시 같은 뜻으로 허(虛)를 구체화하기 위한 말입니다. 텅 비었으니 멍텅구리로 한(漢)자를 덧붙이면 '이 멍텅구리야'나 '이 얼간이 녀석아' 정도의 뜻이 됩니다.

자연은 말로 표현할 수 없고 글로 다 표현할 수 없는 순수함이 있고 자애로움이 넘쳐납니다. 우리에게 건강을 주고 먹거리를 줍니다. 거기에는 주민세도 없고 의료보험료도 없고 경작료도 하나 없습니다. 그저 사람들이 부지런하기만 하면 모든 자연의 혜택을 누릴 수 있습니다.

인간들이 가지고 있는 동포애니 연민이니 동정심과는 비교할 수 없는 무궁한 구원의 힘을 가지고 있습니다. 제가 오르는 산행 길에 큰 바위가 있는데 바위 아래와 위에 누군가의 손길이 미치지 않았을 터인데 크나큰 참나무가 무성하게 자라고 있습니다. 윗 참나무는 가지마다 듬성듬성 말라서 푸른 잎과 대조를 이루고 있습니다. 아마 숲은 한여름에도 누런 잎을 떨구며 상복을 입고 있나 봅니다. 어느 위정자의 저승길을 미리미리 예견했던 징조는 아니었을까 상념에 젖어 봅니다.

히아신스의 꽃말은 '슬픔을 초월한 사랑'입니다. 아폴론과 원반던지기를 하다가 히아킨토스의 이마에 맞아 엄청난 피가 흘러 의술의 신인 아폴로도 어쩔 도리가 없었습니다. 매우 슬퍼 탄식할 뿐이었습니다. 그때 대지에 떨어진 피는 순식간에 색을 바꾸어 아름다운 꽃을 피웠습니다.

우리 인생이 방향초처럼 향기가 나고, 우리 인생이 꽃처럼 아름다움을 잃지 않는다면 그리워할 게 무엇이 있겠습니까? 별처럼 은은함을 지니고 거미줄과 같이 탄력성을 잃지 않는다면 성공한 삶이 아니겠는가. 이러한 삶이야말로 스스로 축복할 가치가 있다고 봅니다. 이 삼복에 무수히 진군하고 있는 개미떼의 행군에서 무한한 행복을 느낍니다. 인간이 무심코 내딛는 한 발 두 발의 보폭의 길이를 그들이 가려면 이 여름날에 장애물이 있을 수 있고 이를 넘자면 고생은 말 할 수 없을 것입니다. 마트에서 물건을 구입하여 카트에 담아 나르는 모습에서도 인간이기에 느끼는 쏠쏠한 행복이 있습니다. 개미는 일개미들이 힘을 합해 도구 하나 없이 온 몸으로 만이 그들의 먹이를 나르고 있습니다.

영국의 극작가 버나드 쇼의 무덤에는 아주 인상적인 비문이 새겨져 있습니다. "우물쭈물 하다가 그럴 줄 알았다."라고. 인생은 그 막을 내릴 때 후회투성이입니다. 많은 회한이 남기도 할 것입니다. 연극의 막이 내려지고 관객이 자리를 뜰 때 어느 한 면 만이라도 그의 삶이 그럴 수밖에 없었겠노라고 수긍이 가는 단면이라도 보여야 하지 않겠습니까.

내면의 불로 나를 데우고 내면의 물로 나를 식히는 지혜가 필요합니다. 우리는 지구라는 별에 모두 인생 수업을 받으러 온 학생들 아니겠습니까. 이 이치를 터득하면 '이 바보 녀석아!' 쯤은 모면할 수 있겠지요.

翠巖夏末示衆
: 취암 스님의 하안거 해제일 법문

원오 선사가 좌하의 선승들에게 수시하기를, 절대의 진리를 터득한 사람은 그 전도(傳道)활동이 자유 자재여서 용이 물을 얻은 듯, 호랑이가 산에 버티고 앉은 듯하다. 그러나 아직 진리를 터득하지 못한 사람의 처세 방법은 숫양(羝羊)처럼 저돌적인 짓을 하다 결국 뿔이 울타리에 걸려 꼼짝 못하는 꼴이 되고, 나무그루에 다시 또 토끼가 와 부딪쳐 죽기를 기다리는 바보짓이나 한다. 진리를 터득한 사람의 활동은 때로는 금시 일어나 덤빌 듯한 사자와 같고, 때로는 비길 데 없이 굳은 금강 보검 같으며, 또 때로는 세상 사람들의 말문을 막아 버리는가 하면, 때와 장소에 따라 알맞은 설법을 편다. 만약 상대방이 절대의 진리를 터득한 사람이면 곧 마음이 통하는 사이가 되어, 서로의 기분을 알고 좋고 싫은 것까지 집착하게 되며, 따라서 서로의 마음이 꼭 들어맞아 서로 함께 상대방을 밝혀 말해 줄 수 있게 된다. 그러나 만약 상대방이 저돌적이며 바보 같은 위인이라면, 또 하나 명철한 눈을 갖추고서 사방을 지켜보며 깎아지른 절벽 같은 태도를 보여주어야 한다. 그래서 '절대적인 행동에는 일정한 규칙이 없고, 자유자재하다' 고 할 것이다. 그런 활동을 할 수 있는 사람이라면 때로는 한 포기 풀로도 1장(丈) 6척(尺)의 황금불을 만들고, 때로는 1장 6척의 황금불로 한 포기 풀을 만들기도 한다. 그야말로 대소를 초월하고 경중을 초월한 것이다. 자, 말해 보라. 무슨 도리로 이런 활약을 할 수 있는지. 그래 자세히 알겠느냐?

취암 스님이 하안거를 마치고 해제 날, 선승들에게 말했다. "하안거가 시작된 이후로 여러분을 위해 서투른 설화를 늘어놓았는데, 그게 부처가 어떻느니 조사가 어떻느니 하여 너무 속된 게 되어버렸오만 그래도 이 취암의 눈썹이 남아 있습니까?" 보복 스님이 "도둑놈이 정직할 리 없지. 그러니 취암의 수작을 조심해야 돼."라고 말했습니다. 그러자 장경 스님은 "눈썹이 남지 않기는커녕 자꾸 자라고 있군."했습니다. 운문 스님은 "어렵쇼. 조심하라. 함정이 있다."고 덧붙였습니다.

—《벽암록》제8칙

취암 스님은 설봉(雪峰) 선사의 법을 이었고 절강성 영파부(寧波府)의 명주(明州)에서 살았습니다. 스님의 휘는 영참(令參)이고, 호주(湖州) 사람입니다. 취암 · 보복 · 장경 · 운문은 모두 설봉의존 선사의 문하생들이고 이들 가운데 취암이 제일 막내 제자였던 모양이고, 그가 하말(夏末) 도량에서의 접심(接心) 때 동문(同文) 세 사람이 가세하여 벌어지는 이야기입니다.

《조당집》제 10권에 스님의 행장을 살펴볼 수 있습니다.

어떤 이가 물었습니다.

"세치의 혀를 빌리지 말고, 스님께서는 말씀해 주십시오."

취암 스님이 말했습니다.

"차당(茶堂)으로 가서 시비를 가려라."

"그 밖에 것은 감히 묻지 않겠습니다."

이에 스님께서 양구(良久)하니, 다시 물었습니다.

"다른 사람들에게는 어떻게 이야기하리까?"

이에 스님이 대답했습니다.

"시자야, 등불을 밝혀라."

하말(夏末)이란 말이 있는데 여름 하(夏)는 하안거란 뜻이고 일 년에 한번 하계(夏季)에 수행하는 모임입니다. 본래 이 제도는 범어로 바르사(Varsa)라고 하며 부처님 이전부터 인도에서 거행되었던 제도로 인도에서는 우기를 이용하여 개최되는 약 100일 간의 하기수양회입니다. 하말은 그 하기수양회 폐회식 날로 선종에서는 이 날을 해하일(解夏日) 혹은 자자일(自恣日)이라고도 합니다.

선수행을 할 때 졸음을 쫓기도 하고 피로를 덜기 위해 일정한 장소를 왕복하여 걷는 것을 경행(經行)이라고 하고 경행의 경(經)자는 경전을 뜻하는 글자로 날 경이라고 하는데 날줄을 뜻하며 세로를 말합니다. 날줄은 법이고 이치이며 성인의 말씀을 모아 놓으면 경전이라고 합니다. 베를 날 때 처음과 끝의 실이 튄다거나 끊기게 되면 좋은 옷감이 될 수 없습니다. 베틀에 앉은 아낙이 길쌈솜씨를 뽐내려면 수고롭겠지만 끊긴 실을 잇기 위해서 번거로움을 마다하지 않고 날 줄을 정돈한 다음에 북이 좌우로 왔다 갔다 하면서 씨실을 풀어주어야 좋은 천이 만들어집니다. 경전은 생명의 줄이요 경전은 진리의 말씀입니다. 인도에서 경행의 내력을 보면 일정한 거리를 두고 벽돌을 놓았습니다. 벽돌의 간격은 사람의 보폭에 맞게 놓고 우기에 땅이 질펀하여 외출 시 걷기가 불편하니까 편히 걷기 위한 방법이었던 것으로 마치 베를 나듯이 고르게 놓습니다.

오늘 날 인도 비하르(Bihar) 부다가야에서 경행의 원조를 볼 수 있습니다. 부처님이 성도하신 후 3주째 되는 7일간 경행을 하십니다. 이를 일러 라따나 짱까마나(Ratana Cankamana)라고 합니다. 절 왼쪽 벽에 대리석으로 장식되어 있고 길이는 25ft, 폭은 4ft이며 회수는 108번의 경행을 하셨습니다. 인도 성지 순례를 하셨다면 '그래 맞아'라고 하실 것이고 아직 성지순례를 못하신 분들의 경우에 기회를 보아 순례하신다면 법문에서 들었던 '바로 이 장소로구나'라고 환희심이 나실 것입니다.

미모재마(眉毛在麽)란 '눈썹이 남아 있느냐?'의 뜻입니다. 재마는 유마(有麽)와 같은 뜻이 아니며 유마는 '사물의 유무', 즉 '있느냐 없느냐'

란 뜻이지만, 재마는 '아직 존재하고 있는가?'의 뜻입니다. 그러므로 미모재마는 '내 눈썹은 아직 떨어지지 않고 붙어 있는가?'란 뜻이 됩니다. 예부터 선림(禪林)에서는 너무 세속에 익숙해져서 근본적인 진리로부터 동떨어진 설화를 하면 눈썹이 없어진다는 속담이 전해지고 있습니다.

힌디어에 '깔'이라는 말이 있습니다. 어제도 '깔'이고 내일도 '깔'이라고 합니다. 그래서 상대방이 말할 때 말의 내용에 따라서 말하는 사람이 어제를 말하는지 내일을 말하는지 잘 판단해야 합니다. 범어로 시간의 법륜을 '깔 차크라'라고 합니다. 수직적이고 상승적인 종교관이 아니라 둥글둥글 원을 그리는 돌고 도는 윤회적 역사관을 알 수 있습니다.

인도철학에서 온 세상의 시간을 4가지 기간으로 나누었습니다. 그 기간을 유가(yuga)라고 하는데, 한 유가는 1,000신년(神年)이고 1신년은 432,000년입니다. 첫 번째 기간인 사띠 유가(Satya Yuga)는 17억 2천 8백만 년, 두 번째는 뜨레따 유가(Tretta Yuga)는 12억 9천 6백만 년, 셋째 드와빠라 유가(Dwapara Yuga)는 8억 6천 4백만 년이고 마지막 네 째는 깔리 유가(Kali Yuga)는 4억 3천 2백 만년입니다. 합산을 해보면 영겁의 겁이란 Kalpa의 시간인 43억 2천만 년이 됩니다.

영겁의 시간을 노래했던 인도인들에게 하안거란 시간은 찰라에 지나지 않았습니다. 젊으니, 청춘이 눈 깜빡할 사이에 지나가듯이 쉬 지나가는 시간인 것입니다. 윤회가 몸에 체득된 인도인들에게 현세의 불편함이 별 문제가 되지 않고 현세의 지위가 낮고 나의 무력함에 위축되다거나 누굴 원망하지도 않으며 다만 이생의 문제일 뿐이라는 것입니다. 밤이 어둡지만 머지않아 먼동이 트고 밝은 태양이 뜬다는 사실을 믿듯이 현세의 어려움을 내세의 환희로 바꾸어 놓는 마력을 지니고 있습니다. 이생과 저 세상의 일들을 수레바퀴의 위아래가 없고 좌우가 없듯이 연속선상에 있다고 확신하며 살고 있습니다.

지금 내가 글로 표현할 수 없는 어떤 사유의 세계 앞에 어떤 성인들은 어느 책에 쉽게 표현되어 있을지도 모르겠다는 생각을 하면 당혹스럽고 숨이 가빠지게 됩니다. 우리 마음에 수직의 파문을 일으키는 문제와 똑같은 문제들을 현명한 사람들에게도 한 때는 제기되었을 일이 아닐까 생각합니다.

성인은 4가지가 전혀 없다고 하였던가. 무의(毋意) · 무필(毋必) · 무고(毋固) · 무아(毋我)라고 하며 무의는 억측하지 않는다는 것입니다. 범부들의 경우 직접 보고 들은 일이 아닌데도 마치 보고 들은 듯이 말을 합니다. 그 결과 억측은 다른 억측을 낳아 말은 불어나고 '발 없는 말이 천리간다'는 속담도 생겨났습니다. 무필은 기필코 성사하려 하지 않는다는 것입니다. 범부중생은 금생 내생을 논해가며 이생에 꼭 이루겠다고 다짐을 하건만 다짐한대로 되어가기란 쉬운 일이 아니며 성취되지 않으면 마침내 건강을 잃기까지 합니다. 일이 흘러가는 데로 놔두는 지혜를 터득해야 하겠습니다. 무고는 고집하지 않는다는 것입니다. 배운 사람일수록 고집을 부려 불협화음이 나기 다반수로 고집은 이기주의의 소산입니다. 고집은 '우리'라는 울타리의 반경이 좁아지면 좁아질수록 극대화되므로 무아는 아집을 부리지 않는다는 것입니다. 다수의 사람들은 '나'라는 상에 사로잡혀 많은 것을 잃기 일쑤입니다. 그렇게 대단하게 생각하는 나도 분석해 보면 나의 실체가 없으므로 나에 집착할 일도 아닙니다. 그러나 중생은 형상에 매여 그 굴레를 벗어나지 못하고 다람쥐 쳇바퀴를 돌듯이 살고 있습니다.

배를 타고 노(櫓)를 저어 보았습니까. 아니면 이전에라도. 노가 움직여 물을 칠 때마다 생기는 메아리는 얼마나 청아합니까? 물결 위에 벌레가 움직이고 소금쟁이가 사뿐히 걸어가고 난 작은 진동이 수면을 수놓을 때의 신비함을 느껴 보셨을 것입니다. 우리는 이 작은 자연의 묘기 앞에서 얼마나 감탄했고 환희에 찼던가를. 그뿐입니까? 어제는 거미줄이 햇살을 받아 금방 은도금을 한 것처럼 선연히 광체를 발산하는 모습은 어찌 말로 표현이 다 될 수 있겠습니까?

이덕무와 박제가는 북경을 다녀와 정조 2년(1778) 이덕무는《입연기(入燕記)》를 저술하고 박제가는《북학의(北學義)》를 저술했습니다.

매당(梅堂) 이덕무는 언젠가 처마 사이에 왕거미가 거미줄 치는 모습을 보고 기뻐하며 "절묘하구나! 때로 머뭇거리는 것은 마치 무슨 생각이 있는 것 같고, 때로는 재빨리 움직이는 것은 마치 무언가를 깨달은 것 같으며, 파종한 보리를 발로 밟아주는 것과 같고, 거문고 줄을 손가락으로 누르는 것과도 같다" 하였습니다.

자연의 섭리에서 흔히 말하는 필(feel)이 확 꽂히게 되는 순간들은 어디에서도 느낄 수 없는 감동을 주고 가을의 전령 여치의 울음소리는 세월의 덧없음을 인간에게 일깨워 주는 듯합니다. 잠자리 가까이에서도 저 풀섶에서도 속삭이고 잠든 영혼을 일깨우는 자연의 화음에 귀를 기울이면 무한한 메시지가 전해옵니다.

누에의 성장과정을 살펴보면 느끼는 점이 많습니다. 넉잠을 자며 몸을 불려가는 모습, 뽕잎을 먹을 때 사각거리는 소리가 장맛비 소리같이 요란스럽기도 합니다. 그러나 고치를 지을 때가 되면 그 왕성한 식욕도 모두 사라지고 7일 동안 몸속의 오물을 모두 배설하는데 열중입니다. 그 결과 몸은 아주 투명해지고 마침내 비단실로 고치를 짓습니다. 나비로 환생하기 위한 준비를 마치는 것입니다. 겨자씨만한 생명체가 한 생을 마치고 다음 생을 준비하는데 여러 과정을 거쳐 새롭게 태어납니다. 마찬가지로 인간도 이생을 정리하고 아름다운 환생을 원한다면 누에와 같이 육신도 정신세계도 감량이 절대 필요할 것입니다. 현재의 모습으로는 환생의 기쁨을 누리기에 너무 오염된 것이 아닌가 스스로 살아갈 나의 날들을 추스려 보는 아침이 되었으면 합니다. '희고 맑은 옥의 티는 갈고 닦으면 되나, 말의 실수는 고칠 수가 없으므로 실언해서는 안 된다'고 《시경》〈대아(大雅)〉에서 가르치고 있고 '말이 혀에서 나오면 사마(駟馬)도 따라잡을 수 없다'고 《논어》〈안연(顏淵)〉에서 가르치고 있습니다.

어느 날 부처님의 제자 아지타가 물었습니다. "세상은 무엇에 덮여 있고 세상은 무엇 때문에 빛을 내지 않으며 세상을 더럽히는 것은 무엇이고 세상의 가장 커다란 두려움은 무엇입니까? 그것을 말씀해 주십시오"

"아지타여, 세상은 무지에 덮여 있다. 세상은 탐욕과 게으름 때문에 빛을 내지 않는다. 욕심은 세상의 더러움이며, 고뇌는 세상의 가장 커다란 두려움이라고 나는 말한다."라고 부처님은 대답하셨습니다.

누에의 슬기로움에서 많은 것을 배웠습니다. 좋은 집을 짓기 위하여 배불리 먹는 시기가 있는가 하면, 그 음식물을 장기에 보존하고 있으면 윤기 나는 집을 지을 수가 없겠다고 확신하고 모든 오물을 몸 밖으로 토해내는 단계가 있었습니다. 고치를 짓고 환생하기 위한 나비의 단계를 맞이합니다. 누에라는 이름으로 범접해 보지 못한 해탈의 삶이 두 날개 속에 깃들게 됩니다. 그 동안 발이 많아도 오고 감에 많은 제약을 받았습니다. 허공을 나는 나비는 보고 싶고 향내음에 취해보고자 했던 자연의 넉넉한 품에서 지금 훨훨 날고 있지요.

雲門秘在形山
: 운문 스님의 불성은 육체에 있다

　　원오 선사가 수시하기를, 스승에게서 배우지 않고도 저절로 솟아나는 지혜로 작위(作爲)가 없는 묘용을 발휘하고, 아무 인연도 없는 사람들을 제도하려는 대자비심으로 부탁받지 않고도 남을 돕는 훌륭한 벗이 된다. 그런 사람은 단 한마디로 망상을 깨고 크게 살릴 수 있는 활살자재(活殺自在)의 묘용과 사소한 동작으로도 늦추었다 조였다 마음대로 할 수 있는 능력이 있다. 자, 말해 보라. 예부터 지금까지 어떤 인물이 그렇게 할 수 있었는지를!

　　운문 스님이 좌하의 운수들에게 수시하기를 "이 무한한 시간과 공간을 꿰뚫고 그 속에 하나의 보물이 있다. 그것은 바로 우리 몸 속에 있다. 그런데 등롱을 들고 불전에 갔다가 산문을 그 등롱 위에 올려놓은 채 들고 돌아왔지."라고 했습니다.

—《벽암록》 제62칙

운문 스님이 인용하고 있는 말은 승조(僧肇)의 《보장론(寶藏論)》에 나오는 글로 승조는 《금강경》의 역자로 유명한 구마라습(kumarajiva, 350~409)의 제자이며 대단한 수재였습니다. 《물불천론(物不遷論)》, 《부진공론(不眞空論)》, 《반야무지론(般若無智論)》, 《열반무명론(涅槃無名論)》 등의 명저가 있는데 이것들을 합쳐서 《조론(肇論)》이라고 부릅니다. 승조는 진왕(秦王)의 노여움을 사서 처형될 때 7일간의 말미를 얻어 저술한 글이 바로 《보장론》이고 처형되었을 때 그의 나이는 불과 31세 였습니다.

원오 선사의 수시 가운데 무사지(無師智)가 있습니다. 남에게서 배운 지식이 아니고 자기 속에서 저절로 솟아나오는 지혜를 말하는데, 즉 견성의 안목이란 스승이나 누구에게서 전수되는 지혜가 아니어야 한다는 것입니다. 《도덕경》에서는 "남을 이해하는 것이지요, 자기를 아는 것이 명이다.(知人自智 自知者明)"이라고 표현하고 있습니다.

무연자(無緣慈)는 아무런 인연도 없는 사람들을 제도하려는 대자비심을 말하고 불교를 자비의 종교라고 하기도 하고 자비문중이라고 표현하기도 합니다. 자비는 본래 붙여서 쓰는 말이 아니고 자(慈)와 비(悲)가 낱낱의 의미를 가지고 있습니다. 자(maitrī)는 중생에게 기쁨을 주는 것이고, 비(karunā)는 중생의 괴로움을 없애는 것입니다. 또한 특정인에 대해서가 아닌 모든 사람들에게 우정을 갖는 것이 자이고, 비의 원래의 뜻은 탄(歎)인데 인생의 괴로움에 슬퍼하는 것이 아니고 불쌍히 여기는 동정을 의미합니다. 이러한 자비는 삼연자비(三緣慈悲)라

하여 3종류를 말합니다. 첫째 중생연은 중생을 대상으로 하는 자비이며, 둘째 법연은 개체를 구성하는 모든 법을 말하며, 여러 요소를 대상으로 하는 자비이고, 셋째는 무연으로 공의 이치를 대상으로 하는 자비입니다. 무연의 자비가 최후의 절대자비인데, 베풀고 받을 생각도 없고 베풀었다는 생각도 전혀 일으키지 않는 절대무심의 경지에서 베푸는 자비인 것입니다. 발고여락(拔苦與樂)이란 말을 쓰는데 자는 여락의 뜻으로 아버지의 사랑에 비유하고 비는 발고로 어머니의 사랑에 비유하기도 합니다. 자비야 말로 계산을 모르는 혼돈입니다.

운문 스님은 건곤지내 우주지간(乾坤之內 宇宙之間)이라는 표현을 하고 있습니다. 건곤은 하늘과 땅을 말하고 우주는 상천하지(上天下地)를 우라 하고 고왕금래(古往今來)를 주라고 합니다. 우(宇)는 공간적인 것이고, 주(宙)는 시간적인 것입니다. 불성이란 공간과 시간 속에 꽉 들어차 있는 보물임을 표현한 말입니다.

비재형산이란 비재(秘在)는 잠재해 있다던가 깃들어 있다는 말이고 형산(形山)은 우리의 육체를 말합니다. 불성이란 보배는 우리의 육체 속에 간직되어 있다는 말로 우주의 근원적인 생명이 우리의 본성이라는 뜻입니다.

염등롱향불전리 장삼문래등롱상(拈燈籠向佛殿裏 將三門來燈籠上)은 등롱을 들고 불전에 가서 삼문을 등롱 위에 올려놓고 돌아왔다는 표현입니다. 등롱은 대나무나 나무, 쇠 따위의 살로 둥근 바구니 모양으로 만들고 비단이나 종이로 씌워 그 속에 등잔을 넣고 다니게 된 기구입니다. 삼문은 큰 절에 있는 대문으로서 소문(小門) 두 개를 합쳐 말한 것입니다. 즉 유(有)·공(空)·무작(無作)의 세 가지를 상징한 말입니다. 그 큰 세문을 등롱 위에 올려놓았다 함은 대소니 광협(廣狹)이니 하는 상식적인 세계를 초월한 일즉일체(一卽一切) 일체일즉(一切卽一)의 선적인 세계를 나타낸 말입니다. 결국 운문 스님은 한 보배가 몸에 들어있는 것이 아니고 한 보배가 즉 육체요, 육체가 즉 한 보배임을 보여주려고 한 것입니다.

주역의 건괘에 건도(乾道)가 변화함으로써 제각기 성(性)과 명(命)을 바르게 타고난다고 하였습니다. 건도를 《주자어류(朱子語類)》 권 68에 "천도(天道)로 말하자면 원형이정(元亨利貞)이 되고, 사시(四時)로 말하자면 봄·여름·가을·겨울이 되고, 인도(人道)로 말하자면 인의예지(仁義禮智)가 되고, 기후로 말하자면 따뜻하고 서늘하고 마르고 습한 것(溫凉燥濕)이 되고, 사방으로 말하자면 동서남북이 된다."고 하였습니다. 일즉일체 일체즉일의 선적인 세계는 주역에서도 동일하게 나타나고 있음을 보았습니다. 건도를 즉 하늘의 도를 원형이정이니 춘하추동이니 인의예지니 동서남북이라는 각각의 이름으로 명명하고 있으니 본 바탕은 단 하나 하늘의 도자리라는 것입니다. 중생의 근기와 효용에 따라 이름을 붙이다 보니 가지가지 이름으로 전개되었습니다. 전개된 이름 낱낱을 하나로 모아보면 역시 천도가 됩니다.

왕이나 제후, 장수나 재상이 어찌 씨가 따로 있을 것인가(王侯將相寧有種乎)하는 말이 있습니다. 진시황이 죽고 2세가 천자가 된 것을 알자, 도처에서 반란이 일어나 불길처럼 번져갔습니다. 그 불을 처음 지른 사람이 진승(陳勝)이고 진승과 오광(吳廣)은 힘을 규합하여 진나라를 함락시키고 왕위에 올라 나라 이름을 장초(張楚)라 불렀습니다. 하무저(夏無且)는 진시황의 주치의로 자객 형가(荊軻)가 진시황을 죽이려 하자 진시황이 이를 피해 기둥을 돌면서 달아났는데, 이 때 하무저가 자신이 가지고 있던 약주머니를 던져 위험을 모면할 수 있게 하였습니다.《사기》권 86 〈진승전〉의 내용입니다. 진나라의 멸망을 초래한 진승이나 오광도 진시황의 신하로 있었다면 당연히 진시황을 구하기 위해 의로운 행동을 했을 것이라는 의미를 담고 있습니다.

똑같은 사람이 누구는 진승과 같이 되고 누구는 주치의 하무저와 같이 되는지 궁금한 일입니다. 사람의 착한 심성이야 별반 다를 바 없겠으나 어느 처지에 놓이느냐에 따라 역사는 큰 획을 그어 이분법으로 나누고 있습니다. 다수의 선량한 사람도 어느 상황에 처하면 시류에 편승하기 마련입니다. 그 상황이 옳고 그름과는 상관없이 행동하기도 합니다. 사가(史家)들은 모두 옳다고 하는 경우는 드물고 어느 한 쪽의 손을 들어줍니다.

불이 연기에 쌓여 잘 보이지 않듯이, 거울이 먼지에 덮여 잘 보이지 않듯이 사실이 왜곡되는 경우도 허다합니다.

인간은 욕망이란 무한궤도를 달리는 열차와 같고 이 육신도 6대의 큼지막한 욕망이란 열차가 달리고 있듯이 안·이·비·설·신·의의 열차들은 낡은 줄도 모르고 그 기능과 성능이 가속도만 더해가고 있으니 어인 일입니까. 이 열차를 정지시킬 수 있는 브레이크는 단 하나입니다. 감각을 통제하는 것은 한두 번으로 잡아지지 않으면 반복을 거듭하여 수행이란 수단으로 점진적으로 통제해 가야 합니다. 사람을 지옥으로 들어가게 하는 문이 셋이 있습니다. 탐욕, 성냄, 어리석음입니다. 이 세가지는 당연히 피해야 할 것 들입니다. 이 세 마음의 그늘진 작용을 모두 소멸하고 나면 누가 이 세상을 제쳐 놓고 극락세계를 이야기 하겠습니까? 보이지도 않고 잡히지도 않는 극락세계를 논하는 것은 지구라는 아름다운 별을 모독하는 인간의 낮은 소견에서 나온 것이 아니겠습니까? 과학은 우리의 꿈을 빼앗아 갔습니다. 계수나무가 있고 토끼가 방아를 찧고 돛대도 삿대도 없이 잘도 저어 서쪽나라로 유유히 미끄러져 갔던 달님은 노랫말의 달님으로 오래 간직할 수 없게 되었지요. 3독심만 없애버리면 지구라는 대지는 극락세계임에 틀림없습니다. 영웅호걸도 모든 성현들도 이 땅에서 우리와 같이 살다갔으나 그들은 마음씀씀이가 범부 중생과 판이하게 달랐고 '우리'라는 범주를 훨씬 넓혀 인종과 지역을 뛰어 넘어 살았던 것입니다.

탐진치를 통제하여 참나(眞我)를 확고하게 발견한 사람은 즐거움과 고통을 하나로 여기며, 흙과 돌과 황금을 하나로 여기며, 귀한 것과 귀하지 않은 것을 하나로 여기며, 비난과 칭찬을 하나로 여깁니다. 우리 육신을 엄습하고 있는 3가지 요소가 있습니다. 사트바(Sattva)는 행복에 묶이게 하며, 라자스(Rajas)는 행위에 묶이게 합니다. 따마스(Tamas)는 이성을 가려 사람을 무분별에 묶이게 합니다. 이 세 요소는 각각 작용하는 것이 아니고 서로 상호작용을 하고 있습니다. 사트바가 일어나면 라자스와 따마스를 압도하고, 라자스가 일어나면 사트바와 따마스를 압도하고, 따마스가 일어나면 사트바와 라자스를 압도합니다. 사트바에 자리 잡은 사람들은 위로 올라갑니다. 위로 올라간다는 것은 천상세계에 태어나게 됩니다. 라자스에 자리잡은 사람은 중간에 머무르게 되며 사람과 사람 사이에 거주하는 인간계를 말합니다. 가장 낮은 타마스적인 사람들은 아래로 내려가는데 그들은 가축과 같은 생물의 태반에 태어납니다.

《바가바드기타(The Bhagavad Gīta)》에서 세 가지 종류의 음식을 설명하고 있습니다. 사트바적인 사람들은 생명력과 활력과 힘과 건강을 보태주고, 즐거움과 만족감을 주고, 맛좋고 기름지고 신선하고 영양이 풍부하며 기분 좋게 하는 음식을 좋아합니다. '기름진' 음식은 기름기 많고 지방질의 음식을 말하며 '영양이 풍부한' 음식이란 체내에서 오래 지속될 수 있는 음식입니다. 라자스적인 사람들은 몹시 쓰고 시고 짜고 맵고 자극적이고 건조하고 뜨거운 음식을 좋아합니다. 그러한 음식물은 고통과 괴로움과 질병을 일으킵니다. 따마스적인 사람들은 잘못 요리하고 맛이 없고, 악취가 나고, 상하고, 깨끗하지 않고, 먹다 남은 음식물, 제물 바치기에 적당하지 않은 불손한 음식을 좋아합니다. '잘못 요리한' 음식이란 세 시간 전에 조리된 음식을 뜻합니다. '맛이 없는' 음식의 본래 의미는 힘을 잃은 음식입니다. '상한' 음식은 요리된 지 하룻밤이 지난 음식을 말합니다. '먹다 남은 음식'이란 식사를 한 뒤

남은 음식입니다.

얼마 전에 귀한 시간을 갖게 되었습니다. 예술의 전당에서 음악콘서트가 있었는데 초대를 받았던 것입니다. 행사 때마다 매번 앞쪽에 앉는 불편함이 불편을 감내해야만 하는 듯하여 많은 권유에 못 이겨 그 자리에 앉기 마련입니다. 그런데 이번에는 좌석이 말석이어서 뒤쪽에 앉게 되니 무척 편안함을 느끼게 되었습니다. 무대도 잘 보이고 앞쪽 좌우에 앉은 객석의 모습이 다 들어오기 때문이었습니다. 말석이란 모든 것이 가장 잘 보이는 자리라는 것을 새삼 느끼게 되었습니다.

모차르트의 최후의 교향곡 C장조 〈주피터〉의 선율이 정막을 관통하였고, 이어서 베토벤의 피아노 소나타 제23번 f단조 〈열정〉과 제6번인 〈전원〉이 나의 혼을 진동시켰습니다.

베토벤의 삶에 커다란 비극을 안겨준 것이 귓병이었습니다. 1812년 데프리츠의 온천장에서 괴테와 회견을 하였는데 괴테는 '베토벤의 귀가 안 들린다는 것은 정말 동정할 만한 일이었으며……' 라고 술회하고 있습니다. 30세를 넘기고 나서부터 시골에서 귓병을 치료하려고 노력하였는데, 이때 씌어진 것이 저 유명한 교향곡 〈열정〉과 〈전원〉으로 귓전을 울리는 것이 아니고 혼을 흔들어 놓았습니다. 정작 작곡가는 불치의 병을 앓아 듣지 못하는 불편함이 있었으나 그대로 감내하지 않고 심안으로 보고, 듣고, 느끼는데 충분했을 것입니다.

베토벤의 〈Ich Liebe Dich〉의 선율이 청중에게 '나는 당신을 사랑합니다'라고 마지막 작별을 고하고, 지휘자의 손끝에서 마지막 인사를 하기도 전에 무엇이 그리 바빠 자리를 뜨고 있는지 말석에 자리한 청중으로서 적나라하게 지켜 볼 수 있었습니다. 1~2분의 여유만 있으면 가능한 일을 무엇이 다수의 관객들을 일어서게 하였을까? 〈전원〉교향곡에서 베토벤이 한적한 시골 오솔길을 걸으며 병마에 신음하고, 인생을 연민하고 있다가 오선지에 삶을 승화시키고 있음을 느낄 수 있었습니다. 어린 시절에 보았던 펜을 들고 골똘히 무엇인가를 탐구하고 있던 눈동자, 베토벤이 또 하나의 빛바랜 사진으로 눈앞이 아른거립니다.

"무한한 시간과 공간을 꿰뚫고 그 속에 하나의 보물이 있다. 그것은 우리 몸속에 있다."고 운문 스님이 말했듯이 어느 예술가는 불편한 육신을 탓하지 않고 혼을 불살라 자기의 유일한 보물을 발견하여 후세에 색으로, 소리로 남겼습니다. 그 보물은 드러내는 사람마다 제각각 모양과 자태가 다르겠지만 소멸되지 않는 금강보주인 것만은 분명합니다.

雲門體露金風
: 운문 스님의 나무는 가을바람을 맞고 있다

원오 선사가 수시하기를 하나를 물으면 열을 대답해 주고 하나를 들면 셋까지 밝혀주며 토끼를 보면 곧 매를 놓아주고 불을 피우면 바람방향을 보아 잘 타도록 피워주면서 노력을 아끼지 않았다. 자, 그건 그렇다치고 호랑이 굴에 들어가 호랑이 새끼를 얻으려 할 때는 어떻게 해야할까?

한 스님이 운문 스님을 찾아와 "나뭇잎이 시들어서 떨어지면 어떻게 됩니까?" 하고 묻자 운문 스님이 대답했습니다. "나무는 앙상한 모습을 드러내고 천지에 가을 바람만 가득하지."

—《벽암록》제 27칙

운문문언(?~949) 스님은 운문종의 시조입니다. 고소(姑蘇) 가흥(嘉興)사람으로 속성은 장(張)씨입니다. 처음에는 목주(木州)의 진존숙(陳尊宿)에게 참학하여 중요한 내용을 발명했고, 나중에 설봉에게 가서 현요(玄要)를 더욱 연마하여 크게 깨달았습니다.

운문 스님은 어느 날 말했습니다.

"그대들은 할 수 없구나. 누군가가 조사의 뜻을 말하는 것을 듣으며 얼른 부처와 조사를 초월하는 말을 묻는데 그대들은 무엇을 부처라 하고 조사라 하기에 부처와 조사를 초월하는 도리를 말하는가. 또 3계를 벗어나는 도리를 묻는데 그대들은 3계를 가져와 보라. 어떤 것이 있어서 보고, 듣고, 깨닫고, 알고 하는 작용이 그대들을 막으며, 어떤 소리와 빛이 그대들과 상대함이 있는가. 또렷또렷한 저 찻종자가 어느 것이 들쑹날쑹한 견해를 이루는가. 옛 성현들이 어쩔 수 없어서 몸을 비껴 중생을 위하여 말하기를 '모든 체가 그대로가 참도인이요, 물건과 물건이 모두 본체를 볼 수 없다'하였거니와 나는 그대들에게 말하노니 당장에 무슨 일이 있는가. 벌써 그대들을 파묻어 버렸다. 실제로 들어간 곳이 없거든 조용한 때에 혼자서 살펴 보아라. 옷을 입고, 밥을 먹고, 대소변 보는 일을 제하고 다시 무슨 일이 있으랴. 까닭없이 허다한 망상을 일으켜 무엇하리요.

또 어떤 이들은 흡사 일없는 사람같이 머리를 모으고 옛 사람의 말이나 배워 알음알이로 기억해 두었다가 망상으로 헤아린 뒤에 내가 불법을 알았다 하면서 오로지 부질없는 이야기나 하여 시간을 보내고, 다시 뜻에 맞지 않는다 하여 천리만리 부모와 스승과 스님을 버리고 떠나니, 그런 짓을 하면, 그 들여우 같은 이에게 어떤 죽음이 있어 급한 행각이 있겠는가."

수조엽락시여하(樹凋葉落時如何), 모든 수목의 잎이 떨어져 버린 겨울 경치는 어떠합니까? 하는 질문은 단순한 경치를 묻는 데만 뜻이 있는 것이 아닙니다. 번뇌 망상의 나무가 시들어 깡그리 없어지고 깨달음이나 보리(菩提)의 잎도 다 떨어져버린 신심탈락(身心脫落)의 경지는 어떠한가? 라는 뜻입니다. 체로금풍(體露金風)의 체로는 수체(樹體)가 노출된 것이고 금풍은 서풍(西風) 즉 가을바람입니다. 즉 나무가 그대로 드러난 채 가을바람을 맞고 있다는 가식 없는 참모습을 드러내고 있습니다.

이 가을에 변화하는 가을의 모습을 보기 위해 매일매일 산행을 하고 있습니다. 낙엽이 대지를 덮는 절기에 산을 오르면 낙엽과 대화가 이루어집니다. 그리스말로 대화를 dialogos라고 합니다. dia는 '서로 마주보다'이고 logos는 '얘기하다'는 뜻입니다. 낙엽과 마주하고 있지는 않다 하더라도 발 밑에 밟히는 낙엽의 사각거리는 소리와 끝없는 얘기를 하게 됩니다. 대화는 상대를 이해하는 열쇠가 되기도 하고 잠든 영혼을 깨우는 묘약이 되기도 합니다. 대화의 단절은 고독을 낳고 오해를 낳기도 하며 역지사지(易地思之)의 원천이 되기도 합니다. 대화는 관용의 정신을 길러 주고 대화는 상대편이 있기 마련인데 내가 상대편을 설득하려고 하기 전에 상대편의 말을 경청하는 자세가 필요합니다. 상대의 말을 듣는 것을 배우는 것이 대화의 기본자세인 것입니다. 경청하는 습성은 나의 삶을 윤택하게 합니다.

나무는 자연의 철학자라고 어느 시인은 노래했습니다. 한 그루의 나무에서 많은 것을 보고 배우고 느낍니다. 인왕산 산행길에는 좌우에 싸리나무가 퍽이나 많습니다. 싸리나무에 대한 용도는 어린 시절에 보았던 곶감 꿰는데 쓰거나 삼태기를 만들어 농기구로 쓰기도 하고 군에서 겨울 제설용 싸리 빗자루로 그 쓰임새를 한정해 두는 정도였습니다. 그런데 그 차원을 넘어 싸리나무는 이제 보니 꽃은 꽃이고 잎도 꽃잎이 되어 계곡을 물들이고 정원에도 잎이 떨어져 꽃잎으로 장식을 해줍니다. 저 싸리나무에서 탄생과 성장과 사멸의 대질서를 터득하게 합니다.

만물은 모두 때를 따라 움직이고 때에 순응하는 슬기를 지니고 있습니다. 유독 인간만이 자연 앞에 순응하기를 거역하는 경우가 있습니다. 특히 늙어감을 거역하는 모습은 처량하기까지 하며 별의별 약을 써 늙는다는 순리를 밀어내고자 안간힘을 쓰기도 합니다. 순간적인 치유는 가능하겠으나 흡족할 만한 치료는 불가능한 일입니다. 옛 사람도 불로초를 구하려고 가진 애를 썼으니 말입니다. 자연은 우리에게 순응의 묘약을 가르쳐주는데 그 묘약을 받아들이느냐 아니냐의 문제는 지극히 자신에 달려있습니다.

여름 산에도 싸리나무는 있었습니다. 무성한 잎을 떨구지 않고 태양에서 영양분을 섭취하고 꽃을 피우고 열매를 맺어 나무를 성장시켰습니다. 잎의 집착력을 그려봅니다. 폭풍우가 불고 장맛비가 쏟아져도 끄떡없이 버티고 서 있습니다. 자기의 직분을 다하기 위해서 입니다. 요사이 바람 한 점 없는 나무 옆에서 한 잎 두 잎 오소소 지는 메마른

잎을 조용히 지켜보는 것이 일과가 되었습니다. 때를 알고 시절인연이 다 했음을 아는 낙엽의 놀라운 지혜를 배웁니다. 이별의 아쉬움을 떨치지 못하고 연연하여 가지에 붙어 있기만 한다면 그 가지에 겨울에 설화는 어떻게 필 수 있겠습니까. 설화가 내려앉을 자리를 말끔히 단장하여 내놓는 지혜가 슬기롭기 그지 없습니다. 낙엽이란 묵은 생명은 새 생명의 밑거름이 되어 자리를 내어주는 헌신의 미덕을 배우게 됩니다.

"마음이 없으면 보아도 보이지 않고 들어도 들리지 않고 먹어도 그 맛을 모른다.(心不在焉 視而不見 聽而不聞 食而不知其味)"고 고전《대학》에서 가르치고 있습니다. 자연의 실상을 보지 못하고 듣지 못하고 맛을 모르는 사람들이 간혹 있습니다. 그 가운데 개를 데리고 산행하는 사람들은 개의 오물을 치우지 않고 지나가고 산에서 라디오를 크게 틀어 놓고 휴식을 취하고 있기도 합니다. 매스컴에 메어 사는 것이 현대인의 모습인데 그도 모자라 산에 와서 소음을 일으키고 있다니 황당한 일입니다. 훈장의 습이 발동하여 타이르고 싶지만 이 좋은 산에 와서 쓴소리를 하랴 하고 다짐을 합니다.

쑥은 본래 굽으면서 자라는 풀입니다. 그러나 그 "쑥도 곧게 자라는 삼밭에서 성장하면 남이 도와주지 않아도 저절로 곧게 자란다(蓬生麻中不扶而植)"고《순자》〈권학편〉에서 말했습니다. 거대한 자연의 품에서 관용을 배우고 말없는 가운데 자연이 전하는 말을 들어봅시다. 산은 무언의 소리를 경청하는 곳이고 힘든 일상의 피로를 쉬는 휴식공간이고 나약한 육신을 단련하는 수련장입니다. 오물이 쌓여 그 자리가 넓어지면 인간이 앉을 수 있는 공간이 좁아지고 맙니다. 작은 부주의는 이웃을 불편하게 합니다. 작은 배려는 이웃을 미소짓게 하고 훈훈하게도 합니다. 나의 생각을 상대가 이해하라고 하지 말고 나의 생각과 행동, 습관을 바꾸면 이웃이 웃고 상대가 편안해집니다.

산은 나를 발견하는 좋은 성소이므로 인간에게 영원한 숙제가 있다면 나를 찾는 일입니다. 나의 궁극적 실재는 얻고 말고 하는 것이 아니라 참자아는 내 자신인데 깨닫지 못하고 슬퍼하니 무지의 소치입니다. 정돈하고 빗질하면 실재는 여실히 드러나는 것을 우리는 잃어버리지도 않은 친구를 잃어버린 줄로 알고 슬퍼하는 바보와 같습니다.

어린 시절에 읽었던 동화의 한 토막이 생각납니다.

바보 열 명이 배를 타고 강을 건너게 되었습니다. 건넌 다음 그 중 한 명이 일행을 세어 보더니 '아홉 명뿐이네. 한 명이 없어졌어'라고 하면서 옆에 있는 친구에게 다시 정확하게 세어 보라고 했습니다. 그도 역시 아홉 명뿐이라고 했습니다. 결국 일행 열 명이 돌아가며 다 세어 보았으나 아홉 명뿐이었습니다. 그들은 모두 자기 자신을 빼고 세었던 것입니다. 그들은 마침내 누가 없어진 것이냐고 야단법석을 떨었습니다. 그 중 한 명이 '누군지는 모르겠지만 한 사람이 빠져 죽은 게 틀림없어'하면서 울음을 터뜨렸습니다. 그러자 나머지 친구들도 그렇다는 듯이 엉엉 따라 울기 시작했습니다.

지나가던 행인이 강둑에서 울고 있는 바보들을 보고 사연을 물었습니다. 그러자 바보들은 이구동성으로 자초지종을 얘기했습니다. 아무리 세어 보아도 아홉 명뿐이라는 것이었습니다. 행인이 세어보니 그들 일행은 틀림없이 열 명이었습니다. 행인은 무슨 일이 일어났는지를 이내 알아차렸습니다. 그래서 그는 열 명 모두가 무사히 강을 건너 왔다는 것을 확인시켜 주기 위해 이렇게 말했습니다.

'여기 나뭇가지 열 개가 있소. 이 나뭇가지를 한 사람에게 하나씩 줄 테니 어떻게 되나 봅시다. 아마 잃어버린 열 번째 친구를 찾을 수 있을 것입니다.'

바보들은 잃어버린 친구를 찾을 수 있다는 말에 귀가 번쩍 뜨여 그 행인의 제안을 받아들였습니다. 행인은 바보들에게 나뭇가지를 받을 때마다 큰소리로 자기 번호를 외치라고 시켰던 것입니다. 이렇게 하여 아홉 명의 바보가 나뭇가지를 하나씩 받아 쥐었는데 아직 한 명이 남아 있었습니다. 행인은 열 번째 나뭇가지를 남은 바보에게 주었습니다. 그러자 그는 '열!'하고 자기 번호를 외쳤습니다. 그제야 바보들은 놀란 눈으로 서로를 쳐다보며 '어, 열 명이 맞네!'하면서 기뻐하였습니다. 그들은 자기들의 슬픔을 없애 준 행인에게 고맙다고 몇 번이나 머리 숙여 감사했습니다. 바보들이 슬퍼했던 까닭은 실제로 친구 하나를 잃어버렸기 때문이 아니라 그들은 잃어버리지도 않은 친구를 잃어버렸다고 생각한 무지 때문에 슬퍼한 것입니다.

중생은 바보요 행인은 성자입니다. 한 선각자는 열 명의 바보를 단숨에 구원했습니다. 비슷한 생각과 사고의 틀에서 살고 있는 중생들은 그 틀을 벗어나지 못하고 있습니다. 마치 그 틀을 벗어나면 이 세상이 끝장이 나는 것처럼 생각하고 있기 때문입니다. 그러나 성인은 항상 사고의 틀을 앞뒤 좌우로 바꾸어 놓는 지혜를 지니고 있습니다. 중생은 모른다고 착각하는 무지에서 벗어나지 못하고 있습니다. 흐르는 물 속에 비친 그림자는 흔들립니다. 물 속에 비친 그림자가 흔들리는 것을 누가 막을 수 있겠습니까? 흔들림을 멈추게 하려면 물이 아니라 빛에 주목해야 합니다. 빛은 근본 바탕입니다. '바람이 움직이느냐 깃발이 움직이느냐' 서로 옥신각신하는 대중에게 바람이 움직이는 것도 아니고 깃발이 움직이는 것도 아니고 그대의 마음이 움직일 뿐이라고 육조 스님은 단호히 포문을 열었습니다.

송(頌)

물음도 대답에도 깊은 뜻 서렸구나.

삼구를 헤아려라 화살은 먼 구름 밖

넓은 들에 찬바람 온 하늘에 가랑비

그대는 아는가 소림사의 나그네

웅이산 깊은 숲에 잠든 듯 깨어있음을

問旣有宗 答亦攸同

三句可辨 一鏃遼空

大野兮涼颼颯颯 長天兮疏雨濛濛

君不見少林久坐未歸客 靜依熊耳一叢叢

'삼구를 헤아려라'라고 했습니다. 3구는 운문 3구를 말하는데 덕산(德山) 스님이 제1은 함개건곤(函蓋乾坤)의 구라 하여 절대의 진리가 모든 현상에 걸쳐져 있다는 것을 말하고, 제2는 절단중류(截斷衆流)의 구라 하여 수행자의 번뇌 망상을 명쾌하게 잘라버리는 것을 나타내고 있습니다. 제 3은 수파축랑(隨波逐浪)의 구라 하여 수행자의 개성에 따라 구애되지 않고 자유로운 지도를 해 나가는 것을 나타내고 있습니다. 이 삼구는 선을 수행하는 데에 필요한 세 가지 안목인 것입니다.

'소림구좌미귀객'은 소림사에서 9년 동안이나 면벽좌선하여 발이 마비된 채 아직도 인도로 돌아가지 않고 있는 손님인 보리달마를 말합니다. 소림사는 하남성 숭산에 있는 절로 보리달마는 인도로 돌아가지 않고 여전히 웅이산 풀숲 속에 자리잡고 있다고 하는데《경덕전등록》제 3권 〈보리달마장〉에 12월 28일 웅이산에 장사지냈다고 기술되어 있습니다.

당나라 시인 진계유(陳繼儒)는 노래했습니다. 폐문즉시심산(閉門卽時深山)이요, 독서수처정토(讀書隨處淨土)라, 즉 문을 잠그면 깊은 산 속이요, 책을 읽으면 어디나 정토와 같다. 오지 않는 사람을 기다리지 말고 내 집이 적막강산이 되어 나를 반조하는 시간을 가지니 독경소리 낭랑하여 대천세계가 극락이로세!

趙州渡驢渡馬
: 조주 스님의 나귀도 건너고 말도 건너가지

한 스님이 조주 스님에게 물었습니다. "오래 전부터 조주의 돌다리가 유명하다기에 막상 와 보니 그저 간단한 외나무 다리가 아닙니까?" 조주 스님은 대답했습니다. "너는 간단한 외나무 다리만 보고 돌다리를 보지 못하느냐?" 그러자 스님이 다시 "그 돌다리란 어떤 것입니까?"라고 물으니 조주 스님은 "나귀도 건너가고 말도 건너가지."라고 대답했습니다.

—《벽암록》제52칙

조주종심 스님은 만년에 하북성 조주의 관음원에 주석했습니다. 당시 천하의 3석교라 하여 유명한 석교가 셋 있었습니다. 천태산의 석교와 남악의 석교, 그리고《벽암록》제 52칙의 석교입니다. 조주 스님이 살던 관음원에서 20~30리 떨어진 곳에 있었다고 하며, 이야기의 소재가 바로 이 석교입니다.

천태산의 석교는 지자 대사가 늘 석교에서 잠을 자는데 진홍색 두

건을 한 세 명의 하인이 보았습니다. 이에 어떤 노승이 그들을 데리고 지자 대사에게 다가와 말했습니다. "만약 선사께서 절을 짓고 싶으시다면 산 아래에 있는 황태자를 배출할 만한 터가 버려져 있습니다."라고 하니, 지자 대사가 물었습니다. "지금은 초막도 지을 만한 형편이 안 되는데 어느 시절에 사찰을 짓는단 말입니까?" 노승이 말했습니다. "지금은 그럴만한 때가 아니지만 삼국이 하나가 되면 큰 세력을 쥔 사람이 그 사찰을 일으킬 것입니다. 사찰이 이루어지면 국가(國)가 청정해질(靑) 것입니다. 그러니 그 사찰을 국청사라고 불러야 할 것입니다."

남악이 좌선을 하고 있는 땅에 대하여 도사들은 법왕이 배출될 인연이 있는 곳이라고 하였습니다. 그들은 만약 법왕이 배출되면 자기들의 가르침이 쇠퇴해질 것을 염려하여 남악 스님의 좌선하는 주변에 쇠말뚝을 박아 놓기도 하고, 심지어 산 위에다 무기를 감추어 두고서 거짓으로 황제에게 주청을 열었습니다. "그 산에 있는 스님들이 반란을 도모하려고 군사들을 모집하고 있습니다." 이에 선제(宣制)가 사신을 보내서 살펴보니 사신이 막 돌다리(石橋)를 건넜을 때 두 마리의 호랑이가 크게 울부짖었습니다. 사신이 놀라서 다가가지 못하고 물러나 다음 날 다시 산에 올라가서 남악혜사 대사를 만났습니다. 이에 혜사 스님이 말했습니다. "사신께서는 먼저 돌아가 계시지요. 제가 반드시 산을 내려가서 뵙겠습니다." 그리고 나서 사자가 돌아갔는데 사자가 황국에 도착하기도 전에 혜사 스님이 던진 주장자가 먼저 황국에 도착했습니다. 그리고 황궁의 사람들은 네 문을 통하여 동시에 황국에 들어오는 혜사 스님을 볼 수가 있었습니다. 그 뒤에 사신이 황궁에 도착하자 황제는 보고를 받으려고 편전에 막 앉으려는데 혜사 스님이 허공에서 내려왔는데 범상치가 않았습니다. 황제가 깜짝 놀라서 그 연유를 묻고 마침내 도사들의 속임수였다는 것을 알게 되었습니다.

약작(略彴)이란 말이 석교와 대구를 이루고 있습니다. 외나무다리 작(彴)자와 다스릴 략(略) 혹은 간략하게 한다는 뜻입니다. 약작은 외나무 다리를 의미하고 석교는 돌다리, 즉 독목교(獨木橋)가 아닌 진짜 돌다리입니다. 결국 조주 스님의 참모습을 의미하며 도로도마(渡驢渡馬)는 나귀도 건너가고 말도 건너간다는 말로 조주 스님의 경지에서는 돌다리나 외나무 다리 따위 모양은 아무래도 좋으며, 모두가 그대로 불성이 겉으로 여실히 드러내어 보이고 있는 것입니다. 일체가 석교이다 보면 석교 아닌 것이 없어지는 것입니다.《오등회원(五燈會元)》에서 한 스님이 여기서 다시 “석교는 알았는데, 그럼 외나무다리는 뭡니까?”라고 쓸데없이 묻고 있습니다. 즉 석교라면 말도 나귀도 수레도 다 지나갈 테지만 외나무다리로는 건널 수가 없다는 뜻입니다. 그러자 조주 스님은 “한 사람 한 사람을 건너게 하지.”라고 대답했던 것입니다. 그야말로 대승보살의 행원이라 할 수 있습니다. 감히 어느 누가 여기 손댈 수 있겠습니까?

현대인은 지식은 많아도 지혜는 부족한게 사실입니다. 머릿속에 잡다한 정보는 넘쳐나도 인생에서 진정 필요한 지혜는 턱없이 부족한듯

합니다. 그러다 보니 문제가 생기면 해결방안을 모색하려고 하지 않고 회피하려고 합니다. 지식의 과잉과 지혜의 빈곤이 현대인의 병이라고 해도 무리한 말이 아닌 듯 합니다. 지식보다 훨씬 중요한 것이 지혜입니다. 지식은 어린아이가 아장아장 걷는 형상에 비유하면 지혜는 독수리가 창공을 자유자재로 윤무하는 것이라 하겠습니다. 독수리의 대자유는 처음부터 얻어진 것이 아니고, 땅에서부터 부단한 노력을 반복하여 마침내 창공을 날을 수 있게 된 것입니다.

우리가 탈피해야 하는 것은 무엇입니까? 제도도 아니고 금전도 아니고 유일한 나로부터의 탈피야말로 대자유인이 되는 길이라고 봅니다. 내가 나를 스스로 묶어 놓고 벗어나지 못하여 허우적거리고 있는 것이 범부의 모습입니다. 범부를 벗어나는 길을 모색하다 자기 나름의 좌우명을 갖고 느슨해지는 자신을 챙기기도 합니다.

좌우명은 중국 후한시대 학자 최원(崔瑗)에서 유래합니다. 그의 호는 자옥(子玉)이었습니다. 최자옥은 그의 책상(座)의 오른(右)편에 좋은 글귀를 아로새긴 쇠붙이(銘)를 놓고 그것을 매일 바라보면서 마음의 거울로 삼고 행동 지침으로 삼았습니다. 이것이 좌우명의 유래라 하겠습니다. 최자옥의 좌우명은 5자가 1구를 이루어 모두 20구로 되어 있는 전문 백 자의 글입니다.

남의 단점을 말하지 말고,

나의 장점을 자랑하지 말라.

사람에게 물건을 준 다음에는 생각하지 말라.

남에게 물건을 받은 다음에는 결코 잊어버리지 말라.

세상의 명예는 부러워할만한 것이 못된다.

오직 참되게 사는 것을 근본으로 삼아라.

無道人之短

無說己之長

施人愼勿念

受施愼勿忘

世譽不足慕

唯仁爲紀綱

우리는 남의 단점을 찾기에 바쁘고, 그것을 비방하기에 열을 올리기도 합니다. 이러한 행위는 이웃을 잃는 행위이고 나의 인품을 깎아 내리는 일이 됩니다. 나의 단점이 왜 안 보이는 것일까? 보이겠지만 은폐시키려는 속성이 강한 것이 아닐까요. 산에 가서 나무의 종류를 세어보려고 덤비지 않고 나뭇잎의 수를 세어 보겠다고 덤비는 사람이 없듯이 산을 산으로만 보려는 그 통큰 마음이 대인 관계에서도 적용된다면 누구나 대인이라고 부를 것입니다. 하늘 아래 땅이 있고 땅 위에 하늘이 있듯이 이러한 대인의 거동이나 마음 씀씀이는 하늘이고 땅이 될 것입니다.

남에게 준 것을 기억하지 말고, 남한테 받은 것을 잊어버리지 말라는 가르침 또한 꼭 마음에 새겨야하는 글귀입니다. 범부들은 남에게 준 것을 기억하듯이 공부 암기력이 좋았다면 세상에 어렵다는 시험이란 시험은 모두 합격했지 않았겠습니까. 부모자식지간이던 형제자매지간이던 아니면 친구지간이던 내가 베풀어 놓고 후일에 씁쓸해하는 경우가 허다합니다. 주었으면 준 것으로 잊어야지 주었다는 생각의 잔상이 지워지지 않으면 그만큼 자기 생활이 옹색해지기 마련입니다. 남에게 받은 것을 잊지 않는다는 것은 인간의 도리이기도 합니다. 이 도리가 영속적으로 부단히 지속될 때 세상은 살 맛이 나고 흥겨워 콧노래가 절로 나게 될 것입니다.

세상에는 명예의 노예가 된 사람이 많기도 합니다. 이 명예의 노예는 고귀한 자신의 인격도 경매장에 던져놓습니다. 헐값에 인격은 팔려갈 것입니다. 명성의 허구를 깨닫지 못하면서 명예나 명성 그리고 황금은 아침의 작은 한 방울의 이슬과 같다고 가르치고 있습니다. 우리가 깨달아야 할 것 가운데 빼놓을 수 없는 덕목일 것입니다.

영겁의 세월동안 꽃 다운 향기가 풍긴다.

久久自芬芬

최자옥의 좌우명은 위와 같이 끝을 맺고 있습니다. 이 좌우명에 삶의 지혜가 물씬 묻어납니다. 어제는 산에 오르면서 내가 산에 오르는 것은 무엇 때문일까 생각해 보았습니다. 건강, 그렇습니다. 건강을 챙긴다는 것은 중요한 일입니다. 정작 산에서 배우고 싶은 것은 산의 조용함과 무거움이라고 해야 하겠습니다. 충무공이 대해전을 앞두고 심경을 피력한 말이 정중에산(靜重如山)이라고 표현하기도 하였듯이 말입니다. 자하문이 신선이 사는 대문이니 어드메에 선인이 있겠지. 산 위에 사는 이가 신선이니 인왕산 길을 걸으며 신선이 된듯 합니다. 골짜기[谷]에 사는 사람은 속인(俗人)입니다. 송림이 우거진 인왕산 능선을 걷고 있으니 분명 속인은 아닌 듯합니다. 나의 복색이 치의(緇衣)라 해도 생각이 속되고 행동 하나 하나가 속되다면 속인임에 분명할 것입니다. 반면에 재가자가 세속에 살아도 생각이 곧고 바르다면 탈속한 신선계에 노니는 것입니다. 어느 경우 속스럽다는 표현을 쓰는데 이기적이고 타산적이고 파당을 일삼는 일의 연속일 경우에 쓰는 말일 것입니다.

인도에서 신을 데바(Deva)라고 합니다. 데바는 '준다는' 뜻입니다. 사람과는 영 반대가 됩니다. 사람은 받는 속성이 습에 배여 있습니다. 반면에 신은 항상 상대에게 준다는 개념만 있지 받는다는데 별반 뜻을 두지 않습니다. 데바의 속성을 인간이 익힌다면 인간세상은 갈등과 본성이 없는 세상이 되지 않겠습니까. 영어의 '기브 앤 테이크(give and take)'를 생각해 보면 우리말의 '주거니 받거니'와 상통하는 바 큽니다. 신은 '준다'는 일에 치중하고 있는데 인간세상은 주었으면 받는 다는 개념이 확고부동하게 자리잡고 있기 때문에 동일한 관계가 이루어지지 않고 한쪽으로 기울면 핏줄도 우정도 금이 가기 일쑤입니다.

송(頌)

> 원숙하고 숭고한 그의 도풍이여
>
> 바다에 들어갔으면 큰 자라 잡아야지
>
> 우습구나 이 무렵의 관계노사
>
> 화살보다 빠른 급류도 헛수고일세.
>
> 孤危不立道方高 入海還須釣巨鼇
>
> 堪笑同時灌溪老 解云劈箭亦徒勞

'입해환수조거오'는 선중(禪中)의 성(聖)인 노조주 스님이 선해(禪海)에 낚시를 드리웠으니 새우나 잡어가 낚일리 없고 엄청난 바다 자라입니다. '담소동시관례로'는 관계란 임제의 법을 이은 악주관계(鄂州灌溪)의 지한(志閑) 스님을 말합니다. 조주 스님 보다 2년 전에 열반했으므로 동시라 한 것입니다. 이 구의 뒤에는 다음과 같은 일화가 있습니다. 한 스님이 관계 스님에게 '오래 전부터 관계가 유명하다는 말을 들어 왔습니다만 막상 와 보니 큰 강은 커녕 배를 담글 정도의 조그만 웅덩이[漚麻池]군요!'라고 말하자 관계 스님은 '너는 작은 웅덩이만 보고 관계를 보지 못하는구나'라고 대답했습니다. 이러한 대답을 두고 '아, 우습다. 그 무렵의 관계노사'라고 한 것입니다. 즉 조주의 대꾸에 비하면 너무 힘을 준 느낌이 들어 멀어진다는 말입니다. '해운벽전역도로'에서 벽전은 관계 스님이 한 스님에게 대답한 벽전급(劈箭急)을 말합니다. 즉 화살보다 빠른 격류를 말하며 도로는 헛수고입니다. 결국 이 구는 '관계노사여, 힘을 주어 가며 잘난 체하고, 화살보다 빠른 급류 같은 선기(禪機)를 지녔다고 하지만 도로노마(渡驢渡馬)의 대자비에 비하면 공연한 헛수고란 뜻입니다.

돌다리, 외나무다리를 분별하는 망상을 떨치고 대승보살의 행원을 실천하여 나귀도 건너고 말도 건너가는 분별심이 없는 신앙인이 됩시다.

桐峰庵主作虎聲
: 동봉암주 스님이 어흥하고
  호랑이 소리를 질렀다

원오 선사가 수시하기를, 모름지기 온 세상을 한 줌에 움켜쥔 채 털끝만큼도 새어나지 않게 하고, 세상 사람 어느 누구도 끽소리 못 하게 말문을 막아 버릴 수 있어야 출가자의 올바른 행동이라 한다. 석가모니 부처님이 지녔다는 지혜의 대광명으로 모든 존재를 밝게 비쳐 그 진상을 알아내야만 금강안(金剛眼)을 지닌 출가자라 한다. 쇠를 금으로 바꾸고 금을 쇠로 바꾸는 활살자재(活殺自在)의 솜씨가 있어야 출가자도 주장자를 든 보람이 있다고 한다. 천하 사람의 말문을 꽉 막아 버려서 감히 한 마디도 못 꺼내게 하여 삼천리 밖으로 내쫓을 수 있어야 출가자의 도량(度量)이 있다고 한다. 이상과 같은 일을 통 못한다면 대체 그런 자를 뭐라고 해야 할까?

한 수좌가 동봉암주 스님이 사는 곳에 찾아와 대뜸 "지금 여기서 큰 호랑이를 만났다면 어떻게 하겠습니까?"라고 물었습니다. 동봉 스님은 곧 '어흥'하고 호랑이 소리를 질렀습니다. 수좌가 무서워서 벌벌 떠는 시늉을 해 보였습니다. 그러자 동봉 스님은 껄껄 한 바탕 웃음을 터뜨렸습니다. 수좌가 "이 날강도 같은 늙은이가!" 라고 욕을 뇌까리자 동봉 스님은 "너 따위가 나와 어찌 겨룰 수 있단 말이냐"라고 받았습니다. 수좌는 그만 기가 죽었는지 잠자코 사라져 버리고 말았습니다. 설두 스님은 "양쪽이 다 제법이긴 했다만 두 놈 다 날강도일세. 두 귀를 막고 방울을 훔치는 것 밖에 모르니 말이다"라고 평했습니다.

—《벽암록》제85칙

동봉암주 스님은 진주(鎭州) 임제의현 스님의 법사(法嗣) 22명 가운데 한 분입니다.《경덕전등록》제 12권에 짤막하게 보입니다. 그러나 이 밖의 것에 대해서는 전혀 알려진 사실이 없고, 동봉도 그의 본명은 아니며 그가 살았던 깊은 산속의 암자 이름으로 보입니다.

엄이투령(掩耳偸鈴)이란 말이 있습니다. 두 귀를 막고 방울을 훔친다는 뜻입니다. 즉 방울을 훔치면 소리가 나므로 남이 대번에 알아버린다는 것입니다. 그런데 자기 귀를 가리고 있으면 자기에게는 들리지 않으므로 남도 모르려니 하고 안심하는 어리석음을 말한 것입니다. 엄이도종(掩耳偸鍾)이라고도 합니다. 이 이야기는《여씨춘추(呂氏春秋)》〈자지편(自知篇)〉에 나오는 이야기입니다.

진(晉)나라 육경(六卿)의 한 사람인 범(范)씨는 다른 네 사람에 의해 중행(中行)씨와 함께 망하게 되었습니다. 이 범씨가 망하자, 혼란한 틈

293

을 타서 범씨 집 종을 훔친 사람이 있었습니다. 그러나 종을 지고 가기
에는 너무 커서 하는 수 없이 망치로 깨뜨렸습니다. 그러자 쾅! 하는
요란한 소리가 났습니다. 도둑은 혹시 딴 사람이 듣고 와서 자기가 훔
친 것을 가져갈까 하는 생각에 얼른 손으로 자기 귀를 가렸다는 것입
니다.

이 이야기는 임금이 바른 말하는 신하를 소중히 여겨야 한다는 비
유로 들고 있습니다. 자기의 잘못을 자기가 듣지 않는다고 남도 모르
는 줄 아는 것은 귀를 가리고 종을 깨뜨리는 도둑과 똑같은 어리석은
짓이란 것을 말하기 위해서 였습니다.

송(頌)

제때에 안 가지면 아뿔싸 천리일세
얼룩무늬 호랑이 이빨·손톱 아직 없네.
그대도 알리라 대웅산 밑 두 호랑이
우렁찬 그 성광 천지를 뒤흔들어…
그대 정녕 아는가.
호랑이 꼬리·수염 한 손에 움켜쥠을!
見之不取 思之千里. 好個斑斑 爪牙未備
君不見 大雄山下忽相逢 落落聲光皆振地.
大大夫 見也無 收虎尾兮將虎鬚

견지불취 사지천리는 상황을 잘 알고 있다가 기회다 싶으면 당장 그 자리에서 해결해야 한다는 말입니다. 수좌가 두려워 떠는 시늉을 해 보였을 때 동봉 스님은 여유를 두지 말고 데꺽 수라를 눌러 버려야 했고, 또 동봉 스님이 "네가 나를 어쩔 테냐"라고 했을 때 수좌는 다짜고짜 "이렇게 할 테다"라고 덤벼들어야 했을 텐데 둘 다 그 기회를 놓치고 난 뒤, "그 일을 생각해 봐야 이미 천리 아득히 먼 일이 되어 버렸다."는 뜻입니다.

반반은 호랑이 가죽의 무늬입니다. 여기서는 동봉암주 스님 앞에 호랑이를 자처하고 나타난 수좌를 가리킵니다.

'군불견 대웅산하홀상봉 낙락성광개진지'는 백장 스님과 황벽 스님의 문답에서 비롯된 구입니다. 옛날에 황벽 스님이 아직 대웅산의 백장 스님 밑에 있을 때의 어느 날입니다. 황벽 스님이 외출했다 돌아오니까 스승인 백장 스님이 "어딜 갔다 왔느냐?"라고 물었습니다. "네, 버섯을 따러 갔다 왔습니다. 황벽이 이렇게 대답하자, "산에 호랑이는 없더냐?"고 물었습니다. 황벽 스님은 동봉 스님이 한 것처럼 "어흥!"하고 호랑이가 되어 울부짖었습니다. 그러자 백장 스님은 손에 들고 있던 도끼를 휘둘러 내려치려고 했습니다. 그러나 황벽 스님은 그 틈을 주지 않고 백장 스님을 움켜잡고 찰싹 한 대 갈겼습니다. 백장 스님은 가가대소(呵呵大笑)하고 방장으로 돌아갔습니다. 그날 밤 백장 스님은 제자들을 향해 "이 대웅산에는 호랑이 한 마리가 있으니 너희들도 조심하여라. 나도 오늘 물렸으니까!" 라고 황벽 스님을 칭찬했다는 이야기입니다. 즉 이 백장 스님과 황벽 스님의 거동은 같은 호랑이라도 이빨도 발톱도 있고 목소리(聲)도 모습(光)도 모두 뛰어나 천지를 진동할 정도이므로 도저히 동봉 스님이나 수좌 따위는 비교가 안 된다는 뜻입니다.

낙락은 기량이나 역량이 뛰어남을 형용한 말입니다.

수호미혜장호수는 앞에서 말한 백장 스님과 황벽 스님의 호랑이 이야기를 위산(潙山) 스님과 제자인 앙산(仰山) 스님이 상량(商量)한 일이 있습니다. "황벽의 호랑이를 너는 어떻게 생각하느냐?"라고 위산 스님이 물으니까, 앙산 스님은 "스승님은 어떻게 생각하십니까?"라고 되물었습니다. 위산 스님이 대답 대신 또 물었습니다. "백장은 그 때 한 매에 내려쳐 버렸어야 할 텐데 어째서 황벽을 칭찬까지 했느냐?" 앙산 스님이 대답했습니다. "아닙니다. 그렇지 않습니다. 백장은 다만 호랑이 머리에 올라탔을 뿐만 아니라 또 호랑이 꼬리를 거둘 줄도 아는 분입니다." 즉 백장 스님의 뛰어난 솜씨는 호랑이 꼬리를 쥐고 있으면서 동시에 호랑이 수염을 잡고 있음과 같아서 어떤 맹호도 그 앞에서는 꼼짝도 못한다는 뜻입니다. 부정하는 것만이 상책이 아니라 긍정하여 살리는 일도 필요한 것입니다. 백장 스님과 황벽 스님은 활살자재로 시종일관 했으므로 호랑이 꼬리와 수염을 한손에 움켜쥐었다고 한 것입니다.

백장 스님의 법을 받은 고령신찬(古灵神贊) 스님이 있었습니다. 어릴 적에 복주(福州) 대중사(大中寺)에서 출가하여 스님이 된 뒤에는 백장 스님에게 참문하고 몇 해 동안을 머무르면서 현묘한 진리를 모두 깨달았습니다. 나중에 본사로 돌아가서 은사 스님인 계현 강백을 시봉하면서 깨우쳐 주려고 기회만 살피고 있었습니다. 그러던 어느 날 우연히 은사스님을 목욕시키면서 때를 밀어주던 차에 은사의 등을 밀면서 다음과 같이 말했습니다.

"법당은 좋으나 부처가 영험이 없구나."

은사 스님은 기특한 말을 들은지라 고개를 돌리니, 제자가 또 말했습니다.

"부처는 영험이 없으나 방광은 할 줄 아는구나."

은사 계현 스님은 몹시 의아했으나 더 이상 물을 수가 없었습니다. 은사 스님은 당대 대강백이었으므로 여느 때와 같이 단정히 앉아 경을 읽고 있었습니다. 이 때 벌 한 마리가 들어왔다가 나가려고 창에다 자꾸 머리를 부딪치고 있었습니다. 방바닥에 떨어져 실신해 있다가 정신을 차려 다시 창밖으로 나가려고 시도하다 나가떨어지고 말기를 거듭하였습니다. 스승 곁에서 시봉을 하고 있던 고령 신찬은 이 광경을 보고 다음과 같이 시를 지어 스승을 깨우쳐 주었습니다.

열린 문으로 나가지 못하고
창에만 부딪히는 바보야
백년인들 고지를 뚫으려 한들
언제 나가길 기약할 소냐.

空門不肯出 投窓也大痴

百年鑽古紙 何日出頭期

고지는 경전인데 몇 백년 경전만 뚫어지게 본들 어느 시절에 해탈할 수 있겠습니까?

은사가 이 시를 듣더니, 책을 놓고 물었습니다.

"그대가 행각을 하면서 어떤 사람을 만났고, 어떤 뜻을 얻었느냐? 전날이나 지금이나 그대를 보니 그대가 하는 말이 예사롭지 않구나."

저는 그 동안 운수행각을 하다가 백장 스님을 만나 마음의 근원을 반조하게 되었습니다. 그 후 언젠가 경전에 매여 일생을 소일하고 있는 은사 스님을 만나 삼계고해에서 벗어나길 바라고 있었던 것입니다. 크게 느낌을 받은 스승 계현 스님은 제자에게 도반이 되기를 청하면서 다음과 같이 말했습니다.

"우리 제자가 행각을 하다가 높은 법을 얻어 왔으니, 내가 그 은혜에 보답하고자 하니, 그대는 마땅히 도와주어야 하리라"

그리고는 대중으로 하여금 법상을 차리게 하고, 제자에게 법상에 올라 백장 스님의 가르침을 간략히 말해주기를 청했습니다. 이때 대중들은 이제껏 듣지 못했던 것을 듣자 모두 법열을 느꼈습니다. 은사스님이 다시 제자에게 다음과 같이 말했습니다.

"나는 그대의 머리를 깎아 준 스승이지만, 그대는 지금 나를 세상에서 벗어나게 해준 스승이다. 내가 이제 도리어 그대에게 절을 하여 그

은혜에 보답할까 한다.

제자가 법상에서 내려와서 말했습니다.

"이는 세상의 예의에도 어긋나지 안 됩니다. 스님께서 정히 그러시다면 서쪽을 향해 절을 하셔서 멀리 계시는 백장 스님을 스승으로 모신다면 같은 문하로서 다름이 없겠습니다.

은사스님은 곧 그 말에 따라 백장 스님에게 멀리 예배하여 스승으로 삼았습니다. 제자는 그 뒤 고령산(古靈山)에서 살았으므로 고령 스님이라 부르게 되었습니다.《조당집》제16권과《경덕전등록》제9권에 보입니다.

한 훈장님이 어린애에게 천자문(千字文)을 가르쳐 주는데 아이가 글 읽기를 싫어하므로 그래서는 안 된다고 나무랐습니다. 그 애가 "하늘을 보니 푸르고 푸른데 하늘 천(天)이란 글자는 왜 푸르지 않습니까? 이 때문에 싫어하는 겁니다."라고 하였습니다. 이 아이의 총명함이 한문을 만든 창힐(蒼頡)도 기가 죽게 할 것이라는 것입니다. 학생은 심각한 문제라고 생각하여 선생님께 질문하면 성의 있는 대답을 들을 수 없기도 하고 그것도 모르냐는 투로 넘기고 마는 경우가 더러는 있다고 합니다. 사교육의 현장에서 해결하도록 떠넘기기도 한답니다. 배움의 길에 문제의식을 가지고 고민하는 학생은 자기 발전을 앞당길 수도 있는 자원이 될 것입니다. 그러한 학생이 다음 세상을 밝게 하는 재목으로 성장할 것입니다.

은자에도 대은(大隱), 중은(中隱), 소은(小隱)의 등급이 있다고 합니다. 산중에 숨어 사는 은자가 소은이라면, 진정으로 위대한 은자인 대은은 하층 민중과 다름없이 시중에 산다고 합니다. 오늘도 교단에서 열정을 쏟고 있는 많은 교육자들은 대중과 호흡하며 희로애락을 함께하고 있는 대은이라고 신뢰를 보냅니다. 어둠이 있는 곳에 밝음이 더욱 빛나듯이 성의 있는 스승의 가르침은 세상을 밝히는 빛이 될 것입니다. 앞에서 본 어린이와 같이 "하늘을 보니 푸른데 하늘천 자는 왜 푸르지 않습니까?"라는 문제의식을 가지고 접근하면 자기 향상을 기하는데 크게 도움이 되리라고 봅니다. 그래야만이 타성에 젖은 기성세대의 잠자는 머리를 깨우는 목탁이 될 수 있을 것입니다.

증자의 제자 가운데 공명선(公明宣)이란 제자가 있었는데, 스승의 문하에서 3년이나 있으면서도 글공부를 전혀 하지 않았다고 합니다. 이에 그 까닭을 묻자, 공명선은 스승의 모범적인 행동을 보고 따라 배우고자 노력했을 뿐이라고 답했으므로 스승이 감복했다고 합니다. 스승의 언행이 무척이나 소중한 가르침이 됩니다. 배가 항해를 할 때 앞뒷질이 있기도 하고 옆질이 있기도 합니다. 앞뒷질은 배가 앞뒤로 흔들리는 일이고, 옆질은 좌우로 흔들리는 일입니다. 요즘 말로는 로링이라고 합니다. 안전하게 운항을 하려면 항해사는 풍랑의 물결에 따라 앞뒤로나 좌우로 흔들림을 거역하지 않고 물결의 흐름에 순응해야만 목적지에 도달하는데 어려움이 없을 것입니다. 무엇을 배우고 가르치는 일도 같다고 봅니다. 앞뒷질만 고집하다 보면 옆질의 묘책을 놓치고 말 것입니다. 역으로 옆길만 고집해도 앞뒷길의 묘미를 모르고 넘기기가 쉽습니다.

호랑이의 어흥 소리는 깊은 산에서만 들을 수 있는 것이 아닙니다. 농촌의 농요 속에서도 들을 수 있고 어부의 뱃노래 속에서도 호랑이 소리가 넘쳐납니다. 도는 산속이다 도심이다 처소를 가리지 않기 때문입니다.

趙州萬法歸一
: 조주 스님의 만법이 하나로 돌아간다

원오 선사가 수시하기를, 서슴없이 제 생각을 말하면 세상에 따를 자가 없고 서슴없이 실행하면 누구에게도 뒤지지 않는 솜씨를 발휘한다. 그것은 부싯돌이 반짝하고 번갯불이 번쩍하는 것과도 같다. 그것은 또 타오르는 불길, 휘몰아치는 바람, 사나운 격류, 번뜩이는 칼날이다. 이런 사람에게는 아무리 뛰어난 수단으로도 어떻게 해볼 수가 없다. 하지만 여기 길을 터놓았다.

한 스님이 조주 스님에게 물었습니다. "우주의 모든 것이 하나로 돌아간다고 하는데, 그럼 그 하나는 어디로 돌아갑니까?" 조주 스님이 대답했습니다. "나는 청주에 있을 때 배 적삼 한 벌을 만들었는데 그 무게가 일곱 근 이었지."

—《벽암록》제45칙

만법귀일(萬法歸一)은 귀에 익은 화두입니다. 우주의 모든 것은 궁극에 있어서 근원적인 하나로 귀착된다는 말입니다. 《유마경》에 "만법 즉진여 유불변고 진여즉만법 수연고(萬法卽眞如 由不變故 眞如卽萬法 隨緣 故), 즉 만법은 진여이므로 변치 않으며, 진여는 곧 만법이니 연기의 도리에 따르기 때문이다."라고 하였습니다. 만법이란 우주간의 유형무형의 온갖 사상(思想)을 총괄하는 말입니다. 흔히 우주만유(宇宙萬有)라는 말을 하는데 그 뜻은 더욱 광대무변한 것입니다.

조실(祖室)이나 주지가 거처하는 방을 뜻하는 말이 방장(方丈)이라 하는데 이 방장이라는 말의 유래가 있습니다. 당(唐)나라 왕현책(王玄策)이란 관리가 인도에 사신으로 갔을 때 유마 거사의 석실을 측정했더니 가로세로 10홀(笏)이 되었으므로 그 집을 방장실(方丈室)이라 이름 지었다고 합니다. 1홀은 1자요 1장은 10자입니다. 1자는 30.3cm이므로 방장의 크기는 가로 세로 3m 30cm가 됩니다.

《사기(史記)》에 증상국의이습(贈相國衣二襲)이라고 했습니다. 재상에게 옷 두 벌을 하사하였다는 말입니다.

일령포삼(一領布衫)에서 일령은 옷 한 벌을 말합니다. 령(領)자는 옷깃 령이라고도 하고 다스릴 령이라고도 합니다. 여기서는 옷을 세는 단위로서 쓰이는 말입니다. 옷을 세는 단위로 또 다른 말이 있습니다. 습자는 엄습할 습자인데 옷을 세는 단위입니다. 베 포(布), 적삼 삼(杉)자를 더하여 일령포삼이라 하였습니다.

포삼은 베옷 또는 삼베 적삼이라고 합니다. 결국 만법이 하나로 귀착되니 하나는 의당 만법에 귀일하리라는 식으로 이렇게 저렇게 따져

보는 것이 아니라, 만법이 그대로 하나 자체의 모습으로 수긍되는 세계가 곧 '나는 청주에 있을 때 베적삼 한 벌을 만들었는데 그 무게가 일곱 근이었지.' 이런 대답이 자연스레 나오는 데 조주 스님 특유의 구순피선(口脣皮禪)이 있다고 하겠습니다. 조주 스님의 학인 접화(接化)의 선풍을 구순피의 선이라고 합니다. 임제의 할, 덕산의 방을 표방하기도 하는데 방(棒)이나 할(喝)이라는 난폭한 기봉(機鋒)을 쓰지 않고 일상생활에서 흔히 쓰고 있는 말로 수행자를 자유자재로 교화하는 것을 말합니다.

조주 스님은 남전(南泉) 스님의 법을 이었고, 북지(北地)에서 살았습니다. 선사의 휘는 전심(全諗)이며, 청사(青社)의 치구(緇丘)사람입니다. 어릴 적에 고향의 용흥사(龍興寺)에 출가하여 숭산 유리단(琉璃壇)에서 구족계를 받았습니다. 경이나 율에는 취미가 없어 총림을 두루 돌다가 한번 남전에 온 뒤로는 다른 곳으로 옮기지 않았으니 거룩한 법연에서 어찌 깨달음이 없었겠습니까.

어떤 스님이 노파에게 물었습니다.

"조주로 가는 길이 어디요?"

노파가 대답했습니다.

"곧장 눈에 보이는 길로 가시오."

서쪽으로 가라는 것입니까?

"아니오."

어떤 사람이 이 일을 선사에게 이야기하니, 선사가 말했습니다.

"노승이 직접 가서 감정해 보리라."

그리고는 선사가 직접 가서 물었습니다.

"조주로 가는 길이 어디요?"

노파가 대답했습니다.

"곧장 눈에 보이는 길로 가시오."

선사가 길을 돌아와서 그 스님에게 말했습니다.

"노승이 이미 감정했느니라."

한 번은 선사가 사미를 불렀습니다. 사미승이 대답하니, 선사가 말했습니다.

"차를 달여 오너라."

사미가 대답했습니다.

"차를 달이기는 어렵지 않으나 누가 마십니까?"

선사가 입을 움직이니, 사미승이 말했습니다.

"차 마시기 퍽이나 힘드시겠습니다."

어떤 사람이 이 일을 들어 장남(漳南)에게 물었습니다.

"그에게 차를 끓이게 하여 차를 얻어 마시려면 어떻게 말해야 합니까?"

이에 보복(保福) 스님이 대답했습니다.

"비록 그렇기는 하나 어찌하여 관음(觀音)을 배우지 않았던고?"

《조당집》 제18권에 수록되어 있습니다.

사람마다 생활방식이 다르고 집단의 생활양상도 각양각색입니다.

산사의 하루는 동트기에 시작됩니다. 동쪽 하늘이 밝아 오는 새벽녘을 응시하고 있노라면 어느 결에 그 응시하고 있음을 따돌리고 창이 밝아집니다. 시간의 빠름을 확인할 수 있는 좋은 사례가 됩니다. 머리맡에 시계는 때로는 자명종의 역할도 다하지 못하고 늦잠을 자는 경우도 있습니다. 그래서 우리가 겪는 낭패가 한 두 번이 아닌 경우를 당했을 것입니다. 그러나 동트기는 누구의 제재로 감내합니까? 아니 감히 누가, 무엇이 대적하겠다고 덤빌 수가 없습니다.

매일 오르는 산행 길에 해가 서쪽으로 기울어질 무렵인 해거름에 이릅니다. 발 길이 머무는 곳에는 넓찍한 바위가 멍석을 펴 놓은 듯 자리 잡고 있습니다. 시야가 확트여 멀리 남산기슭에 자리한 동국대학교가 보이고 지척에 경복궁은 조선조 519년의 희로애락을 안고 단장을 거듭하고 있습니다. 저 궁궐 안에서 세도를 떨치던 고관들도 그들의 자취는 찾을 길 없고 영감으로만 느낄 뿐입니다. 그들의 허세의 기침소리도 오소소지는 가을의 낙엽소리보다 못하니 인간의 허장성세(虛張聲勢)가 이다지도 부질없는 짓이었던가. 저 높은 구중궁궐에 입궐 후 담장 밖을 나가보지 못하고 숨죽이며 살다간 궁궐의 여인들은 이제 자유의 넋이 되어 허공을 스치고 있으니 그 모습이 구름인가, 안개인가, 내 곁에 닦아 온 바람결이던가.

동트기는 출가인에게 주어진 붙박이 시간이니 누구나 감수해야 합니다. 해거름의 경우는 다릅니다. 산행시간을 얼마든지 조절할 수 있다는 말입니다. 제가 해거름시간을 고수하고자 하는 이유는 흐르는 시간의 박진감을 느끼기 위함입니다. 해가 뜨면서 우르릉 쾅쾅하지 않습니다. 지는 해도 이별의 슬픔을 대지에 뿜어내지도 않습니다. 조용히 오고 고요히 잠드는 태양에서 조주 스님의 구순피선의 진면목을 느끼게 합니다. 선은 소탈하고 가식이 없고 진솔할 뿐입니다.

어느 날 임종을 앞둔 스승이 제자들에게 마지막 가르침을 주기 위해 불렀습니다. 스승은 자신의 입을 벌려 제자들에게 보여 주며 조용히 물었습니다.

"내 입 안에 무엇이 보이느냐?" 제자는 "혀가 보입니다."라고 대답했습니다. 그럼 "이는 보이지 않느냐?" 스승님의 이는 다 빠지고 하나도 남아 있지 않습니다! "이는 다 빠지고 없는데 혀는 남아 있는 이유를 알겠느냐?" 제자는 대답했습니다. "이는 단단하기 때문에 빠져 버리고, 혀는 부드럽기 때문에 오래 남아 있는 것이 아니겠습니까?" 스승은 고개를 끄덕이며, "그렇다. 부드러움이 단단함을 이기는 것이다. 이것이 세상사는 지혜의 전부이니라. 이제 더 이상 너에게 가르쳐 줄 것이 없다. 그것을 명심하거라." 노자의 가르침입니다.

먼 이국 땅 세계 문명의 발상지 이라크의 티그리스 강과 유프라테스 강에 진군했던 보무당당한 행군의 발자국은 두 강의 문명을 초토화시키고 말았습니다. 자국민은 물론이려니와 연합군의 희생은 엄청난 수에 이릅니다. 역사에 영원히 묻히고 말아야 될 새로운 홀로코스트가 자행된 것입니다.

일반적으로 인간이나 동물을 대량으로 태워 죽이거나 대학살하는 행위를 총칭하는 말이 홀로코스트입니다. 고유명사로 쓸 때는 제 2차 세계대전 중 나치 독일에 의해 시행된 유태인 대학살을 뜻합니다. 특히 1945년 1월 27일 폴란드 아우슈비츠의 유태인 포로수용소가 해방될 때까지 600만 명에 이르는 유태인의 인종청소라는 명목 아래 나치에 의해 학살되었는데, 인간의 폭력성, 잔인성, 배타성, 광기가 어디까지 갈 수 있는지를 극단적으로 보여주었다는 점에서 20세기 인류 최대의 치욕적인 사건으로 꼽힙니다.

후일에 후손들이 복구한다고 하겠지만 문명의 잔해만이 진열장을 메우게 되기 쉬울 것입니다. 이기심이 할퀴고 간 그 곳 그 자리에는 여전히 노을이 지고 안개가 앉았습니다. 숨을 고르고 다음 행선지를 향해 떠나고 있을 것입니다.

송(頌)

노승을 세차게 몰아는 부쳤다만
뉘라서 베적삼의 무게를 알랴!
구차한 짐일랑 서호에나 내던지고
시원한 이 바람 받을 이 누군고?
編辟曾挨老古錐 七斤衫重幾人知
如今抛擲西湖裏 下載淸風付與誰

편벽이란 참선 수행하는 자가 선종에서 하는 질문을 그 질문자의 동기로 보아 분류했는데 분양십팔문(汾陽十八問)이 있습니다.

분양 18문의 분양은 분양선소(汾陽善昭, 947~1024) 스님을 말합니다. 분양선소 스님의 법맥은 임제의현 – 흥화존장 – 남원혜옹 – 풍혈연소 – 수산성념 – 분양선소로 이어지고 그 제자가 자명초원입니다. 자명초원에게서 황룡혜남의 황룡파와 양기방회의 양기파가 다시 나뉘어져 송나라 시대에 선의 중심세력을 형성하였습니다.

《분양어록》은 제자인 자명초원 스님이 편집하였습니다. 어록 3권이 있는데 권상(卷上)은 상당법문과 소참법문으로 구성되어 있습니다. 그리고 권중의 〈송고대별(頌古代別)〉 300칙은 최초의 공안집으로 알려져 있습니다. 특히 공안을 주제에 따라 18종류로 구분한 것이 유명합니다. 또한 권하는 분양 선사가 직접 지은 가송(歌頌)의 집록입니다.

평창(評唱)에는 편벽은 만법을 한쪽으로 치우쳐지게 짜서 일치되게 돌아가게 한다(編辟萬法 敎歸一致)고 풀이하고 있습니다. 즉 편벽은 짚신을 삼을 때 짚을 차례로 짜며 한쪽으로 몰아붙이는 것입니다. 결국 만법은 하나로 귀착된다고 편벽하고 다시 어느 곳으로 귀착되느냐고 몰아 붙였음을 말합니다.

증애(曾挨)의 애는 밀칠 애 자로, 즉 조금 대항해 본다거나 슬쩍 건드려 본다는 뜻입니다.

노고추(老古錐)는 많이 써서 끝이 더욱 날카로워진 송곳이며 여기에 노(老)라는 경칭을 붙여, 기봉이 날카로운 조주고불(趙州古佛)을 가리킨 말입니다.

여금포척서호리(如今抛擲西湖裏)에서 여금은 지금이고, 포척은 휙 집어 던진 것이며, 서호는 절강성 항주부에 있는 명승지입니다. 즉 이 구는 '노고추 같은 조주 스님의 대답이 기세 좋게 덤벼드는 운수의 질문을 잡아서 서호에 집어 던진다'는 뜻입니다. 하나니 만물이니 또 무니 깨달음이니 하고 잔뜩 지고 온 스님의 그 무거운 짐을 서호에다 휙 집어 던져 버린 것입니다.

하재청풍부여수(下載淸風付與誰)에서 하재청풍은 짐 실은 배가 그 짐을 풀어 놓아 가볍게 청풍을 안고 급류를 내려감과 같은 밝고 시원한 심경을 말한 것입니다. 즉 '이런 맑고 시원한 기분을 여러분께 드리고 싶은데 과연 누가 받아 주겠는가?' 라는 것이 이 구(句)의 뜻입니다.

부처님께서 한 사문에게 물으셨습니다.

"사람이 목숨이 얼마 사이에 있는가?"

"며칠 사이입니다."

부처님께서 말씀하셨습니다.

"너는 아직 도를 모른다."

다시 한 사문에게 물으셨습니다.

"밥 먹을 사이입니다."

부처님께서 말씀하셨습니다.

"너도 아직 도를 모른다."

다시 한 사문에게 물으셨습니다.

“사람의 목숨이 얼마 사이에 있는가?”

“숨 내쉬고 들이 쉬는 사이에 있습니다.”

부처님께서 말씀하셨습니다.

“옳거니. 너는 도를 바로 알았다.”

찰나생 찰라멸의 이치를 깨우치기 위한 부처님의 간절한 가르침입니다. 앞에서 동트기와 해거름을 말했는데 역시 영겁의 시간에서 보면 찰나의 일들입니다. 결국 화급한 일은 타인의 문제가 아니라 지극히 나의 문제로 귀결이 됩니다.

돌 석(石) 자, 대 죽(竹) 자를 써서 석죽이라고 하면 일종의 대나무가 아닐까 생각하기 쉽습니다. 그렇지 않습니다. 석죽은 패랭이꽃을 말합니다. 석죽색은 분홍색을 말합니다. 사람들은 문자에 의지해 모든 것을 해석하려는 우를 범하기 쉽습니다. 현상에 집착할 뿐 이면의 세계에 소홀하기 쉬운 것도 범부가 범하기 쉬운 일 가운데 하나입니다. 정견은 만법이 하나로 돌아가는 도리를 터득할 수 있습니다. 그럼 그 하나는 어디로 가는지 궁구해봅시다. 베적삼의 무게가 7근이라지만 생각하지 마시길 바랍니다.

침묵을 넘어서

1판 1쇄 펴낸날 2011년 12월 27일

지은이 최현각
펴낸이 이규만

펴낸곳 불교시대사
출판등록 1991년 3월 20일 제 300-1991-27호
주소 서울시 종로구 낙원동 58-1 종로오피스텔 1020호
전화 (02) 730-2500
팩스 (02) 723-5961

ⓒ 현각, 2011

ISBN 978-89-8002-130-7 93220

값 15,000원

* 잘못된 책은 교환해 드립니다.
* 이 책은 저작권법에 따라 보호받는 저작물이므로 무단전재와 복제를 금지하며,
  이 책 내용의 일부를 이용할 때도 반드시 지은이와 본 출판사의 서면동의를 받아야 합니다.
* 이 책의 수익금 1%는 나눔의 기금으로 쓰입니다.